문상필의 도전
희망이다

문상필의 도전
희망이다

초판인쇄일 | 2023년 10월 10일
초판발행일 | 2023년 10월 20일
지은이 | 문상필
펴낸곳 | 간디서원
펴낸이 | 최청수
주　소 | (03440) 서울시 은평구 가좌로 335, 2층
전　화 | 02)3477-7008
팩　스 | 02)3477-7066
등　록 | 제2022-000014호
E_mail | gandhib@naver.com
ISBN | 978-89-97533-51-0 (03810)

ⓒ 문상필, 2023

* 잘못된 책은 바꾸어 드립니다.

문상필의 도전
희망이다

문상필 지음

간디서원

여기 실은 글은 오랫동안 북구와 광주의 희망을 고민하면서
메모해온 내용이다. 세상에 내놓기는 너무너무 부끄러운 글이다.
그럼에도 혼자하는 도전이 아니라 함께하는 도전이라고 믿기에
과감하게 용기를 냈다.
이 책은 읽는 여러분과의 약속이다.
약속을 공개하는 일은 지키겠다는 다짐이기도 하다.
글 가운데 어떤 내용은 지나친 상상력으로 말이 안 될 수도 있고,
어떤 내용은 더 많은 과정이 덧붙여져야 할 것도 있다.
나로부터 시작일 뿐이다.
시작을 선언했지만 최종 완성 역시 함께 가야 할 여러분 몫이다.
부끄러운 글을 세상에 내놓겠다는 용기도
모두 여러분들이 품어줄 것이라는 희망 때문이다.

차 례

프롤로그 · 9

1장 가난은 나의 절망이 아니라 우리의 희망이다
왜, 최소한의 인간적인 삶인가? · 21
    어린이와 어르신 복지는 둘이 아니다 · 24
    아이들이 마음 놓고 뛰놀 수 있는 환경은 없을까? · 25
북구가 잘할 수 있는 복지는 무엇일까? · 29
    가난은 나의 절망이 아니라 우리의 희망이다 · 34
    망월 묘역, 희망의 땅으로 거듭나야 한다 · 40
북구의 블루오션, 무등산 · 45
    소상공인의 부흥이 국가 비전이다 · 47
    세상의 변화에 따라가는 말바우 시장을 상상한다 · 50
    소외를 넘는 북구, 교통환경 개선에서 찾다 · 51
사회적경제로 일구는 더불어 사는 북구 · 56
    사회적경제 활성화를 위해 광주시가 적극 앞장서야 한다 · 62
    주민자치센터의 실질적 활성화는 없을까 · 66
    주민자치센터의 탁아방은 어떻게 개설·운영할 수 있을까? · 69
북구의 사각벨트로 청년에게 기회를 주자 · 72
    전남방직, 일신방직 부지에 야구박물관을 짓자 · 75
    5.18과 문화가 만나면 밥벌이가 생긴다? · 77

2장 장애인의 꿈을 아시나요?
장애인과 비장애인은 같다 · 83
    왜 장애인들은 여전히 홀대 받는가? · 86
창원장애인사격월드컵대회 · 91
    '꿈을 향해 쏴라' · 94
    장애인들의 꿈을 아시나요 · 98
    소리 없는 아우성, 침묵의 총성 · 102
열등감과 우월감은 하나로 통한다 · 106

장애를 넘어 희망을 넘어 · 109
꿈을 향해 쏴라! 도전과 응전 · 112
남북 장애 교류사업을 상상한다 · 116

3장 왜 북구에서 문화와 예술인가?
문화예술과 북구 · 123
자연으로부터 겸손을 배운다 · 127
가화만사성과 가정의 달 · 129
대중 문화예술의 꽃이 되라 · 133
색과 방향이 말하는 문화 · 137
청년이여! 뻥쟁이가 되라 · 140
문화예술의 심장, 북구문화의 집 · 143
교육은 북구의 미래다 · 146
방과후를 책임질 수 있는 공동체를 만들자 · 150
문화가 미쳐야 할 이유 · 156
더 아프지 않을 오월을 위해 · 158
무등산이 품고 있는 문화유산 · 162
자연 속의 문화예술과 무등산의 가능성 · 165

4장 정치는 균형이다
균형 잃은 민주주의를 넘어 · 171
리더의 리딩 능력이 곧 리더십이다 · 175
정치를 혐오하면 안 되는 이유 · 179
선거구제 정말 바꿔야 한다 · 184
나는 실무형 리더 · 187
존경하는 김대중 선생님, 보고 싶은 김대중 선생님 · 191
조롱당하고 있는 민주진영인가? · 194
이재명 대표를 둘러싼 사망 사건의 의미 · 196
광주정신의 세계화를 위하여 · 200
518시간 공연으로 5월 정신을 세계화시킨다 · 203
5.18을 둘러싼 거대한 음모(?) · 206

2024년 총선의 의미 · 209
　　　동의할 수 없는 탄핵 앞에 국회는 당당하라 · 214
　시민을 위로하는 희망의 지역정치는 없을까? · 219
　　　나의 관심사는 환경과 복지 · 221
　　　행정사무 감사의 빛과 어둠 · 225
　　　김 여사 초대가 광주의 희망과 미래인가? · 229
　　　광주, 물 부족 문자가 최선일까? · 232

5장 더 잘 살 수 있는 길, 분단을 넘는 통일

　대통령이 한국 사람이오, 일본 사람이오? · 239
　　　남북문제를 푸는 열쇠, 지방정부의 역할 · 243
　김대중 대통령의 통일방안 · 246
　　　국격이 추락하고 있는 외교전선 · 249
　　　우리가 긴장해야 할 일본의 속셈 · 253
　광주정신과 함께 통일의 노둣돌을 놓자 · 259
　　　남북 교류협력으로 민족의 이익을 만든다 · 261
　경제부흥의 종착역으로 거듭나야 할 통일 조국 · 265
　　　이산가족의 아픔을 넘어 분단의 장애를 넘어 · 269

6장 탁류를 거스른 세상 읽기

　새로움과 낡음의 차이를 생각하며 · 275
　　　사라져가는 민족 대이동 · 278
　　　역사의 한 페이지를 장식한 코로나19 · 282
　3.1절이 주는 교훈 · 286
　　　4.19민주의거, 민주주의는 피를 먹는다 · 289
　　　현충일, 국가를 향한 충성심의 현주소 · 293
　광복 78주년, 815를 518로 읽는다 · 298
　　　제헌절 날 목격된 위태로운 법치 · 300
　전통의 붕괴, 나라가 망할까 두렵다 · 304
　　　한글이 위대한 이유 · 308
　　　학생의 날, 최고의 인권 이벤트는? · 311
　　　수고하셨습니다. 송구영신 합시다 · 314

에필로그 · 317

프롤로그

I.

내게 광주는 아름다운 곳이다. 역사가 빛나는 곳, 자랑스러운 곳이다.

나는 사람들과 부대끼면서 어울리는 공동체라는 말을 좋아한다.

1980년 5월 광주는 그 공동체 정신을 역사 속에 올려놓았다. 그래서 더 좋아하고 사랑을 느끼는 가치가 되었다. 그 5월은 민주정신, 봉사정신, 연대 정신이라는 광주공동체 정신을 담고 있다. 이것이 '광주정신'이다. 민주·봉사·연대·통일의 광주정신은 인류의 희망으로 빛날 수 있는 충분한 의미가 담겨있다. 광주정신은 1980년, 5월 80만 광주시민이 만들어낸 세계인을 경탄케 만든 시민정신이다. 시민들의 피와 눈물로 쓴 역사요, 시민들이 목숨까지 던져 지켜낸 정의로운 민주주의의 철학이 담긴 역사이다. 7일간의 고립, 그리고 학살과 폭압적인 군부세력의 진압에 맞선 광주시민의 처절한 항쟁 속에서 얻어진 산물이다.

늘 자신에게 물어왔다. "광주의 아픔을 어떻게 치유할 것인가?" 80년 5월의 아픔과 고통은 21세기인 지금도 현재진행형이다. 아직도 광주민주화운동을 팔아 정치를 할 것인가? 반발하는 사람들도 있다. 광주정신은 시장의 상품이 아니다. 광주는 팔 수 있는 게 아니다. 광주정신은 민주주의의 재물로 희생된 원혼을 지켜야 하는 엄중한 과제를 짊어지고 있다. 그 고귀한 생명을 희생하면서 지키려고 했던 희생자들이 헛되지 않기 위해서 국가적으로 법과 정책을 통해 정신을 담아내는 일이 중요하다. 5월 정신을 후세의 시민과 학생들에게 교육시키는 것도 계승의 측면에서 빼놓을 수 없는 과제다. 하지만 희생된 영령들이 남긴 숭고한 유지가 현재의 우리 삶 속으로 체화되어 스며들지 않는다면 어떤 것도 가치로 승화되지 못할 것이다.

진실을 밝혀야 한다는 외침 앞에 화술만 화려하고 실천적 행동은 죽어있다면 속빈 강정이다. 많은 사람들이 걱정하는 이유다. 김대중 대통령의 말씀처럼 행동하는 양심이 절실하다는 말이다. 정의와 민주주의, 평화와 연대, 봉사와 통일 정신을 계승하기에는 산 자들의 노력이 방치됐다는 반성이 필요하다.

아픔은 여전히 아물지 못하고 있다. 그것을 핑계로 정치적 구호만 울리는 광주여서는 안 된다. 진실규명과 진상이 선명하게 밝혀지도록 대한민국이 부둥켜안고 가야 할 광주는 아직도 멀다. 떠난 자를 위로하는 산 자들의 노력은 턱없이 부족하기에 반세기가 가까워진 5월, 치유를 넘어 승화되어야 할 역사가 되어야 한다고 각오를 다지고 또 다짐한다. 5월 광주정신은 나눔과 저항, 그리고 연대와 포용의 정신을 우리 일상에서 품고 살아갈 수 있을 때 제대로 승화될 것이라고 믿는다.

80년 이후 광주는 대한민국의 희망이 되었다. 그래서 광주는 아름답다. 광주는 한 사람을 영웅으로 만들지 않고 모두가 영웅이 되도록 꿈꾸자고 말해 왔다. 광주는 한 사람의 안녕에 갇히지 않고 모두가 평화로운 삶을 꿈꾸는 데 있었다. 광주정신은 잘못된 불의를 보고 지나치지 않고 굳건하게 맞서서 싸워낸 저력이었다. 광주정신은 주먹밥을 나누고, 차별없는 마음을 나누고, 아픔을 보듬고 함께 어울려 사람들의 희망이 키우는 소망이었다. 그것이 광주정신이다.

광주는 도시로서 한 도시만의 정신을 가질 수 있는 세계에서 유일한 곳이다. 5월이 만든 민주와 연대, 봉사와 평화를 지킨 올곧은 시민의 마음이 곧 광주정신이다. 공동체, 저항, 나눔, 평화 정신이 광주정신이다. 광주정신이 대한민국 헌법정신이어야 하는 이유다. 광주정신이 민주주의 정신이다. 광주정신이 평화 정신이다. 광주시민의 마음이 세계인의 마음이다. 광주가 세계이고 세계가 광주로 통할 수 있는 이유는 광주정신 속에 녹아있기 때문이다.

그래서 광주에서 정치는 시민들의 힘을 받들고 모실 때 살아나는 것이다. 80년 광주시민이 보여줬던 광주정신이 정치의 힘이 되어야 한다. 그 시민이 보여준 광주정신은 한분 한분의 시민이 불의에 맞서 지키려고 했던 의리요, 목숨을 내던져 담아내려고 했던 더불어 살아가는 공동체요, 고통 앞에 나눔과 연대로 키우려던 저력이 광주정신이다. 21세기에도 여전히 우리 주변에 스며들어야 할 이상이요, 가치. 우리의 생활 속에 승화된 삶의 주문표이다. 광주정신은 우리가 채워야 할 인류애다.

정치가 가야 할 길은 광주공동체가 지향해야 할 길과 맞닿아 있다고 믿는다. 사람은 변화를 거부하면 멈춘다. 지금 지역 정당이 보여주는 모습은 광주정신과 거리가 멀다. 내 생각이 옳고 내 식대로 해야 한다는 오만함이 결국 나만 잘되고 나만 잘 풀리면 된다는 생각으로 달려가고 있다. 나만 있고 우리가 없는 모습이다. 지금은 황소걸음이 필요한 시대다.

우리도 황소걸음처럼 뚜벅뚜벅 우보천리를 해야 한다.

그 길을 시민들과 함께 동행하겠다는 다짐을 한다.

II.

나는 장애가 있다. 그러나 장애가 있는 것을 이용해 혜택받으려고 머리를 쓴 적이 없다. 그렇다고 스스로 장애를 피하려고 애쓴 적도 없다.

유명한 가수 마이클 잭슨은 자신의 피부색을 바꾸려고 무던히 노력했다는 사실이 잘 알려져 있다. 바꿀 수 없는 것을 바꾸려고 하면 병이 생긴다. 마이클 잭슨은 강박으로 힘들었고 그것을 죽음의 원인으로 꼽는 사람도 있다. 강박이 생기고 집착이 생기면 오히려 나를 해치게 된다. 나는 다행이다. 장애로 자신감을 잃어 본 적이 없다. 오히려 오뚜기처럼 넘어지고 일어설 수 있는 힘을 나에게 만들어 준 것이 바로 장애다.

나는 사람들이 장애인에게 손가락질하는 광경을 보면서 자랐다. 그래서 더 노력했는지 모른다. 달리기 빼고 다 잘할 수 있다는 자신감이 있다. 지금껏 열정을 가진 나 자신을 믿는다. 비장애인을 넘어 장애만 지나치게 챙기려는 마음은 없다. 다르지 않고 같이 호흡할 수 있으면 된다. 누구나 사람은 자신이 잘할 수 있는 일을 한다. 돌이켜보면 장애 문제를 정면으로 껴안지 않았다면 정치를 하지 않았을지 모른다.

집 밖으로 나오지 못하는 장애인들이 더 많다. 이 사실을 아는 사람은 그렇게 많지 않다. 장애는 사람마다 다른 차이처럼 불편한 것이 아니다. 학교에서 공부를 잘 하는 학생도 있고, 못하는 학생도 있다. 공부 못한다고 무시하거나 차별하는 것은 있을 수 없는 일이다. 누구나 그 사람의 달란트를 가지고 산다. 자기 능력이 있다면 그 능력을 발휘하면서 그 영역에서 잘 하는 사람이 최고라고 인정받고 싶어 한다. 나는 겉으로 장애를 가졌지만 비장애인처럼 사고하고 일해왔다. 애초에 장애와 비장애를 구분하지 않았기 때문이다.

8년 동안 시의원으로 광주광역시 시정지기를 하면서 정치를 잘한다고 인정받았고, 스스로도 동의한다. 8년 동안 18회의 의정활동 우수상을 받았다. 대의민주주의의 대표로서 시민들의 뜻을 잘 살피려 노력했다. 그래서 공동체에게 꼭 필요한 조례를 만들고 사회적인 연대활동을 이끌었다. 그 중심에서는 자치와 분권, 민주적 합의와 분배, 공동체적 연대와 통일이 중심에 있었다. 그 목표를 실현하기 위해 의원 생활을 하는 내내 한없는 도전의 시간을 살았다.

내가 정치를 계속하려는 이유는 간단하다. 광주시에서 가장 열악한 생활환경에 놓여있는 북구에서 40년 넘게 살았다. 소상공업분야를 제외하고 경제적으로 빈약하기 짝이 없는 지역이다. 참으로 살기 어려운 곳이다. 찾아오는 곳이 아니라 떠나가는 곳이어서 경제활동이 거의 안 되는 곳이다. 정치인들마저 경제 이야기를 피하고 끌어내지 못하고 있다. 정말 북구에서는 정치력을 만들 수 없을까, 정치역량을 만들어 북구를 사랑할 수 있는 방법은 없을까, 정치를 통해 삶의 아이템을 만들고, 정치적인 힘으로 산업을 유치할 수 없을까? 정치인을 믿고 지역 시민들과 함께 운명공동체가 되어 방법을 찾을 수 없을까? 나를 채찍질하는 꼬리를 무는 질문이다.

윤석열 정부 들어 민심은 화가 날대로 나 있다. 광주출신 정치인들마저 민심을 제대로 읽어내고, 역시 광주야 할 정도의 청량

제 노릇은 고사하고 희망을 일궈내지 못한다는 평이 넘치고 급기야 물갈이해야 한다고 이구동성이다. 한 걸음 더 나가 일 잘하는 사람도 선명한 야당 노릇도 못 하고 있다고 불만이 커지고 있다. 윤석열 정부의 검찰폭정에 맞서 대동단결하지 못한 야당의 모습을 보면서, 먹고 살기 위해 동분서주하는 시민들의 교차되는 모습을 보면서 나 자신에게 회초리를 든다.

정치는 혼자 할 수 없다. 아니다. 정치를 혼자 할 생각이 없다.

왜 정치를 하려고 하는지 수도 없이 생각해 봤지만 답은 하나다. 시민들의 한 가운데로 들어가는 길이 정치말고는 없어서다. 어려운 사람과 함께하는 것이 정치다. 세간에는 혼탁한 대한민국 정치는 안 된다는 충고가 넘친다. 맞다. 현실정치는 어려운 세계다. 한두 사람이 정치적 노력을 통해 세상을 바꿀 수 없을지도 모른다. 그 생각을 넘어서는 것이 해결의 출발이다. 혼자 바꾼다고 해서 바뀔 수 있는 현실이 아니라는 포기를 거두는 것이 희망정치의 시작이다.

내가 오뚜기처럼 포기하지 않고 하고 싶은 정치는 세 가지다.

첫째, 가난한 정치를 하겠다. 나는 가난하고 공동체는 부자가 되는 정치를 꿈꾼다. 그렇게 나는 걸어왔다. 미국의 역대 대통령들은 임기가 끝나면 빚져 있다고 한다. 정치는 돈이 드는 것이 사실이다. 사람들을 만나고 움직이는 것 자체가 돈이 없으면 할 수 없다. 정치 공동체 안에서 움직이는 모든 것이 돈이다. 그런데 그 돈을 내가 쥐고 움직이는 순간 고이기 시작한다. 고이면 썩는다. 내 돈이라고 생각하지 않고, 돈을 돌고 돌게 만들면 된다. 돈을 투명하게 만들어 내 것이 아니라는 생각을 하면서 섬기는 정치를 하면 선한 정치가 된다.

둘째는, 고통받는 사람들과 함께하는 정치를 하겠다. 보통 정치인들은 약자를 위한 정치를 하겠다고 약속한다. 나는 '위하는 정치'보다 '함께 하는 정치'를 하겠다는 뜻이다. 링컨은 민주주의는 "국민의, 국민에 의한, 국민을 위한 정치"라고 했다. 이를 한마디로 표현하면 국민과 함께하는 정치를 하겠다는 뜻으로 이해된다. 실제로 링컨은 노예제 폐지를 반대했던 사람이다. 아이러니하게도 그를 두고 노예제를 폐지시킨 상징적인 인물로 표현되는 이중성은 흔히 볼 수 있는 정치인의 야누스적인 모습이다. 우리는 수도 없이 듣는다. 국민을 위한 정치를 하겠다는 다짐의 목소리를. 그런데 정작 자신은 거꾸로 감옥 갈 일을 하고 시민을 고통받게 만드는 일을 스스럼없이 한다. 기꺼이 나는 그 반대편으로 갈 것이다. 고통받는 약자로 살아온 삶이다. 그 고통을 알고 있고 그 고통의 해결책을 위해 살아왔다. 사회운동을 해온 삶 자체가 고통이었다. 아는 만큼 보이기 때문이다.

셋째, 광주정신을 정치에 담기 위해 정치를 하겠다. 나는 5.18을 위해서 정치를 한다는 말보다 광주정신을 지키기 위해서 정치활동을 해야 한다고 생각한다. 5.18의 진상을 투명하게 밝히는 것도 중요하지만, 희생된 분들의 정신과 얼이 생활 속에서 실천될 때 더 가치 있기 때문이다. 80년 5월의 값진 희생이 일궈낸 대

동정신, 연대 정신, 저항정신이 우리 삶 속에서 승화되면 5.18을 영원히 꽃피우는 일이 될 것이다.

  부자되겠다고 다짐할 때 만들어지는 고통스런 행복보다 가난하고 부족해도 고통 없는 행복한 세상이 있다면 후자를 선택하겠다. 세상은 갈수록 삶이 고단하다. 가난해서 고통스러운 것이 아니라 마음이 위로받지 못하고 존중받지 못하는 것이 더 고단한 이유일 것이다. 우리는 같은 시대를 같이 가는 동반자들이다. 고통을 고립시키기보다 고통을 밖으로 내놓고 그 고통 공동체를 통해 행복을 늘려나갈 수 있는 일을 정치가 할 수 있다면 그 길이 내가 가고자 하는 길이다. 그 길을 나는 묵묵히 가겠다. 그 길이 내가 가야 할 길이다. 그 길을 알고 있는 이상 그 길을 외면할 수 없다. 여전히 우리는 행복하지 않고 고통스럽기 때문이다. 그 길을 지키고 이겨낼 힘을 가르쳐준 정신이 광주정신이다. 광주정신은 거창하지 않다. 광주정신은 나만 행복하자는 것이 아니라 우리 모두 함께 행복하자는 연대와 대동의 정신이다. 이를 가로막는 문제를 해결하기 위해 함께 저항하자는 정신이다. 그것이 내가 다짐하는 정치의 길이다. 그 답은 길 속에서 시민들과 함께 할 때 만들어질 것이라고 믿는다. 그 속에 희망과 행복이 다 들어있다고 믿는다. 함께 가고 있는 위대한 당신들이 그 중심이고 주인공이기 때문이다.

1장
가난은 나의 절망이 아니라
우리의 희망이다

왜, 최소한의 인간적인 삶인가?
북구, 잘할 수 있는 복지는 없을까?
북구의 블루오션, 무등산
사회적경제로 일구는 더불어 사는 북구
북구의 사각벨트로 청년에게 기회를 주자

가장 가난한 북구, 출마는 가난을 방치한 정치인과의
한 판 승부수다.
이유야 어떻든 균형발전이 절실하게 필요한 지역이다.
극복의 방법을 찾는 그 출발점이 망월 묘역이고
무등산이라고 믿는다.
망월 묘역과 무등산은 북구의 블루오션일 뿐만 아니라
광주의 블루오션이다.
5월 광주정신이 일상의 생활화로 꽃피는 날이
북구의 가난이 날아가는 날이다.
그 가능성의 저력을 믿는다.
북구민들은 따뜻한 가슴과 상부상조하는
부조의 힘을 갖고 있기 때문이다.

왜, 최소한의 인간적인 삶인가?

어떤 수치를 봐도 북구는 가난한 곳이다. 특히 북구청 동쪽 지역은 광주에서 가장 못 살고 열악하다. 산업시설도, 관광레저도, 문화예술도 누릴 곳이 없다. 지역 인프라가 너무너무 빈약하다. 벌어 먹고 살기 쉬운 곳도 아니고, 놀면서 창의성을 끌어낼 여유가 있는 곳도 아니다. 이 가난이 지역의 모든 악순환을 만든다. 가난은 도시 공동화를 불러오고, 가난이 청년실업을 불러오고, 가난이 고령화를 불러와 활기가 없는 지역 정서를 만들었다.

가난하다는 이야기는 창피한 이야기다. 창피한 이야기를 내놓고 하지 말라는 충고를 들은 적이 있다. 가난하다는 사실을 두고 피하고 숨기려는 태도가 더 큰 문제이지만, 내놓고 말하기 어려운 것도 사실이다. 사회 풍조상 가난은 부끄러운 일이다. 가난은 창피한 문제로 인식될 뿐만 아니라 가난하게 된 이유도 개인의 탓으로 돌리는 분위기다.

북구가 이런 상태가 된 것은 누구의 탓이라고 묻기도 어렵다. 그 탓의 순서를 굳이 줄로 세우면 정치인들의 몫이 가장 먼저다. 정치인들은 지금껏 자신의 정치적 욕심만 채우려고 할 뿐 지역의 가난 문제를 정면으로 껴안지 않았다. 누군가 나를 향해 욕을 했다. "가난을 팔아 정치한다" "자신이 가난하니까 가난을 외치고 다닌다"고. 나에게 그렇게 말할 수 있을까? 동의할 수 없다.

과연 지금까지 대부분 정치인들이 해온 것처럼 예산을 가져오고 일부 환경을 개선하는 일이 그저 최선일까. 그것만이 최선은 아니라고 생각한다. 그 일이라도 해준 것을 평가절하하자는 뜻은 아니다. 이 노력이 가난의 악순환을 해결하기보다 오히려 지연시키고 왜곡시켰다는 문제의식을 느끼자는 것이다. 근본적인 접근법이 필요한데 미봉책으로 대응책을 가져간 것이 문제다. 사회적 약자를 챙기고 공동화 현상을 막기 위해 예산의 대부분을 배치하는 일은 절대적으로 필요하다. 그 다음이 없다는 뜻이다. 가난의 구조적인 해결책을 찾는 접근이 필요한데도 말이다.

먼저, 해결의 실마리를 찾기 위해 북구의 현실을 열거해보자. 북구의 가장 심각한 문제는 예산편성으로 보나 현장을 찾아가 보나 가난한 구이다. 게다가 사람들이 정주하지 않고 떠나는 공동화 현상이 심각하다. 학교 주변을 제외하고 동네에는 젊은 사람이 없다. 세대는 갈수록 고령화되고, 세대가 이어지지 못할 정도의 낮은 출산으로 교육환경을 더욱 열악한 곳으로 내몬다. 안정적인 생계를 만들지 못하면서 안정적인 결혼으로 이어지지 못한 채 늘어나는 혼족은 결국 고독사로 이어진다. 이런 환경은 저성장을 가져오고 다시 도시 공동화 현상을 부추겨 가장 가난한 지역에서 벗어날 수 없게 만든다. 악순환이다.

그럼에도 이런 환경의 밑바닥에 놓인 가난을 숨기지 말자. 내놓고 자랑하지 않더라도 인정하자는 것이다. 사람들은 가난을 부끄러워하고 숨기고 싶어 한다. 어떻게든 수단과 방법을 가리지 않고 부자가 되려고 꿈꾼다. 그렇다고 쉽게 부자가 되는 일은 아닌데도 모든 사람이 부자를 꿈꾼다. 부유해지는 것을 포기하자는 말은 아니다. 미래 사회는 갈수록 실업자가 많아지고 생산인력이 줄어드는 세상으로 변화해갈 수밖에 없다. 생산현장은 로봇으로 대체되고 갈수록 사람 손으로 움직이는 일은 줄어들고 있다. 생각보다 쉽게 돈을 벌 수 있는 세상이 아니다. 이렇게 세상은 우리를 가난으로 내모는데 나 홀로 가난을 막고 거부한다고 가난이 극복될 수 있는 일이 아니다.

내놓고 우리의 가난을 이야기하자. 우리가 가야 할 시작 지점을 분명하게 말하는 것과 숨기는 것은 큰 차이가 있다. 포장된 현실은 자칫 위험한 곳으로 내몰 수 있다. 가난이 악순환을 만든다. 가난하니까 역설적으로 동네를 대상으로 관심을 가질 여유가 없다. 가난해서 고독사가 늘어나는 것이고, 고령화가 반복되는 것이고, 그래서 동네를 떠난다. 그래서 희망이 없는 것처럼 이야기하고 포기한다. 가난을 밀어내지 말고 끌어 안아야 살길이 생긴다. 우리의 문제고 우리가 해결해야 할 문제다. 떠난다고 해결될 수 있는 문제가 아니다.

정말로 북구가 잘 할 수 있는 것이 없어서 그런 것이 아니기 때문이다. 손을 대면 댈수록 힘들 수 있다. 정확하게 분석되지 않아서 그럴 수 있고, 만들어가는 과정이 지루하고 고단해서 그럴 수 있다. 쉽지 않은 일이다. 가난을 쉬쉬하지 말고 자포자기하지 않은 가운데 가능성을 찾고 만들어가야 한다. 나부터, 주위에서부터 아이디어를 내고 방법을 찾아가자. 정치인들이 지금까지 해왔던 길과 다른 길을 가야 북구가 산다.

어린이와 어르신 복지는 둘이 아니다

얘기 울음소리가 동네에서 들리지 않으면 어르신의 웃음소리도 사라진다. 어르신들이 손주가 태어난 것을 보면 자기 자식 낳은 일보다 더 기뻐하는 이유도 세대를 이어줄 새로운 생명에 대한 안도감 때문이다. 세대를 떠나 어느 집이건 아기의 탄생은 그 자체가 기쁨이다. 새로운 생명은 동네의 경사요, 동네의 미래를 담는 희망이다. 그만큼 갓난아기는 다음 세대를 잇는 끈끈한 밧줄인 셈이다.

인구가 줄어들면서 동네 골목에서 노는 아이가 보이지 않는다. 대한민국의 인구증가율은 심각한 상태다. 23년 인구증가 통계는 -0.14%이다. 이렇게 심각하게 낮은 이유는 뭘까? 우리 주위에서 아이들이 편안하게 놀 수 있는 환경이 없다는 것은 피상적인 현상일 뿐 근본적으로는 육아를 국가가 제도적으로 책임지지 않기 때문이다. 어르신과 함께 사는 가정이 거의 없다. 안전하게 놀 수 있는 곳이 없기도 하지만 골목에 나와 어울릴 수 있는 아이들도 없다.

아이들은 놀이터가 아니라 보육시설에 맡겨지거나 특수하게 보호할 수 있는 입주형 어른이 고용되기도 한다. 어린이가 안전하고 자유롭게 생활할 수 없다는 것은 미래가 없다는 뜻이다. 어린이날을 제정한 방정환 선생님의 글귀가 귓전을 울린다. "어린이의 뜻을 가볍게 보지 마십시오. 어린이는 어른보다 한 시대 더 새로운 사람입니다." 방정환 선생은 '늙은이', '젊은이'와 대등한 의미로 '어린이'라는 용어를 만들었다고 한다.

영국의 시인 메티 보탐 호윝의 명구도 가슴에 와닿는다. "신이 우리에게 아이들을 보낸 까닭은 시합에서 일등을 만들라고 보내는 것이 아니다. 우리의 마음을 더 열게 하고, 우리를 덜 이기적이게 하고, 더 많은 친절과 사랑으로 우리 존재를 채우기 위해서이다. 우리 영혼에게 더 높은 목적으로 일깨우기 위해서다. 신이 우리에게 아이를 보낸 까닭은 신께서 아직 포기하지 않았다는 뜻이다. 여전히 우리에게 희망을 걸고 있다는 뜻이다."*

아이들이 마음 놓고 뛰놀 수 있는 환경은 없을까?

이 시대처럼 차갑고 외롭고 위험한 곳으로 아이들을 데려오는 일은 무책임한 일일 수 있다. 출산을 기피하고, 결혼을 외면하는

---

* Matty Botham Howitt(1799~1888): 영국의 시인.

젊은 세대를 비난할 수 없다. 도시뿐만 아니라 농촌 지역에도 생활환경이 달라지고 성장을 위해 익혀야 할 복잡한 주제들이 어른들마저 감당할 수 없을 정도로 늘고있다. 아이들은 놀 권리를 빼앗긴 채 성장하고 있다. 거기에 그치지 않고 어른들은 경쟁의 바다로 내몰고 있다. 안심하고 안전하게 놀 수 있는 환경을 제도적으로 고민하지 않으면 위기는 더 커질 것이다. 이를 줄이는 일은 한 나라에 국한되지 않는다. 국제적인 노력도 중요하다.

1989년 11월 20일 유엔이 채택한 어린이 권리조약이 있다. 이후 우리나라를 포함한 전 세계 192개국이 이 협약을 지킬 것을 약속했다. 건강하게 자랄 권리, 교육받을 권리, 놀 권리 등 어린이가 누려야 할 권리를 모두 담고 있다. 유엔아동권리협약은 각 나라마다 어린이들의 성장환경과 활동 상황을 개선하는 기반이 되었다. 그럼에도 아이들의 성장환경은 개선되어야 한다. 위태롭게 위협하는 지점을 살펴야 한다.

조약은 전문과 54개 조항으로 구성되어 있으며 1조부터 40조까지가 실제적인 아동권리 내용을 담고 있다. 우리가 가장 우선적으로 주목해야 할 내용은 다음 몇 가지 조항이다.

〈2조〉 차별 안하기로, 우리는 절대 차별받아서는 안 됩니다. 우리와 우리의 부모님이 어떤 사람이건, 어떤 인종이건, 어떤 종교를 믿건, 어떤 언어를 사용하건, 부자건 가난하건, 장애가 있건 없건 모두 동등한 권리를 누려야 합니다.

〈18조〉 부모의 책임으로, 부모님은 우리에게 무엇이 필요한지 알고 우리를 잘 기를 책임이 있습니다. 정부는 우리의 부모가 우리를 잘 기를 수 있도록 도와주어야 하며 특히 맞벌이 부부의 자녀들이 좋은 시설에서 자랄 수 있도록 해 주어야 합니다.

〈4조〉 정부의 할 일로, 정부는 우리의 권리를 지켜주기 위해 필요한 모든 일을 해야 합니다.

〈26조〉 사회보장제도로, 정부는 우리의 권리를 지켜줄 수 있는 사회보장 제도를 만들어 주어야 합니다.

〈12조〉 의견 존중으로, 우리에게 영향을 미치는 문제를 결정할 때 우리는 의견을 말할 권리가 있습니다. 어른들은 우리의 의견에 귀를 기울여야 합니다.

〈13조〉 표현의 자유로, 우리는 말이나 글, 예술을 통해 우리의 생각을 표현할 권리가 있으며 국경을 넘어 모든 정보와 생각을 서로 주고받을 수 있는 권리도 있습니다.

〈31조〉 여가와 놀이로, 우리는 충분히 쉬고 놀 권리가 있습니다.

〈28조〉 교육으로, 우리는 교육받을 권리가 있습니다. 초등교육을 무료로 받을 수 있어야 하며 능력에 맞게 더 높은 교육도 받을 수 있어야 합니다.

〈32조〉 어린이 노동으로, 우리는 위험하거나 교육에 방해가 되거나 우리의 몸과 마음에 해가 되는 노동을 해서는 안 됩니다.

이 어린이 권리선언문에서 열거한 몇 가지 항목은 어른들과 함께 가야할 어린이 복지의 길이다. 어린이 복지와 어르신 복지는 분리되어 있는 것이 아니다. 존중과 보호의 책무의 역할을, 부모 즉 사회적 책임을 질 수 있는 어르신의 역할을 찾는 것이 이상적인 복지다.

북구가 잘할 수 있는 복지는 무엇일까?

"북구는 왜 그렇게 갈 곳이 없습니까?"
"즐겁게 밥 먹고 차 마실 곳이 마땅치 않습니다."
집 밖으로 나오면 갈 곳이 천지에 널려 있다. 평상시 이웃과 오손도손 살갑게 지내온 터라 불편하거나 마땅치 않게 생각해본 적이 없었다. 밥 먹을 곳이 없다는 말도 낯설고 차 마시고, 술 마실 곳이 없다는 말을 듣는 내내 불편했다. 정말일까? 한 번도 의심하지 않았던 문제를 직접 질문해오니 귀가 번쩍 뜨였다.

나로선 불편 없이 살고 있다고 자부한다. 나름 잘 가는 맛집이 있고, 어울릴 찻집이 한두 곳이 아니다. 눈을 돌리면 도처가 갈 곳이다. 어찌 맛집이 없고 찻집이 없겠는가. 우리 동네에는 너무 많다. 그런데 없다고? 그렇긴 하다. 젊은이들이 몰려오는 인기있는 맛집과 놀 만한 인프라가 없는 곳, 즐길 곳이 없는 것은 사실이다. 문제는 요즘 말로 핫플레이스가 없다는 말이다. 예전에 있던 전남대 후문도 저만치 밀려난 지 오래다.

우리 북구에 청년이 머물 곳이 없다는 말은 최근에 나온 말이 아니다. 언제부터인가 북구는 북쪽의 추운 시베리아처럼 한기가 맴도는 지역이 되었다. 전남대학교와 교육대, 동강대와 호남대가 있어 학생들이 다른 지역보다 많은 게 사실인데도 안타까운 걱정이 쏟아진다. 이유는 지방대의 몰락이 큰 몫을 차지한다. 마치 주춧돌이 빠지듯 꼬리를 물고 결국 북구를 머물 수 없는 동네로 만들어 버렸다. 게다가 광주역이 멈추고, 문화예술회관이 아시아문화전당에 밀리면서 북구는 인구가 많은데도 그저 순박한 생활 경제만 소소하게 움직이는 동네가 된 것이다.

시의회에 몸담고 있을 때부터 스스로 던져온 질문이 있다. "북구에서 무엇을 할 수 있는가?" 일할 곳, 찾아가고 싶은 곳, 머물고 싶은 북구가 되도록 어떻게든 부흥시켜야 한다고 스스로 과제를 던졌다. 옛말에 "궁하면 통한다"고 했다. 생각하고 또 생각에 생각을 거듭하면 해결책이 생기는 법. 엄청난 경제시스템을 도입하자는 것이 아니다. 적어도 광주 안에서 다른 지역만큼은 찾아올 수 있는, 갈 곳을 만들도록 더 적극적으로 방안을 찾아보자는 의미이다.

가난하다고 모든 것이 무시될 수는 없다. 훈훈하고 넉넉한 마음은 부자들보다 낫다. 가난한 사람들은 문을 걸어 잠그지 않고 열어두고 산다. 부자들은 가진 것을 지키기 위해 문을 꼭꼭 걸어 잠그는 불안 심리를 가진다. 가난한 사람들은 불안 심리보다 더 좋은 장점이 있다. 정이 넘치고 협동심이 강하다. 경쟁 사회는 그 장점을 온정주의라고 비난하고 고립시켰다. 가난은 내 탓이 아닌데도 무능한 사람은 가난하다는 공식처럼 만들어 기를 꺾어 놓는 것이다. 개인이 게을러 노력하지 않아서 만들어진 결과인 것처럼 왜곡하는 것은 가난을 경쟁의 대열에 맞물려 놓고 사회적 모순을 숨기고 진짜 모순을 면책해준 셈이다.

이 인간적인 마음과 정이 어린 공동체 정신은 북구의 중요한 자산이다. 소상공인들이 힘을 모을 수 있는 협동적 환경을 더 조성해 준다면 살림살이가 더 좋아질 것이다. 즉 지역 주민들이 스스로 해결하기 어려운 지점을 한 발짝만 거들어주는 2%의 역할을 정치가 해준다면 사람들이 환호할 것이다.

그 첫째가 주민 스스로 원료, 생산, 유통, 판매 등을 위한 다양한 협동조합을 만들고 사회적경제시스템을 만들어 정보를 제공하고 각 영역과 영역 사이를 매칭시켜가는 것이다.

둘째, 공공기관은 크고 작은 협동조합이 움직이도록 네트워크화하는 것이다. 주민들의 이해관계를 살피고 움직이고 있는 컨텐츠가 이어지도록 정보소통 플랫폼을 만드는 역할은 공공기관이 해야 한다.

그렇게 지역 거점을 만들고 지역의 수요와 공급 욕구를 연결시키는 매개체의 2%가 정치적 역할이 수행해야 할 몫이다. 우리 북구민이 사는 삶의 터전은 푸른 자연의 기운을 품은 무등산 자락이 걸쳐진 곳이다. 푸른 자연을 가까이 접하는 곳이어서 40년 넘게 살고있는 내겐 늘 새로운 영감을 주는 곳이다. 내 삶의 숨결이 살아 숨 쉬는 곳, 민심 좋고 정감이 넘치는 자연환경이 주거

지역을 만들어 준 곳인 만큼 신선한 에너지가 넘치는 곳이 북구라고 나는 믿는다.

잘 알려져 있듯이 가난해도 행복지수가 높은 나라가 있다. 부탄이다. 부탄 사람들도 가난을 좋아하는 사람은 아닐 것이다. 가난해도 불편하지 않을 뿐이다. 불편하다고 느끼지 않은 사람들이 가장 많이 모인 곳이 우리 북구다. 가난하지만 이웃과 나누고 자족하면서 행복을 나누는 사람들인 북구 주민들과 부탄의 행복이 서로 통하는 것이라고 나는 믿는다.

한때 "부자 되세요"로 덕담을 주고받은 시절이 있었다. 우습게도 그 시기 내 살림을 늘려줄 경제 대통령이라며 이명박 대통령이 부자를 만들어 줄 꿈을 주겠다며 선출된 적이 있다. 하지만 국민들은 부자되는 길이 행복이 아니라는 것을 시간이 지나면서 깨닫게 되었다. 정치인들은 늘 주민들에게 공수표를 남발하기 쉽다. 지역경제를 살리겠다고.

가난은 경쟁적 소유가 만든 사회적 병폐일 뿐 개인이 만든 무능의 산물이 아니다. 무한 경쟁사회의 가난은 혼자 극복할 수 없다. 개인의 가난을 인정하고 사회적으로 공유하는 차원까지 끌어올려야 가난을 넘어설 수 있다. 나는 가난하지 않다고 말하는 순간, 허세로 가득 채워질 수 있다. 그것을 털어내는 길은 유일하다. 공생적 방법을 찾을 때 모두가 행복해질 수 있다.

다시 강조하지만 북구에서도 특히 구청 동쪽 지역은 실로 가난하다. 데이터로 보면 그렇다. 광주지역 생활보호 지원시설은 전체 10곳이 있는데 그중 5곳이나 여기에 있기 때문이다. 보호받는다는 뜻은 자력갱생의 힘이 빈약하다는 뜻이다. 경제적인 측면에서 볼 때 그렇다는 것이다. 도심권도 부심권이 없는 지역이다. 즐기기 위해 모일 수 있는 문화시설도 다른 지역에 비해 빈약하다. 문흥지구, 일곡지구, 신안지구, 용봉지구, 두암지구, 서방지구가 있다고 할지 모르지만 다른 곳과 비교하면 열악하다.

2006년 보건소 게시판에 "다른 시도나 다른 구처럼...지원해 주는 것도 적으면서..철분제까지 이제 주지 않는다는데.. 정말 북구보건소 이렇게 가난합니까? 다른 구로 이사 가야겠네요"라는 글이 올라온 적이 있다. 지금은 어떨까? 하나의 사례가 전체를 대변할 수 없지만 상징적인 측면에서 충격적이다.

그동안 일부에서 던졌던 지역 살리기 구호는 현란했으나 속빈 강정처럼 공허하기 짝이 없었다. 왜 이런 상황이 반복되었을까? 정치적 욕심이 지역민의 삶으로 묶이지 않고 표심에 따라 본심을 숨긴 채 떠돌아다니는 정치인의 두 얼굴이 되었기 때문이었다. 정치가 어려운 이유는 구호와 책임이 함께 지켜지기 어렵기 때문이 아닐까.

가난한 삶의 애환을 가슴 아프게 묘사한 『난장이가 쏘아올린 작은 공』(난쏘공)의 작가 조세희 선생의 말 한 구절이 떠오른다. 우리는 여전히 "분노할 힘마저 부족한 시대를 살고 있다." 체념하는 사람들에게 "냉소주의는 우리의 적이 제일 좋아하는 것"이란 말이 잔영처럼 남는다. 빈부격차는 양극화로 더 크게 극단화되고 있는 오늘, 북구의 희망을 쏘기 위해 작은 공들이 모여야 한다. 나는 그 공들의 희망을 믿는다.

가난은 나의 절망이 아니라 우리의 희망이다
- 북구발전 전략을 찾아서 1. 희망의 땅

가난한 부탄은 행복지수가 세계 1위의 나라다. 부탄의 가난과 나의 가난은 같다는 생각을 한 적이 많다. 나는 가난한 정치인이다. 그런데 어떤 사람들은 돈이 없다고 손가락질했다. 내 생각은 다르다. 가난한 정치를 해야 한다. 돈이 있는 정치는 자신의 잇속을 챙기느라 한눈을 팔 수 있다. 돈을 앞세우는 정치보다 가난한 정치를 하자고 작심한 뜻은 거기에 있다. 나의 가난은 부탄만큼은 아니지만, 항상 행복을 느끼는 점에서는 통한다. 나에게 돈을 벌 기회가 생겨도 나만 가지려고 하지 않고 사람들과 나누는 게 행복이라고 믿어왔다. 한마디로 표현하면 양손에 떡을 들 생각이 없다. 나는 한 번도 스스로 가난하다고 생각한 적이 없다. 그런데도 밖에서 그렇게 가난한 정치인을 왜곡시켜 돈없는 정치를 한다고 손가락질했다.

우리 문화는 남이 가난한 것은 동정해도 내가 가난한 것을 용서하지 않는다. 예로부터 부자보다 가난은 아름다운 미덕이었다. 가난은 곧 청렴의 상징이기 때문이다. 내가 거머쥐지 않고 나누고, 돈을 흘러가는 물길처럼 맡겨두면 내 자리에는 부패가 남지 않는다. 그것이 청렴이라고 생각한다. 그래서 나의 가난은 아름다운 미덕이다. 이왕에 공직을 수행하겠다는 나로선 가난하냐 부자냐의 고민보다는 어떻게 하면 많은 사람들과 함께 행복하고 나는 가난하더라도 청렴한 생활을 하느냐에 두고 싶다.

대한민국 정치인들은 몇이나 자기 돈을 가지고 정치를 할까? 재벌이 아니고선 대부분, 투명한 후원금을 통해 자신의 정치생명을 유지하고 있다. 후원금을 모아 공익적으로 투명하게 쓰자는 것이 정치자금법의 취지다. 북구민들은 가난하면서도 정의로운 정치활동을 하도록 정치인에게 가장 많은 후원금을 십시일반으로 모아주는 지역이다.

남의 돈을 내 돈처럼 함부로 사용하자는 말이 아니다. 남의 돈은 공익적으로 투명하고 공정하게 사용할 수 있다면 남이 만들어주는 후원금을 통해 하는 정치가 가장 아름다운 정치일 것이다. 부패는 공명정대하지 않은 거래로 만들어진 검은 유착일 때 일어난다. 세계적으로 투명한 사회로 알려진 핀란드는 교통법규 범칙금을 부여할 때 재산소득에 비례하여 부과한다. 일명 일수범칙금제다. 이 제도가 운영되는 것은 그만큼 투명한 경제활동과 세금납부가 일어나고 있다는 뜻이다.

보다 투명한 사회를 만들자고 이재명 대통령 후보가 2017년 내걸었던 공약이 소득비례범칙금제도이다. 당시 SNS를 뜨겁게 달군 이슈였다. 안타깝게도 우리는 핀란드처럼 소득과 묶어 범칙금을 적용하는 일이 쉽지 않은 환경이다. 첫째, 여전히 세금이 투명하게 걷히지 않는다. 둘째, 공공기금의 조성이 거의 없다. 따라서 법 적용이 어렵다. 예컨대 진짜 부자들은 운전사가 있기 때문에 범칙금도 운전사에게 돌아간다는 의견처럼 변칙적으로 대응될 수 있다.

일수벌금제는 우리나라의 경제 분야를 비롯해 사회경제적으로 더 투명하고 공정해지지 않은 이상 쉽지 않은 제도다. 지금까지 투명한 정치를 지향하는 한 사람으로서 먼저 솔선수범해 실천하는 자세가 필요하다. 더 중요한 것은 돈이 없는 사람이 정치할 수 있는 문화를 조성하는 일이다. 사회적으로 "정치는 돈이다"는 논리를 펴는 것은 검은 거래를 전제하는 어두운 시선을 깔고 있는 그릇된 관점이다.

정치를 하는 사람들이 돈 없이 할 수 있는 문화를 스스로 만들어 왔고 만들어가고 싶다. 어쩌면 나를 공격하고 음해하고 시기하려는 사람들이 어떤 약점이든 들고나와 꺾고 싶은 심정에서 출발한 비겁한 모습이라고 생각한다. 우리가 생각해야 할 부분은 돈이 들지 않은 정치가 가장 아름다운 모습이라는 믿음을 갖는 것이다. 봉사와 희생의 미덕을 모아내는 설득의 정치, 공정하고 믿음직한 신뢰를 바탕으로 이뤄지는 투명한 정치, 차이를 아우르면서 소통하는 정치를 할 때 사람들은 마음을 움직인다는 사실을 알고 있다. 나는 그런 정치를 꿈꾸는 사람이다.

대한민국에서 가난하면서도 행복하다고 자신 있게 말할 수 있을까? 되묻곤 했다. 나는 가난하게 살아온 사람이라서 가난을 이겨낼 길을 고민한 적이 많다. 그렇다고 그게 부자가 되어 가난을 털어내자는 식이 아니다. 부자가 되는 게 신념은 아니다. 나는 가난하더라도 이웃이 가난하지 않은 정치, 우리가 행복해지는 정치가 있다면 가난은 우리의 공격대상이 아니라고 믿는다.

내 안에 숨어 있는 궁핍 의식은 없다. 가난을 지겹다고 생각한 적이 없어서 다행이다. 없으면 없는 대로 있으면 있는 대로 그 범위 안에서 자족하는 삶을 살려고 노력했다. 지금껏 그랬다. 그래서 아내는 말도 못하게 고생했지만 집에서 같이 한솥 밥을 먹었던 사람들이 많다. 늘 가난은 마음에서부터 온다고 생각해 스스로 가난하다는 마음을 먼저 가진 적이 없다. 마음이 위축되면 심리적으로 쫓기고 쫓기는 마음은 다시 의지를 나약하게 만든다. 사람들과 더불어 사는 나에게 그것은 가장 큰 적이 된다고 생각한다.

나는 가난하지 않다. 가난이란 한 개인의 문제가 아니다. 대부분 일반적으로 가난은 자신의 탓이라고 생각하지만, 경쟁의 산물로 훈련된 문화 탓 때문이다. 한때 가난은 개개인의 탓이었다. 개인의 성실성, 근면성, 인내심 등이 가난을 만드는 이유였기에 절약과 저축을 강조했다. 바뀐 세상에서 통하지 않은 관점이다. 개인이 아무리 노력해도 도덕적이지 못한 사회에서는 개인의 도덕적 노력은 소용없다는 라인홀드 니버Reinhold Niebuhr*의 주장처럼 가난이냐 부자냐도 같은 맥락이다. 공정하지 못한 사회에서 가난은 100% 개인 탓이 아니다. 그래서 경제적으로 어려운 사람에게 사회보장제도를 시행하는 것이다.

경제적인 능력은 개인과 사회구조가 결합하여 만들어진다. 요즘은 자본의 규모가 갈수록 커지고 경제활동에 미치는 영향이 너무너무 복잡하고 막강하다. 개인의 힘으로는 도저히 감당할 수 없을 만큼 크다. 거기다가 AI시스템의 확장으로 고용환경은 갈수록 줄어들 것이고 돈 벌 수 있는 기회는 더욱 줄어들 사회환경이다. 그런 조건에서 개인의 능력만으로는 부자가 되는 일은 쉽지 않다.

그래서 오늘을 사는 우리는 경제 흐름을 알아야 한다. 그렇게 하려면 주식, 환율, 유가, 금의 변동 흐름을 정확하게 알아야 한다고 말한다. 최근 코로나19와 세계 규모로 확장된 경제 흐름의 여파로 먹고살기 힘들어졌다. 사람들은 월급 말고 끝도 없이 올라가는 물가 앞에 묘수를 찾으려고 전전긍긍이다. 개인적인 모색은 이겨내기 어려운 조족지혈이다.

특히 젊은 사람들은 코인과 주식에 관심을 갖거나 환투자를

---

* Reinhold Niebuhr(1892-1971): 미국의 문명비평가이며 신학자.

한다. 직장도 정년까지 유지되는 세상이 아니다. 언제 바뀔지 모르는 직장을 돈벌이의 고정수입으로 믿고 있을 수 없다. 주거환경을 만드는 데도 작은 규모의 대금이 아니다. 평생 월급을 모아 집을 살 수 없다. 누구나 가난하게 살 수밖에 없는 사회구조다.

그런데도 가난을 손가락질하고 일확천금을 꿈꾸도록 바람을 잡는다면 그들이 우리의 적이다. 이제 가난을 숨길 시대가 아니다. 나아가 가난은 내 탓이라고 말하지 않아야 한다. 가난은 자신의 탓도 아니고 남 탓도 아니다. 자본주의라는 사회시스템이 개인의 힘으로 감당하기 힘들게 만들고 있다. 자본이 자본을 늘리는 힘을 가지고 있다. 동학개미가 기관들을 상대할 수 없는 것을 증명하는 데서 확인된다.

돈은 돌고 도는 것이다. 그 돈을 돌게 하는 힘이 공정하면 된다. 그렇게 되면 개인이 돈을 벌지 않고도 공유경제 안에서 살 수 있는 세상이 될 것이다. 미래학자들이 예측하는 현실이 공상적인 것만은 아니다. 뇌과학자 김대식 교수가 말했다. 0.00000001%로가 돈을 벌고 나머지는 실업자 시대가 온다고. 그래서 국가의 혜택을 받고 살아가는 세상을 살게 된다고 그는 설명한다.

사회적으로 기본소득을 국가가 책임지자는 것이 최근 세계적인 흐름이다. 아직 보편화되지 않았지만 AI인공지능이 확산되고 로봇이 생산현장에 더 많이 투입되면 인간이 할 수 있는 일은 갈수록 줄어들 전망이다. 전문 영역인 진료뿐만 아니라 청년세대의 아르바이트 자리도 실제로 줄어들고 있다.

　이제 우리의 선택은 명료해졌다. 미래를 위해 북구가 살아남을 일은 인공지능형 산업기반에 맞서는 자연환경을 활용하는 일이다. 북구는 무등산과 5.18 국립묘지라는 엄청난 사회적 자산이 있다. 이 자원이 문화 관광 자원으로 거듭나도록 인공지능과 결합된 컨텐츠를 개발하는 것이다. 가난을 내 탓으로 돌리면서 자격지심에 빠질 필요가 없다. 부탄의 행복지수만큼 북구가 경쟁의 소용돌이를 일으키지 않고 사회적경제를 만들어가면 우리의 힘으로 희망을 일굴 수 있다.

망월 묘역, 희망의 땅으로 거듭나야 한다
- 북구발전 전략을 찾아서 2. 망월 묘역

　매년 거르지 않고 찾는 곳, 망월 묘역이다. 언제나 구묘역부터 찾지만 망월동 5.18 국립묘지는 무거운 침묵의 공간이다. 그 처절한 아픔이 치유되지 못하고 있기에 많은 시간이 필요하다는 뜻이다. 반세기 가깝게 구천을 떠도는 원혼들을 위로하는 일은 무엇일까? 시간이 해결책이라지만 5월 영령들의 해원은 쉽지 않다.

　1980년 5월 광주 시내 곳곳에서 자국민을 지켜야 할 군인들이 어처구니없게도 자국민을 향해 총칼을 겨누고 백주 대낮에 살육을 벌였다. 기가 막힌 일이어서 말문을 열 수 없다. 누가 자국민을 향해 총부리를 겨눌 거라 생각했겠는가.

대부분 금남로와 도청 주변에서 잔인하게 짓밟힌 죽음들을 이웃 시민들이 리어카에 실어다 묘를 쓴 곳, 청소차에 실려와 묻힌 곳이 망월 묘역이다. 광주시민들이 얼마나 크게 분노했으면 전두환의 방문비를 조각내 깨서 묘역 입구에 묻어 방문객이 밟고 가게 했겠는가! 구천을 떠도는 수백 명의 죽음들, 하찮은 파리 목숨처럼 취급당한 영령들이 떠돌고 있는 곳이다.

무거운 곳일 수밖에 없는 이유다. 이승을 떠난 자는 말이 없다. 떠난 자는 죽음으로 묵묵히 그들이 외친 함성을 전하고 있을 뿐이다. 더 이상 무슨 표현이 필요하겠는가. 이 땅의 민주주의와 정의·평화를 위해 기꺼이 떠난 분들의 목숨은 산 자에게 그대로 계승된 몫일 뿐이다. 남은 자들이 지켜야 할 책무고 계승되어야 할 정신이다.

망월 묘역은 민주주의를 위해 산화한 장엄한 죽음의 역사가 서린 곳이다. 싸우지 않고는 한가지 권리도 누릴 수 없고 커질 수도 없다는 말은 만고의 진리다. 권리의 신장을 위해 싸움의 역사가 인류의 역사를 만들어 온 것이다. 그 역사의 현장을 지켰던 분들이 묻혀있는 곳이 망월 묘역이다. 한국 현대사와 세계사에 유래 없는 민주주의의 실천의 장이 되었던 광주정신이 오롯이 담긴 곳이다.

망월 묘역은 우리에게 40년 넘게 멈춰 선 채 역사관이 되고 있다. 물론 지금껏 우리의 의지를 다지고 위로와 추념의 공간으로 엄숙했다. 그러나 역사는 그저 시간이 흐른다고 쓰여지는 것이 아니다. 아직도 진실규명은 선명하지 않다. 가해자들은 뻔뻔하게 살아 오히려 오욕의 시간으로 남고 희생자들의 명예를 드높이는 시간은 지체되고 있다. 거룩한 희생자들은 떠나고 부끄러운 산 자들만 남았다.

도청은 5월 항쟁의 본부였다. 그 도청을 보존하자면서 일부에선 상징적인 건축물을 거론했던 적이 있다. 랜드마크를 가시적으로 만들어야 한다는 것이 이유였다. 5월이 보존되기 위해서는 5월의 상징적인 랜드마크를 만들어야 한다는 주장과 반대 입장으로 갈려 논란이 커졌다. 5월은 그렇게 지켜지는 것일까? 상징물은 상징적 가치를 담는 것이겠지만 실질적으로 5월을 상징할 수 있는 직접적인 것은 총과 가마솥과 주먹밥이다.

총은 죽음이요 주먹밥은 삶이다. 총과 주먹밥은 죽음과 삶이 맞닿아 있는 역사적 상징이다. 5.18 때 가해자들이었던 공수부대원과 피해자인 5.18부상자회 및 공로자회가 하는 '포용과 화해와 감사 대국민선언식'의 정치쇼를 보았다. 광주의 대다수 시민은 이구동성으로 화해보다 진실한 고백이 먼저라고 지적했다. 한 마디로 영령의 희생 앞에 살아남은 자의 현재 삶 앞에 진심이 담긴 것으로 보이지 않았다. 승화된 몸짓이 아니었다고 판단한 것이다. 직접 발포를 명령했던 가해 당사자들은 꿈쩍도 하지 않은 채 명령으로 어쩔 수 없는 로봇 같은 사람들이 모였기 때문이다. 그들은 오히려 진상규명의 실체적 진실은 가로막게 하고 화해의 몸짓만 하는 것은 거짓된 5월 정신으로 보일 수밖에 없었다.

역사는 지켜져야 하며, 역사를 계승하면서 진화된 5월 정신을 찾아야 한다. 북구의 큰 자산인 망월 묘역은 그냥 1년에 한 번 방문하는 지역으로 멈추지 말아야 한다. 망월 묘역이 무거운 부채감만 확인하는 곳을 넘어 민주주의의 희망이 되는 살아있는 지역이 되는 길을 고민해야 한다. 그러려면 광주에 더 머무르고 광주에서 더 체험된 민주주의가 있다면 5월이 새롭게 탄생하는 것이 아닐까 싶다.

5.18 국립묘지와 그 주변은 민주주의를 배우고 실천하는 창의적 공간으로 탈바꿈되어야 한다. 외지인들이 참배 후 놀 곳을 만들고, 머물 곳을 만들어야 한다. 5.18은 광주의 민주주의의 심장이요 대한민국의 정체성을 담는 곳이 되도록 해야 한다. 그 민주주의를 지키기 위해 살신성인으로 몸을 불사른 80년 희생자들이 모셔진 곳이 5.18 망월 묘역이기 때문이다. 그럴 때 광주는 신성한 곳으로 거듭날 것이다.

5.18 43주기를 맞아 대 선언을 하고자 한다. 민주주의의 체험랜드를 만들자. 박물관에 갇힌 민주주의의 축제를 거리로 들판

으로 나올 수 있도록 변신시킬 것을 제안한다. 한 많은 죽음은 구천을 떠도는 영혼에 대한 단순한 위로를 넘어서는 추념을 할 때 가슴에만 담는 게 아니라 일상 속에 녹이는 게 더 값질 것이다.

  5월 광주는 민주주의의 영원한 화신이다. 1세대들이 고령화되고 책임있는 역할을 일선에서 하지 못하게 되면 5월의 빛깔은 역사 속에서 점점 희미해져 갈 것이다. 그렇게 역사를 바로 세우지 못하면 5월의 과거 역사는 세월이 차면 무덤 봉분이 평지가 되듯 그 진실은 사라진다. 두려운 것은 가해 정치세력조차 5월 참배를 이용하고 있다. 그들이라고 반성하고 5월의 진심을 깨닫지 못할 이유는 없다. 북구의 발전과 5월의 실천을 위해 더 큰 포용의 그림을 그려가야 한다.

북구의 블루오션, 무등산
- 북구발전 전략을 찾아서 3. 무등산

흔히 무등산을 어머니의 산이라고 한다. 자식을 둔 어머니는 열 손가락을 깨물어 아프지 않는 손이 없는 마음을 가진 분이다. 누구의 어머니든 어머님 마음은 모난 곳이 없는 큰 산같은 마음이다. 말 그대로 등이 없는 산, 평등한 산은 어머님 마음을 그대로 옮겨놓은 모양이다.

그래서 무등산을 보고 자란 광주 사람들은 유달리 평화를 사랑하는지도 모른다. 나의 평화사랑도 무등산을 품고 자란 자긍심이다. 광주의 마음과 기상을 키워주는 산, 광주 시민의 품성을 자라게 하는 산, 광주정신을 성장시키는 산, 우리들에게 무등산은 천혜의 보고를 품은 산으로 느껴진다. 생명과 자연의 터전을 일궈주는 기운이 샘솟는 기찬 산이 무등산이다. 무등산은 호남정맥의 기운을 이어받는 북구가 품고 있는 명산 중의 명산이다.

우리는 대체로 흔하게 사용되거나 만나는 것을 소홀히 취급한다. 물과 공기가 소중한 데도 별로 고마움을 품지 못한다거나 고마움을 베푸는 데도 내 식에 맞지 않는다고 내친다. 일상은 소중함보다 하찮게 취급하는 태도로 잃어버린 것들이 많다는 것을 의식하지 못하기 쉽다. 공기처럼 나무, 바람, 흙 역시 소홀히 하기 쉽다. 나무 한 그루, 풀 한 포기, 흙 한 줌은 생명의 관점에서 중요함을 따질 수 없을 정도로 소중한데도 일상에서 하찮게 만난다.

무등산은 남쪽으로 동구와 만나고 있지만, 무등산의 북쪽은 북구와 넓게 이어져 있다. 무등산과 이어진 북구를 돌아다녀보면 소중하고 귀하게 느껴지는 곳이 수두룩하다. 무등산과 직접 맞닿아 있는 행정동은 두암동, 문화동, 석곡동이다. 이 동들은 유서 깊은 사연들이 많다. 문화유산들이 곳곳에 있는 것도 다 무등산의 큰 품 안에서 만들어진 것들이다.

나는 걷는 게 불편한 사람이다. 그래도 달리기는 못하지만 걷고 돌아다니기를 좋아한다. 그게 어려우면 자전거를 타고 돌아다닌다. 과거와 달리 자동차나 자전거가 움직일 수 있도록 이동 환경이 좋다. 걷고 타다 잠시 멈춰 서서 푸르른 녹음을 바라보면 자연의 기운은 훨씬 몇 배로 느껴진다. 무등산 자락에서 흘러내려 온 청풍골, 김덕령 장군이 말을 타고 호연지기를 길렀던 충효계곡, 수백 년이 지난 오늘에도 늘 시원한 바람과 청량감으로 기분 전환을 시켜주는 골바람들이 좋다.

최고의 힐링은 자연에서 이뤄진다. 숲속 걷기, 숲속의 휴식, 숲속의 여가 시간은 가만히 앉아 있어도 기운이 회복된다. 그 숨겨진 휴식의 자원을 제공하는 곳이 무등산이다. 무등산은 국립공원이어서 개발은 불가능하다. 하지만 탐방로를 만들고 숲을 가꾸는 일은 가능하다. 그 속에 훼손되지 않은 둘레 길로 자연을 숨 쉬게 할 수 있다.

무등산국립공원의 경계지역이 중요하다. 운정동 자연부락과 툭 터진 망월 국립묘지가 새롭게 거듭나기를 꿈꾼다. 그냥 5월의 참배가 아니라 민주주의를 실천할 수 있는 수련센터로 가꾸어 놓고 체험하고 함께 공동체가 되도록 탈바꿈시키는 것이다. 무등의 기상을 전국민이 함께 키우는 곳으로 일구고 싶다.

100만이 넘는 대도시를 품고 있는 산은 많지 않다. 어쩌면 광주가 도약할 수 있는 자연조건이 풍부하게 갖춰진 혜택을 가진 곳이다. 그렇다고 자연을 함부로 훼손하자는 요청이 아니다. 개발이냐 보존이냐의 이분법이 아니다. 무등산은 지켜야 하면서도 활용해야 광주가 풍요로워지는 것이다.

북구를 들여다보면 볼수록 이곳도 저곳도 블루오션으로 희망을 발진할 주문서를 내민다. 결국 인공은 자연을 이길 수 없다. 건물 숲이 아니라 나무숲과 환경 숲이 희망의 보물찾기를 심어 놓을 내용들이다.

소상공인의 부흥이 국가 비전이다
- 북구발전 전략을 찾아서 4. 말바우 시장

독일의 경제력은 중소상공인 중심으로 만들어진다. 우리는 중소상공인이 경제활동하기 어려운 나라다. 상업 분야도 마찬가지다. 자치와 분권이 건강한 사회를 만든다는 나의 신념은 변함없다. 그래서 북구 부흥의 첫 번째가 말바우 시장이라고 믿는다.

말바우 시장은 일반적인 재래시장처럼 5일장이 아니다. 2일과 7일은 '큰 장', 4일과 9일은 '작은 장'이 서면서 2, 4, 7, 9일로 한 달에 12번 서는 재래시장이다. '말바우' 시장이라는 이름이 특이하다. 어원을 살피면 친근한 느낌이 새로워진다. 유래는 두 가지 설이 있다.

첫째는 임진왜란 시기에 활약한 광주 출신 의병장 김덕령 장군이 말을 훈련할 때 뛰놀던 말이 도착한 장소라는 것이다. 말이 얼마나 힘껏 바위 위로 발굽을 내딛었던지 바위가 말발굽 모양으로 움푹 패였다고 해서 '말바우'라는 이름이 붙여졌다.

두 번째는 도시개발로 동문대로가 확장되기 오래전부터 이 부근에서 거주해 온 노인들의 구전에 의하면 지금의 통일로약국 앞 부근에 마치 말처럼 생긴 큰 바위가 있어 이를 '말바위'라고 불렀다. 현대화되면서 그 주변으로 시장이 차츰차츰 형성되면서 말바우 시장이라고 자연스럽게 불렸다고 한다.

둘 다 바위와 관련된 설명이다. 전라도에서 바위를 '바우'라고 한다. 바위는 애니미즘적인 성스러움이 있다. 고향에서도 바위가 클수록 함부로 다루면 안 된다며 금기시된 것이 많았다. 이곳을 중심으로 봉사활동을 이어가는 이유도 지명의 친근감 때문이다.

말바우 시장은 북구의 숨결을 느낄 수 있는 소중한 곳이다.

요즘처럼 온라인 택배 거래로 상가방문 없이 거래가 이뤄지면서 시장방문은 점점 줄어들고 있다. 하지만 말바우 시장은 그렇지 않다.

전통시장은 대면 거래가 이루어지면서 인간적인 소통을 만드는 매력의 현장이다. 가격을 둘러싼 에누리가 있고, 한 개라도 얹어주는 우수가 있다. 인간미가 살아 숨쉬는 곳이다. 그래서 시장에 나오면 사람 사는 모습을 느끼면서 힐링이 되는 이유다.

말바우 시장은 실물경제의 현주소다. 북구에서 사람들이 가장 많이 모이는 곳이 말바우 전통시장이다. 최근 전통시장 현대화로 환경이 좋아졌다. 그럼에도 워낙 다닥다닥 붙은 말바우 시장은 개선하는 데 한계가 있을지 모른다. 그래서일까, 자가용 이용고객을 위한 주차장 확보, 요즘처럼 더운 여름이나 추운 겨울을 위한 난방과 방한 대책, 거래 시 사용되는 온라인 결제 시스템 등 소비자 욕구가 변하는 만큼 시장의 시스템과 환경도 변해야 하는데 아직까지 더디기만 하다.

아직은 광주 시내 전통시장에서 말바우 시장이 가장 활발하다. 하지만 전통시장의 거래는 갈수록 줄어들고 있다. 전국의 전통시장이 공통적으로 느끼고 있는 문제도 안고 있지만, 말바우만의 특징도 있다. 이런 문제를 미리 예측하고 대응할 수 있는 노력을 상인회가 자체적으로 준비해야 한다. 상인회는 상인 간의 현실적인 이해관계를 조율하는 기능을 주로 하지만 앞으로 닥쳐올 미래의 위기지수도 살펴야 한다.

세상의 변화에 따라가는 말바우 시장을 상상한다

시장 현대화의 첫 번째는 찾아오기 쉽고 머물기 편해야 한다. 주차장도 있어야 하지만 차량이 쉽게 찾아 진출입할 수 있는 접근성도 중요하다. 더위를 이기기 위해 그늘막은 당연하고 더 좋은 에어쿨 장치와 추위에는 난풍기를 설치해 쾌적하고 안락한 분위기를 만들어야 한다.

상거래의 현대화는 여러 방향에서 만들어져야 한다. 일부 상가에서 이미 시도하고 있을 테지만 북구만의 오프라인 시장으로 머물지 않고 온라인까지 이용할 수 있도록 전국화해야 한다. 그러기 위해서는 우수한 상품을 확보하는 것이 우선적으로 해결해야 할 일이고 정확하고 신속하게 움직일 수 있어야 한다. 신속하고 정확한 배달을 위해 배달업체들과 연계하여 신뢰도를 보증해야 한다.

현대화의 또 한 축은 거래환경이 변화되어야 한다. 즉 현금이 아닌 형태의 거래수단이 다양하게 등장해야 한다. 지역화폐도 하나의 방법일 테지만 시장 카드를 만들어서 할인 효과를 소비자가 이중삼중으로 가져갈 수 있도록 해야 한다. 이것은 시장들만의 노력으로는 불가능하다. 지자체와 중앙정부가 제도적으로 뒷받침해줘야 한다.

현대화를 추진한다는 것은 백화점 수준으로 바꾸는 것이 아니다. 시장이 가지고 있는 장점과 특성은 유지하고 변화하는 소비자의 기호에 맞는 분위기를 만드는 일이 필요하다. 그러기 위해서는 광고활동을 통해 새로운 이미지를 만들고 기존의 이미지를 개선해 가야 한다.

  구청을 중심으로 북구를 동편과 서편으로 나누어 보면 동편의 경제시설의 핵심은 말바우 시장이다. 북구의 역대 정치인들이 말바우 상인들과 같이 가지 못한 이유가 뭘까 궁금해진다. 북구청은 가난한 재정으로 경제환경을 조성하지 못한다고 볼멘소리를 한다. 사실 구청이 경제환경을 진작시키기 위해 신경 쓸 때, 가난을 벗어날 수 있을 텐데 연결을 잘못하고 있는 것은 아닐까 싶다.

소외를 넘는 북구, 교통환경 개선에서 찾다
- 북구발전 전략을 찾아서 5. 교통환경

  늘 상상한다. 북구의 가난에 어떻게 날개를 달 수 있을까?
  북구는 다른 구와 연결되는 관문의 일부가 막혀있다. 광주의 도심에서 남북으로 뻗어가야 하는데 광주역이 막고 있다. 광주역은 뭐라해도 광주의 관문이었다. 그 역할을 한 광주역이 KTX 고속철도망이 송정역으로 옮겨간 뒤 교통망의 중심 역할이 현저하게 축소되면서 거의 멈춰있다. 아이러니하게도 광주의 북쪽 지역으로는 사통팔달 열려있고, 학교가 많이 소재해있지만 젊은 사람들은 동서로 빠져나가서 산업과 연계된 활용도가 낮다.

　북구는 국회의원 지역구를 중심으로 교통상황을 면밀하게 살펴보면 특별한 현상을 만날 수 있다. 북(을) 지역은 고속도로의 진출입이 활발하여 다양한 시설과 산업활동이 연계되어 있다. 본촌산단, 그리고 광산구의 첨단산단과 비아산단이 연계되어 있다. 하지만 북(갑) 지역은 동광주 고속도로 톨게이트의 진출로가 있지만 진출입에서 무등산과 접해 공간을 확보해 머무를 산업환경을 구축하기 힘들다.

　여기서 우리는 교통이 얼마나 많은 영향을 미치고 있는지 읽을 수 있다. 북을 지역은 운암지구와 연계된 주거 및 산업시설의 흐름에 환경적인 영향을 크게 주고, 북구의 활동 환경에도 크게 영향을 주고 있다. 서비스 산업의 활성화를 가져올 수 있다는 점이다. 운암동의 서광주 진출로든 문흥동과 두암동의 동광주 진출로든 수도권으로 연결시키려고 할 때 서광주가 더 유리한 셈이다. 다른 지역 및 수도권과 연계되는 물류의 흐름을 연결하는 입지조건이 좋다는 것이다.

　교통과 연계된 점에서 문흥지구의 동광주 진출로는 여수 순천 동부권을 잇고 경상권을 연결시킬 수 있는 교통 관문으로 나쁘지 않다. 그런데 남해고속도로를 다녀보면 확인할 수 있듯이 동광주는 광주에 다 와도 편도 2차선이다. 하지만 순천을 지나 경상도와 전라도 경계를 넘는 창원 가까이만 가도 고속도로 편도가 4차선이다. 고속도로의 크기는 물류흐름의 크기이고 산업시설의 규모와 연동되는 혈맥의 흐름과 통하는 기능을 한다. 이처럼 국토의 전반적인 유통 상황은 산업을 중심으로 이해하면서 북구의 발전 방향을 고민해야 한다. 따라서 광주를 중심으로 서부권과 남부권, 동부권과의 연계된 교통망을 생각할 때 북구의 경제적 숨통이 열리면 단연코 광주의 활로가 열릴 것이다.

그런 측면에서 작게는 광주역 주변의 교통환경 개선을 통한 변화는 북구 지역의 활성화를 위해 중요한 키워드가 되는 것이다. 광주역 문제를 제대로 풀지 못하면 북구의 발전을 풀지 못한다고 믿는 이유다. 광주역은 이러지도 저러지도 못한 상태에서 야금야금 주변을 근시안적으로 개발하고 있어 거시적인 개발의 방향에서는 진퇴양난의 상태에 놓이게 하고 있다. 중장기적인 도시계획을 갖지 못하니 광주역 주변 부지가 잘려나가고 있다. 벌써 아파트가 들어서고 부분적으로 시설이 들어서고 있다.

북구의 동쪽은 무등산으로 막혔고 경제환경이 활성화되지 않았다. 떠날 이유만 있고, 머물 이유가 없는 곳이 돼가고 있다. 서쪽도 톨게이트가 있지만, 광산지역의 산업시설과 연동해서 볼 때 크게 활성화될 수 있다. 그런데 북구만 놓고 보면 어정쩡한 중간이 되고 있는 것이 북구의 서쪽 톨게이트 현실이다. 북구의 특성이 살아날 수 있게 할 수 있는 방안은 없을까?

시작은 광주역이지만 한반도 남부지역 흐름도와 광주를 둘러싼 연계지역과 관련하여 거시적으로 보지 않으면 해법을 찾을 수 없다. 즉 담양이 만들고 있는 관광산업을 벤치마킹할 수 있다. 불가능하지 않다. 어떤 산업시설이든 유치할 수 있는 지리적인 면과 교통 입지적인 면에서 도시건설의 마스터플랜을 가져야 한다. 덧붙여 현재 북구가 갖고 있는 자원을 재생적인 관점에서 재구성해야 창의적 아이디어가 나온다고 본다. 북구의 지리적 조건을 고려하고 현재의 시설환경을 바탕에 두고 완전히 새로운 플랜을 세워야 한다. 그 플랜을 찾는 첫 번째 열쇠가 교통과 권역별 기 배치된 산업배치의 이용이라고 생각한다.

북구는 개발의 손을 타지 않은 청정한 아이템이 다양하게 소재한 지역이다. 즉 우치동의 패밀리랜드의 문화 공간과 망월 묘역의 상징성, 무등산의 자연환경 활용 등 외부 방문객이 머물고 갈 수 있는 방안을 모색할 것들이 많다. 즉 산업시설을 설치할 수 없는 공간적인 관점이 아니라 교통입지를 활용하는 관점에서 장애요소로 접근하지 말고 긍정적으로 활용할 수 있는 관문으로 북구를 보자는 것이다.

한마디로 정리하면 북구를 서비스 산업 분야를 활성화시킬 수 있는 지역으로 탈바꿈시키면 희망의 블루오션으로 거듭날 수 있다. 우치패밀리랜드와 망월 묘역 주변의 민주랜드 조성과 무등산 언저리에 산재해 있는 예술 공간의 활성화를 통해 방문객을 늘릴 수 있는 연계망을 구축하는 것이다. 특히 망월 묘역 주변에 전통에 기반을 둔 장례예술이나 음악, 미술, 영상 등 중심으로 펼쳐질 수 있는 다양한 장르의 예술을 구현한다면 문화수도 광주의 예술은 새로운 세계를 열게 될 것이다.

이 거친 밑그림 위에 구체적인 방안을 채워간다면 북구는 진짜 블루오션으로 등극할 수 있을 것이다. 한 사람의 상상력으로 불가능하다. 나는 단순하게 아이디어를 던지고 있지만, 실현 가능성을 검토하고 집단지성을 모아가면 불가능한 일은 아닐 것이다.

사회적경제로 일구는 더불어 사는 북구
- 북구발전 전략을 찾아서 6. 사회적경제

코로나19를 기점으로 팬데믹 이전과 이후라는 말이 있다. 세상이 그만큼 달라졌다는 뜻이다. 세계사를 바꾸어 놓은 코로나 3년은 근대화의 인큐베이터가 된 14세기 페스트 팬데믹과 19세기 환경과 위생 개혁을 이끈 콜레라와 더불어 세상을 혁명적으로 바꾸어 놓은 것으로 통한다. 수많은 사람들의 목숨을 앗아가면서 인류에게 고통과 절망을 안겨주었지만, 역사를 바꾼 변곡점으로 세계사의 물줄기를 바꾸어 놓았다.

이 글은 팬데믹 이전에 쓴 것이다. 다소 현실감이 떨어지기는 하지만 여전히 사회적경제는 관심사 중의 하나이다. 정부가 바뀌면서 제도적인 환경 변화 때문에 어려움이 많다. 그렇더라도 소상공인과 지역민들이 움직일 수 있는 좋은 아이템이다. 세상은 변했다고 하더라도 사람 속에서 사람이 산다. 따라서 함께 살 수 있는 지혜는 언제나 필요하다.

우리의 일상은 2019년 이전인 18년에 멈추어 있는 것 같았지만 사실 세상은 인공지능과 메타버스적인 비대면 문화가 놀랄 정도로 확장된 새로운 세상이 펼쳐졌다. 사람들이 움직이는 세상이 아니라 통신이 움직이고, 정보량이 변하면서 과거의 사회적

경제나 자활적 기업활동은 상대적으로 위축되었다.

그럼에도 사회적경제에 대한 수요는 우리 북구에서 유효하다. 무엇보다 낙후도가 가장 높은 곳으로 도시재생이 절실한 북구이기 때문이고 협동적 사회구조가 가장 이상적인 모델이기 때문이다. 관을 움직이게 하려면 시민들이 아이디어를 내고 시민들이 먼저 움직여야 한다. 관은 천천히 신중하게 가기에 시민들이 매달리는 생업의 속도보다 늦다. 시민들의 저력은 공동체적 문화를 기반으로 만들어질 때 아름답다. 따라서 더불어 함께 북구의 현실을 살피고 방향을 찾아야 한다.

다음은 당시 사회적경제에 대한 분위기를 전하는 메모된 내용이다.

"광주의 사회적경제는 인구대비로 보면 전국에서 어느 정도 규모가 있는데 안타깝게도 질적 수준은 열악하다. 예컨대 고용자들의 급여수준, 업종이 다양하지 않다. 변화가 있었던 부분은 광주시에서 발 빠르게 조례를 제정하고 개정하는 등 활발하게 대응한 점이다. 다만 공공기관의 공공구매가 활발하게 이루어질 것이라고 생각했지만 그러지 못했다."

"자활기업은 사회적 기업에 비해 떨어진다. 크게 성장하지 못하고 정체되거나 퇴보하는 식이기 때문에 더 많은 관심이 필요하다."

"2018년 정부는 도시재생과 관련된 이야기를 많이 하고 있다. 도시재생을 담는 그릇이 사회적경제다. 그런데 이런 구호만 있지 어떻게 결합할 것인지 구체적으로 제시되고 있는 것이 없다. 일정 규모가 있어야 하는데 여건을 충족하지 못하면 정부 정책들이 수반되지 않는 이상 말로만 끝나버리고 마는 안타까운 상황이다."

"광주의 경우 사회적경제를 어떻게 만들어가겠다는 전략이 부재하다. 전체적인 그림을 제시할 만한 모델이 부족하다. 광주의 특성을 살리는 사업보다는 체험 쪽이 많다. 일반 광역시에 비하면 경제규모도 작다. 기술기반 사회적경제 기업들이 전국적으로도 별로 없다."

"2017년 조례를 통과해서 공공구매를 할 수 있는 토대를 확보했다. 우리 지역에서 가장 필요한 민관거버넌스를 구축할 수 있는 출발점이 형성되었다. 2018년에 집중해야 할 것은, 사회적경제 기금이라 생각한다. 공직사회에서도 사회적경제 이미지 개선이 필요하다."

"지자체장의 의지라든지, 담당 공무원의 인식이라든지, 지역에서의 인재육성 등이 고민되어야 한다. 규모만 내세울 것이 아니라 지자체 내에서의 소규모 활동이 필요하다. 도시재생과 밸리, 사회적경제에 대한 밸리 구상을 해야 한다."

도시재생과 마을공동체의 돌파구는 사회적경제라는 신념에 있다. 주민들이 직접 움직이는 것은 항상 따뜻하다. 붐을 탄 흐름도 있지만 절실하게 느끼는 심정이 컸다. 하지만 현재(2018년) 광주는 사회적경제의 질적 발전에 대한 논란이 일고 있다. 도시재생과 사회적경제가 쉽게 연결되지 못한 가운데 현실은 일자리와 소득은 반드시 연결되어야 했다. 마을의 가정이 문을 열고 마을 단위의 공동체를 단단하게 구축하고 그것들을 연결시켜가야 한다. 그것이 마을의 교육공동체가 되어 재생구조를 만들고 다시 도시재생과 결합한다면 이상적인 마을공동체가 만들어질 것이다.

여기에는 종자돈, 즉 자금이 필요하다. 사회적경제가 잘 움직여지지 않는 이유는 상생기금이 만들어지지 못하기 때문이다. 개인이 자금을 확보할 수 없다. 그래서 소셜펀드, 사회투자기금 등을 십시일반으로 조성하는 것이다. 시와 자치구에서 만들어서 지역별로 할당하는 것이다. 또 하나는 빈민은행을 만드는 것이다. 세계적인 빈민은행으로 잘 알려진 무하마드 유누스가 1973년 20달러 때문에 고리대금업자에게 시달린 빈민들에게 무담보 소액대출한 '그라민은행(social bank of Bangladeshi)'이 있다. 그라민이라는 말은 방글라데시 말로 '시골' 또는 '마을'이라는 뜻이다. 우리의 마을금고가 그런 취지로 시작했지만 금융자본화의 길로 잘못 가버렸다. 하지만 지금이라도 마을금고가 지역사회에 환원도 하고 상생기금도 만들어간다면 얼마든지 가능한 일이다.

이런 환경을 만들기 위해서는 마을마다 혁신활동가, 마을활동가가 있어야 하고 그들을 체계적으로 양성할 수 있어야 한다. 단순히 청년일자리, 노인일자리를 만드는 규모를 넘어 양성과 운영, 관리와 지원 등의 시스템을 만들 수 있도록 하는 것이다. 마을의 전문가는 지역의 정체성을 만들고 지역의 역사와 문화를 만들 수 있도록 해야 한다. 모든 것을 잘 할 수 있는 멀티 디자이너와 코디를 만드는 것이다.

이들의 단위를 나누어 도시재생센터, 사회적경제센터, 마을 교육지원센터, 마을공동체가 서로 엮어질 수 있도록 해야 한다. 이것이 지역사회의 특성과 특화된 것이 무엇인지 알고 이를 총괄하는 융합 마인드로써 마을의 코디네이터, 마을디자이너가 되어야 한다.

우리 북구는 사회적경제 인프라가 굉장히 좋은 환경을 갖고 있다. 역사적 자원도 풍부하다. 다른 구와 비교하자면 광주의 다른 지역구는 초기에 인재들이 많이 이주했다. 관에서 주도하다보니 실질적인 자립도 면에서 생각보다 관심이 높지 않았다. 반면 북구는 민관이 협력을 못하다보니 민민교류가 활성화되었고, 이것이 상대적으로 자립도를 높여주었다. 이것이 민민의 자생력이 만든 생명력이 끈질기다. 자칫 관이 주도할 때 빠질 수 있는 관성을 막고 민간의 사욕이 빚을 혼동을 막으면서 민관이 함께 협력해야 한다.

민간에 위탁할 때 경제적 요소뿐만 아니라 사회적 가치도 평가대상에 놓고 사회적 가치를 실현하고 있는 기업에게 공공구매를 우선하게 하는 것이다. 우리 북구는 그것을 할 수 있는 조건이 되어 있다. 일반 기업이라 할지라도 위탁을 하면 북구를 위해서 어느 정도 기금을 내던지 북구 주민을 어느 정도 고용하는 지를 평가해서 공공계약을 맺는 것이다. 그것을 내놓으면 사회적경제에 참여할 폭도 넓어지고 일반 기업도 지역에 환원해야 하는 의무를 다할 수 있기 때문이다. 이는 기금조성에도 도움이 되고 사회적경제가 민간위탁에 들어갈 수 있는 여지의 폭도 넓어진다. 그런 사회가치를 실현하는 기업들에게 공공서비스 위탁을 우선으로 해주는 제도로 활성화할 필요가 있다.

북구의 또 하나의 특징은 복지예산이 가장 많이 투입되고 있는 점이다. 사회서비스를 많이 제공해야 하는 부담감을 가지고 있는데, 최근 제3섹터형 일자리를 만들자는 이야기가 그것이다. 사회복지, 사회적경제, 문화, 예술을 합하는 개념으로써 복지예산을 줄일 수 있는 계기가 될 수도 있다.

이제 어려운 환경을 바닥에 두고 볼 때 북구를 살릴 수 있는 길은 사회적경제 뿐이다. 북구에 산업단지가 없으니 북구 전체 골목골목이 작은 산업단지가 되어야 한다는 뜻이다. 그것이 북구가 함께 살아가는 방법일 것이다.

사회적경제 활성화를 위해 광주시가 적극 앞장서야 한다.
– 문상필 의원 5분 자유발언*

존경하는 광주시민 여러분!

조호권 의장님을 비롯한 선배·동료의원 여러분!

그리고 강운태 시장님과 안순일 교육감님을 비롯한 관계 공무원 여러분! 북구 3지역구 문상필 의원입니다.

본 의원은 오늘 '사회적경제 활성화를 위해 광주시가 적극 앞장서 달라'는 말씀을 드리기 위해 이 자리에 섰습니다.

사회적경제란 단기적 이윤 창출을 최우선 목표로 삼고 자유경쟁을 통해 이를 달성하는 시장경제와는 달리, 공동체적 생산과 소비를 통해 함께 만드는 시장을 추구하는 것을 말합니다. 대표적인 형태로는 협동조합과 사회적 기업, 마을기업, 자활기업 등이 있으며, 모두 공동체적 생산과 거래 등을 통해 단기적 이윤보다 장기적인 이익 확대를 목표로 삼는다는 공통점이 있습니다.

이런 사회적경제로 인해 우리 사회가 커다란 변화의 조짐을 보이고 있습니다. 5인 이상 조합원을 모으면 누구나 금융·보험업을 제외한 모든 분야에서 협동조합을 만들 수 있는 협동조합 기본법이 작년(2012년) 12월 1일 시행되었습니다. 이로 인해 일반

---

* 이 글은 2013년 시의회에서 5분 자유발언 시간에 발표한 내용으로 본문을 중심으로 일부를 수정하여 싣는다.

시민들 사이에서부터 협동조합의 바람, 사회적경제의 바람이 불고 있는 것입니다.

이는 1997년 이후부터 시작된 양극화가 개선될 기미가 보이지 않고, 2008년 금융위기가 터지면서 소위 효율성을 추구하던 시장경제가 무너지는 것을 보면서 시민들 스스로가 새로운 대안이 필요하다고 절실히 느꼈기 때문일 것입니다.

존경하는 광주시민 여러분! 그리고 동료의원 여러분!

얼마 전 대선에서 문재인 후보는 '사람중심 협동경제, 사회적경제'를, 안철수 후보는 '호혜와 협동의 사회적경제'란 비전 아래 사회적경제를 활성화하기 위한 공약을 제시했었습니다.

또한 박원순 서울시장을 비롯한 전국의 많은 광역자치단체장과 기초자치단체장들은 올해를 사회적경제를 이루는 토대를 만들기 위해 다양한 시도를 준비하겠다고 새해 포부를 밝혔습니다.

대선후보와 단체장들의 사회적경제에 대한 언급은 거듭되는 자유시장 경제의 위기로 인해 대안적 체계의 필요성과 국민의 열망인 경제민주화와 복지 확대를 완성하는 토대는 사회적경제를 통해서 가능하다는 인식 때문일 것입니다.

이처럼 우리 사회는 양극화, 빈부의 차로 대변되는 자유시장 경제가 세차게 흔들리고 공동체를 중심으로 공동의 이익을 추구하는 새로운 경제 질서 '사회적경제'가 급속히 떠오르고 있는 것입니다.

존경하는 광주시민 여러분! 그리고 동료의원 여러분!

본의원은 지난 1월 16일 북구 주민들과, 조오섭 의원님을 비롯한 시구의원, 언론인, 사회적경제 전문가 등과 함께 전라북도 완주군을 방문해 행정과 주민들의 가교역할을 해주는 커뮤니티 비지니스센터와 마을기업이 모범적으로 운영되고 있는 마을과 로컬푸드 꾸러미사업단과 용진농협에서 운영하고 있는 로컬푸드 매장을 방문해 직접 보고 듣고, 많은 것을 배우고 왔습니다.

완주군은 마을기업 101개를 만들어 지역주민들의 소득 창출과 일자리 창출을 위해 체계적인 교육과 일본 연수 등 끊임없는 노력을 하고 있었으며, 로컬푸드로 3,000명의 일자리를 만들고 3,000~5,000세대가 매출 1,000억을 달성하겠다는 목표를 가지고 어려운 농촌을 군민들과 함께 변화시키고 사회적경제를 잘 이루어내고 있었습니다.

두부와 김치로 올해 10억의 매출을 목표로 하고 있는 도계마을, 유과 부스대로 월 2,000만 원의 매출을 올리는 용진 서계마을이 있습니다. 지역의 농산물을 완주와 전주만이 아닌 수도권에까지 배달하는 꾸러미사업단, 생산자들 스스로 철저한 품질관리를 통해 매일 2,000명이 넘는 소비자가 찾고 있습니다. 개장 이후 8개월간의 매출이 50억에 달하는 용진농협의 로컬푸드 매장 등을 방문한 후 함께한 주민들은 마을 특색에 맞는 마을기업을 만들기 위한 꿈과 우리도 할 수 있다는 희망에 부풀어 있습니다.

하지만 광주시의 사회적경제 관련 현황을 보면 안타깝기 짝이 없습니다. 사회적 기업 37개, 예비 사회적 기업 72개, 마을기업 31개, 협동조합 신청 6개 등으로 참으로 미비합니다. 사회적 기업, 마을기업, 자활기업, 협동조합 등을 담당하는 부서가 일원화되지 못해 종합적, 체계적인 관리 교육이 이뤄지지 않고 있습니다. 사회적경제를 지원하기 위한 조례도 없어 미비한 환경을 보유하고 있습니다.

존경하는 광주시민 여러분! 그리고 동료의원 여러분!

마을이 움직이고 있습니다.

사회적 경제를 통해 우리도 함께 이루어 낼 수 있다는 꿈과 희망에 지역주민들이 움직이고 있습니다. 광주의 공동체 정신이 꿈틀대고 있습니다.

이제는 광주시가 적극적으로 나서야 할 때입니다.

전국적으로 거세게 불고 있는 변화의 바람인 사회적경제의 활성화를 광주는 그 어느 곳보다 가장 잘 할 수 있는 조건을 가지고 있습니다. 사회적경제의 가장 중요한 근간인 공동체 정신이 광주만큼 높은 곳이 없기 때문입니다.

존경하는 광주시민 여러분! 그리고 동료의원 여러분!

광주공동체 정신을 통한 사회적경제 활성화를 위해서는 사회적경제에 대한 인식 확산을 통한 인프라 구축과 사회적경제 육성 지원 조례 제정, 사회적경제 지원센터 설립을 해야 합니다. 이를 통해 통합관리, 정보공유, 교육, 홍보 등 행정적 지원, 지역주민들과 사회적경제 전문가들 간의 유기적 협조체제를 위한 네트워크 구성 등이 필요합니다.

광주의 공동체 정신으로 사회적경제를 이루는 사회적 기업, 마을기업, 자활기업, 협동조합을 통해 신자유주의 경제가 해결하지 못하고 있는 일자리 창출, 고용 안정을 해결하고 경제민주화와 복지를 해결해야 합니다. 우리 광주는 할 수 있습니다.

끝까지 경청해 주셔서 감사합니다.

주민자치센터의 실질적 활성화는 없을까
– 북구발전 전략을 찾아서 7. 주민자치센터

자치와 분권은 다르면서도 같은 맥락의 일이다. 지역이 스스로 정치시스템을 만들고, 스스로 권한을 나눠 갖자는 게 자치분권 운동이다. 2002년 자치연대로 시작된 지방자치에 대한 관심은 오래된 주제 중의 하나다.

동마다 있는 주민자치센터는 과거와 달리 자치문화를 조성하는데 중심 역할을 하고 있다. 다양한 주민자치운동과 프로그램 개발을 통해 주민자치 활성화에 많은 노력을 기울이고 있다. 이를 통해 주민 편의 및 복리 증진을 도모하고 있다. 주민과 주민,

주민과 행정의 대화는 개인의 권리가 강조되는 시대에 중요한 주민 의견을 수렴하는 채널로 다양하게 모색되고 있다.

그러나 아직까지 자치에 대한 이해가 부족할 뿐만 아니라 주민들의 참여 의식이 보편화되지 못하고 있는 게 현실이다. 대부분의 지역에서 활동할 수 있는 인재들이 모여 뽑는 민주적인 선출 형식의 주민자치위원회가 구성되지 못하고 있다. 이로 인해 주민자치 활동이 일부 몇 사람의 리더십이 있는 주민 중심으로 유지되고 있다.

이런 현실은 주민자치센터 프로그램 개발과 운영에도 영향을 미친다. 각 동이 가지고 있는 연령별, 직업별, 문화적, 지역적 특성들을 고려하지 못한 채 광주시 83개 거의 모든 동이 천편일률적으로 동일한 프로그램으로 운영되고 있다. 프로그램이 다양하게 결합되려면 동마다 코디네이터들이 상주해 참여할 수 있는 제도적 장치가 필요하다. 아직은 행정적 지원이 형식화된 상태에서 제 기능을 십분 발휘하지 못하는 아쉬움이 있다.

코로나19의 통제가 풀리면서 위축된 주민자치센터 프로그램이 다소 살아나고 있다. 프로그램을 살펴보면 줌바댄스, 라인댄스, 요가, 한국 무용, 필라테스, 트롯다이어트 댄스, 난타, 풍물, 우크렐레, 통기타, 고고, 장구, 연필 스케치, 수채화, 어반 스케치, 왕초보 영어, 여행 영어회화, 사진반, 노래 교실 등으로 풍부해진 면이 있다. 대부분 시설이 개선되고 공간이 넓어지면서 프로그램이 다양하다. 참여 인원은 프로그램별로 20~30명 수준에 그치고 있고 아직도 일상의 연장으로 이어지지 못하고 극히 제한적이고 한정적인 상태다.

이제는 자치센터가 달라져야 한다. 찾아오고 찾아가는 프로그램을 넘어 골목에서 아파트에서 공동체를 만들고, 자발적인 협업 네트워크를 만들어가도록 공모환경을 제시해야 한다. 여가시간을 위로하는 것이 아니라 여기저기 동네 사람들이 공간을 사용하고 자치가 움직일 수 있도록 지원하는 센터가 되어야 한다.

이제 진짜 지방 분권 시대를 맞이해야 한다. 일부에서 그런 움직임이 있지만 더 적극적으로 주민자치센터가 이웃 간에 정이 오가는 아름다운 마을 만들기 운동의 구심체 역할을 할 수 있도록 전환되어야 한다. 지역 문제를 주민들이 직접 관심을 갖고 참여하고 이웃과 더불어 살아가는 공동체 의식을 함양할 수 있도록 환경을 만들어야 한다. 다양한 방향으로 각 동의 여건과 특성을 살린 프로그램을 개발 운영해 나가야 한다. 이러한 취지에서 한 두 가지 프로그램을 제안하고자 한다.

그것은 주민자치센터에 생활연장 프로그램을 운영한다. 생활지원을 위해 음식나누기 프로젝트, 아동보호 프로젝트, 생활공작 프로젝트, 혼족해빙 프로젝트 등을 운영하여 모이고 소통할 수 있도록 한다. 특히 탁아방의 경우는 마을 교육공동체와 연계하여 보호와 양육, 성장 교육을 담을 수 있는 공동체적 협력 시스템을 구축하는 것이다.

 탁아방을 개설 운영하는 것이야말로 육아에 어려움이 있는 가정을 지원하고 협동적인 사회문화를 조성하여 공동체를 강화하는 것이다. 현재도 일부에선 세살 이하의 어린아이를 둔 직장 여성들은 아이를 주로 유료 놀이방이나 탁아방 등을 이용하고 있다. 이로 인한 경제적 부담이 적지 않은 점이 있지만, 그마저도 더 어려운 형편의 가정은 그 고충이 더 심하다. 문제는 아이 때문에 경제활동을 포기하게 만들어 인구증가율을 낮추고 경제적인 악순환을 만든다는 것이다.

주민자치센터의 탁아방은 어떻게 개설·운영할 수 있을까?

 가장 시급한 것은 관청으로부터 행정 지원을 받아다가 편의시설을 구축하고 공공근로 등을 활용하여 전문 인력을 확보하는 것이다. 그리고 동사무소에서는 인력을 모집하고 운영 프로그램을 편성한 다음 품앗이 같은 전통을 활용하여 서로 공생하는 것이다.

 아이들의 안전을 지키기 위해 보험을 들고, 참여 부모들의 헌신적인 믿음을 유지하기 위해 상호소통의 기회를 확보해주어야 한다. 비슷한 처지에 있는 주부들이 탁아방에서 자원봉사로 아이들을 돌봐 주고 돌봐 준 시간을 저축해 두었다가 당사자가 필요할 때 그 시간을 활용하는 요령도 필요하다. 물론 품앗이할 여건이 안 되는 직장 여성들은 아주 저렴한 비용으로 아이를 맡길 수 있는 아이디어도 있어야 한다. 이 모든 운영은 탁아협동조합을 만들어 유지할 수 있다.

물론 이렇게 주민자치센터에 탁아방을 개설한다고 이 문제가 전적으로 해결될 수 없다. 주민센터에서 아무리 좋은 제도가 기획되더라도 상부 행정기관에서 예산이 편성되지 않거나 인력이 지원되지 않으면 공수표에 불과할 것이다. 그나마 문재인 정부에서는 지방소비세를 10% 인상해서 4% 3.5조 원에서 6% 5.3조 원으로 약 8.8조 원의 지방 세원을 확충한 점이 가장 눈에 띄지만, 정부가 바뀌면서 또 달라지고 있다.

두 번째는 자치분권은 중앙정부와 지방정부 사이에 권한을 나누는 것이다. 나누는 것도 중요하지만 각 부처가 만든 모든 법령들이 자치분권 이념과 정신에 맞는지 안 맞는지 사전에 협의하게 된 점도 중요한 환경 변화다.

세 번째로는 자치분권 3법이 1987년 이후 35년 만인 2022년 문재인 정부가 추진한 자치분권의 종합계획을 법률에 담은 지방자치법 정부 개정안이 통과되고, 김대중 대통령 때부터 꾸준히 논의만 됐지 실현되지 않았던 자치 경찰에 관한 법률이 일부 개정됐다. 그 다음이 자치분권의 핵심은 중앙정부의 권한을 지방으로 넘기는 일로 570여 가지의 중앙 행정사무를 지방으로 넘기는 지방이양일괄법이 통과되었다.

이 3법이 통과되어 과거와는 비교도 되지 않을 만큼 자치분권의 제도적 여건은 충실히 갖춰진 셈이다. 이제 자치와 분권의 제도적 환경을 바탕으로 실질적인 운영 팁을 끌어낸다면 활성화는 새로운 국면을 맞을 것이다.

북구의 사각벨트로 청년에게 기회를 주자
- 북구 발전전략 8. 청년벨트

　쇠락한 도시를 재생하여 활력을 불어넣자면 반대할 사람이 없을 것이다. 그런데 지금까지 진행된 도시재생사업이 가져다준 이미지는 건설과 건축 쪽에만 관심이 집중되는 듯 보였다. 일부에서 문화예술 관련 아이템을 적용하기도 하고 동네의 고유한 특성을 살리려고 했지만 아직 도시재생의 길은 멀다.

　정부의 정책 브리핑 발표 자료에 의하면 2014년 도시재생 선도지역 사업을 시작으로 2016년 도시재생 일반사업, 2017년부터는 도시재생 뉴딜사업으로 2021년까지 총 534곳의 국비지원 도시재생사업이 선정되었다. 유형별로 살펴보면 경제기반형 15곳, 중심시가지형 91곳, 일반근린형 178곳, 주거지지원형 82곳, 우리동네 살리기 69곳, 혁신지구 10곳(주거재생혁신지구 포함), 인정사업 89곳이다.

　이는 '지역공동체가 주도하여 지속적으로 혁신하는 도시'를 만들겠다는 방향에서 제시된 문재인 정부의 정책목표였다. 4대 정책 방향으로 1) 주거복지·삶의 질 향상, 2) 도시 활력 회복, 3) 일자리 창출, 4) 공동체 회복 및 사회통합이었다. 이를 실현하기 위해 도시공간 혁신, 도시재생경제 활성화, 주민과 지역주도의 3대 정책목표를 설정했다. 구체적인 5대 추진과제로 1) 노후 저층 거주지의 주거환경정비, 2) 구도심을 혁신거점으로 조성, 3) 도시재생 경제생태계 조성, 4) 풀뿌리 도시재생 거버넌스 구축, 5) 상가 내몰림 현상을 선제적 대응과제로 삼았다.

이런 방향이 윤석열 정부로 바뀌면서 2022년 7월부터는 도시재생사업이 전면 개편되었다. 혁신, 경제, 지역주도의 정책 기조는 큰 틀에서 달라지지 않았지만 경제거점 조성, 지역특화재생이 크게 강조되면서 기존 5개 유형이 대폭 간소화되었다. 그런 변화와 함께 혁신지구 1곳, 지역특화재생 15곳, 우리동네 살리기 10곳으로 총 26곳이 선정되었다.

도시재생사업이 성공하려면 어떤 조건이 필요할까? 첫째, 그 안에 정주하고 있는 사람들이 떠나지 않고 그들이 주도하고 그들이 숨 쉬고 움직일 수 있도록 환경을 조성해야 한다. 그러기 위해서 먼저 선행되어야 할 조건은 동네가 먼저 움직여야 한다. 동네마다 다양한 협동조합을 만들 수 있도록 유인한다. 분야별로 모여 개별경쟁에 갇히지 않도록 자신들의 어려운 부분과 희망하는 부분의 아이디어를 낼 수 있어야 한다.

둘째, 지역별로 너무 작게 사업을 쪼개서 신청하기 때문에 자생력이 힘을 받지 못한다. 좀 더 거시적인 시야로 동네와 동네를 뛰어넘어 동네와 동네가 연결되고 생산과 유통, 물류가 회전되도록 규모를 크게 잡아 지원 환경을 만드는 것이다. 작은 단위가 더 큰 단위로 결합할 수 있도록 부분과 전체를 연결할 수 있는 매개를 만들자는 것이다.

셋째, 도시재생을 위해 지자체 안에 행정부서를 배치할 필요가 있다. 공무원들은 자기에게 정해진 일을 한다면 한시적으로 지역주민을 인턴 공무원으로 채용하여 활동할 기회를 만들어주는 것이다. 그들의 활동으로 동네와 동네가 연결되어야 할 문제가 풀릴 수 있도록 실질적인 활동력을 만들어주자는 것이다.

가난한 북구는 도시재생사업이 절실한 곳이 많다. 도시재생사업을 신청할 구체적인 사각벨트를 제안한다. 북구는 잠들어있는 자원이 많다. 먼저 젊은 청년들을 활용해야 한다. 북구에서 그들은 학교만 다닐 뿐 그 이후에 떠나는 게 문제다. 이들이 떠나지 않도록 지역에서 도시재생사업으로 활동공간을 만들어내야 한다. 지역을 지키는 청년 에너자이저가 모일 수 있는 공간을 말이다.

말바우 시장, 광주역, 전남대, 하미스포렉스(현 굳모닝타운) 이 네 곳이 바로 연계되는 재생벨트다. 상품을 제공하고 판매할 수 있는 시장으로 안성맞춤인 곳이 말바우 시장이다. 전남대 주변과 구 하미스포렉스까지 잇는 가공산업이 숨쉬는 공간, 문화가 숨 쉬는 공간, 유통이 숨 쉬는 지역으로 재생에너지를 부흥시켜야 한다. 그리고 IT 실리콘밸리 같은 연구단지로 광주역 부지를 활용하는 것이다.

북구를 재생하는 아이템이 필요하다. 창조적 아이디어가 넘치는 청년들을 어떻게 모이게 할 것인가? 저렴한 재정지원, 행정지원으로 청년이 나설 수 있도록 국가와 지자체는 밑자락을 만들어야 한다. 형식이 아니라 실질을 위해 실패해도 책임진다면 다시 도전할 것이고 청년은 모일 것이다.

전남방직, 일신방직 부지에 야구박물관을 짓자
- 북구 발전전략 9. 야구박물관

더 이상 아파트를 짓지 말자는 시민들의 희망이 사라졌다. 옛 방직터 개발안을 두고 보인 의견이다. 광주는 인구 대비 현재의 주거 비율은 104% 정도로 초과상태다. 고용창출이나 재정수익만을 생각하면 아파트만큼 효율적인 건설이 없다고 말하는 사람도 있다. 행정 중심으로 이야기하면 그럴 수 있다. 하지만 문제는 광주의 도시재생을 위한 마스터플랜이 없다는 말이 된다.

도심에서 1,000미터가 넘은 아름다운 무등산을 바라볼 수 있는 기회는 혜택받은 일 중의 하나다. 무등산은 오랫동안 시민들에게 커다랗게 힐링을 만들어준다. 어느 날부터 30층이 넘는 고층 아파트가 들어선 광주는 인구가 줄어들고 있다. 높은 빌딩 숲이 된 아파트로 가려진 도시는 미관뿐만 아니라 일조권과 조망권을 빼앗았다. 그래서 이제는 고층 아파트를 그만 지어야 한다는 의견도 많다.

난개발이냐 아니냐는 관점에 따라 다르겠지만 도시인구가 줄어들고 있는 가운데 고층 아파트 건설과 공원 지역 건설은 고민해야 할 딜레마 문제다. 풍암동 풍암저수지 문제, 북구 임동에 있는 전남방직과 일신방직 개발을 둘러싸고 많은 의견이 오고 가는 이유다.

보도에 따르면 지난 3월 20일 광주시는 옛 전방·일신방직 부지 개발을 위한 국제 설계 공모의 당선작으로 덴마크 회사 '어반 에이전시'의 '모두를 위한 도시(City For All)'를 최종 선정했다. 옛 방직공장 터 개발을 위한 설계 공모 당선작이 확정된 가운데 대규모 편의시설이 포함된 랜드마크가 들어설 것이라는 기대감과 초고층 건물의 난립이 이뤄질 것이라는 우려가 동시에 나오고 있다.

정말 이렇게 가야 맞을까? 설계 변경을 할 수 없을까? 40층짜리 주거환경을 변경할 수 없다면 다른 시설도 변경도 할 수 없을까? 전체적으로 층고를 낮추는 일이 필요하다. 그리고 인근의 기아타이거즈의 홈구장인 기아챔피언스 필드와 연계된 야구박물관과 야구체험장 같은 문화시설을 포함시켜야 한다. 호텔 컨벤션 등 랜드마크 타워만 내세울 것이 아니라는 의견이다.

부지면적으로 보면 축구장 15개 크기다. 이 29만 6천여m^2 규모의 옛 전남방직·일신방직 부지를, 복합쇼핑몰을 포함해 4천여 세대 규모의 주상복합 건물, 학교, 40층 이상의 고층 5성급 호텔 등을 품은 복합 용도로 개발하겠다는 계획이다. 아직 계획 단계다. 높은 건물 자체가 랜드마크가 된다는 것이 슬프다. 개발은 광주시와 업체가 사전협상 방식으로 추진되기 때문에 얼마든지 변경할 수 있다고 본다.

5.18과 문화가 만나면 밥벌이가 생긴다?
– 북구 발전전략 10. 5.18 기념품

문화도시 광주에 관광산업을 일으킬 수 없을까? 광주하면 떠오르는 이미지가 5.18 말고는 없다는 소리를 많이 한다. 그래서 한때 상징적인 랜드마크를 만들어야 한다는 여론이 들끓기도 했다. 아마도 5월의 마지막 항전지인 도청을 어떻게 보존할 것인가를 두고 벌어졌던 논란의 시기 이야기다. 그때는 518층이라도 지어야 할 판이었다.

해외여행을 가면 대부분 기념품을 사온다. 에펠탑 관광을 하고 나면 열쇠고리나 지우개, 연필깎이 등의 기념소품을 사 온다. 그런데 세계적으로 알려진 광주는 5월이 되면 대통령까지 찾아오는데 기억에 남을 기념품이 없다? 늘 안타까운 점이라고 나는 강조해 왔다.

이제 5.18은 먹고 사는 문제로 전환을 준비해야 한다. 정치적 진출통로나 유공자 중심의 5.18이 아니라 시민이 만들고 시민이 함께 혜택받을 수 있도록 해야 한다. 중국의 산동성 공자 마을을 방문하면 온 동네가 찾아오는 방문객을 상대로 생계를 꾸리는 것처럼 말이다.

물론 기념품을 만들면 5월을 상업주의와 결합시켜 정신을 훼손시키거나 박제화시킨다고 지적할 수도 있다. 과연 그럴까? 정부의 예산을 끌어오는 게 정치적 능력의 전부인 것처럼 말하면 안 된다. 5.18 당시도 그랬고 지금도 시민이 주인이고 시민이 참여하는 대성화여야 한다.

　방법을 조금만 달리하여 추모도 하고 5월로 밥벌이를 할 수 있다면 일석이조다. 상상의 날개를 펴자. 주먹밥 형상이 목걸이가 될 수는 없을까? 가마솥이 반지가 될 수는 없을까? 5.18 추념비를 본떠서 넥타이가 될 수 없을까? 왜 묘소참배만 전부여야 할까? 참배와 머물다 갈 수 있도록 잠자는 관광자원을 끌어내야 한다.

　남미의 볼리바리안은 시위하면서 문화를 즐기는 분위기처럼 느껴졌다. 거리에서 기타치고 춤을 추며 부당한 현실에 저항하는 모습이 인상적이었다. 5.18 사적지를 중심으로 즐기면서 민주주의를 체험할 수 있는 문화적인 해방구가 되는 광주공동체를 상상한다. 광주는 공예 솜씨가 뛰어난 장인들이 많다. 광주는 문화예술을 사랑하는 사람들이 많다. 그들의 손으로 광주의 기념품을 만들고 그들의 머리로 아이템을 계발해 가는 것이다.

　거기다가 5.18 사적지를 각종 전기 밧데리형 스쿠터, 자전거, 자동차 등의 교통수단으로 투어할 수 있도록 과거의 인력꾼들처럼 안내인으로 배치하는 것이다. 5월이 민주주의고, 5월이 삶이 되도록 광주만이 살아있는 문화체험을 만든다. 할 수 있는 에너지를 가진 광주다. 머물다 가라고 권하지 않아도 머물려고 희망할 것이고 그러기 위해 저렴한 숙박시설을 만들어 지원하는 것이다.

    5.18은 무궁무진한 문화산업을 이끌 블루오션인 셈이다. 그들만의 리그가 아니라 우리 모두, 대한민국의 리그가 되어 국제적인 관심으로 커질 것이다. 5월 광주, 생각이 바뀌면 새로운 세계가 더 큰 긍정으로 성큼 다가올 것이다.

2장
장애인의 꿈을 아시나요?

장애인과 비장애인은 같다
창원장애인사격월드컵대회
열등감과 우월감은 하나로 통한다
꿈을 향해 쏴라! 도전과 응전

장애는 불편하지 않다. 나와 다른 조건 속에서 사는 사람들이다.
비장애가 다수인 점에서 출발한 다수결의 횡포일 수도 있다.
대부분의 장애를 가진 사람들은 비장애인들이,
상대가 불편해 보인다고 먼저 돕는 것을 불편해한다.
이것은 자기 기준으로 생각하는 것일 뿐,
자칫 동정이 될 수 있다고 지적한다.
장애와 비장애는 차이가 있을 뿐 차별되어서는 안 되는 이유다.
장애 선진국에서는 장애등급 기준표를 만들지 않고
차이를 어떻게 존중할 것인지 고민하고 있다.
불쌍하다는 생각이 아니라
상대방의 입장에서 불편한 것을 존중하려는 자세다.
외국에 나가 말을 못하는 것도 장애라는 생각이 그것이다.

장애인과 비장애인은 같다

"당신은 장애인이 불쌍하다고 생각합니까?"

편견이 강하면 강할수록 장애인을 불쌍하게 본다. 있는 그대로 존중하는 문화가 크게 부족한 우리 사회문화 탓도 크지만, 장애에 대한 인식이 부족한 탓이 크다. 정상과 비정상을 나누는 사회, 장애와 비장애로 나누는 사회, 사회적 신분으로 나누는 사회지만, 장애를 구분하는 영역도 국제 사회가 통일해서 쓰지 않고 있다. 스포츠계에서는 종목별로 분류하여 기준을 만들지만, 일반 장애인들을 위해 국제 사회에 통용되는 장애 등급표는 없다.

장애는 달리 말하면 인권문제다. 차이와 차별을 구분하지 못하면 장애인이 불쌍하다. 모든 인간은 다르다. 다름을 존중한다면 연민이나 동정심이 발동하지 않는다. 아이러니하게도 국제 사회에서는 인권의식의 지수에 따라 다르게 인식된다. 유럽에서는 언어능력도 장애항목으로 분류한다. 즉 사회적 불리 상황을 장애요소로 본 셈이다. 안타깝게도 우리나라에서 장애인을 분류하는 것은 인권의 측면보다 복지수혜의 측면에서 접근한다. 장애인들에게 복지수혜를 제공하기 위해 등급을 나누었다.

참고로 세계보건기구(WHO)는 1981년을 '세계장애인의 해'로 정하고 국제장애 분류(ICIDH)를 발표하여 분류를 권고하였다. WHO의 분류는 기능장애, 능력장애, 사회적 불리로 나누었다. 기능장애(1차 장애)는 심리적, 생리적, 해부학적 구조나 기능의 손실 또는 비정상을 의미한다. 능력장애(2차 장애)는 기능장애에서 생긴 것으로 흔히 정상적으로 취급되는 범위나 정상적인 방식으로 활동을 수행하는 능력에서 제약이나 결여 상태를 말한다. 사회적 불리(3차 장애)는 기능장애나 능력장애에서 야기되는 것으로서 연령, 성, 사회문화적 요인에 따른 정상적인 역할 수행을 제약하거나 방해하는 개인에 대한 불이익을 말한다.

평등의식과 존중의식이 약한 사람은 장애인을 만날 때 겉으로 보이는 모습 그 자체로 불편한 시선을 보낸다. 사람의 생각은 평준화될 수 없는 영역이다. 생각은 그 사람의 가치를 담는 그릇이라고 한다. 그런 태도는 평등의식은 없고 가치를 겉모양으로 따져 만들어진 것일 것이다. 인간의 존엄성을 따질 수 있다면 겉모습을 넘는 인간애적인 사랑이 우러나올 수 있을 것인데 그게 쉽지 않다. 그래서 현실은 장애인들과 비장애인들이 협력적으로 살아가기 어렵다.

한때 휠체어를 이용하는 장애인들이 이동권 보장을 주장하고 사회적인 이슈로 등장했던 적이 있다. 그렇다고 이동권 보장이 해결된 것은 아니다. 복지의 측면에서 시혜적인 생각을 갖고 있는 사람들이 많다. 수평적인 존엄이 아니라 부족한 쪽을 측은한 마음으로 채우는 방식이다. 물론 절대적 평등은 없다. 조건을 똑같이 놓고 대하는 것도 바람직한 봉사는 아니다.

국가는 국민, 영토, 주권의 세 요소로 구성되어 있다. 국민이 있고 국토가 있더라도 주권을 행사할 수 없다면 묵언 수행하는 도량을 쌓는 스님들의 형국처럼 눈치로만 소통하는 추상적인 현실이 되고 만다. 우리가 일본을 싫어하고 미워하는 이유다. 일본은 침략을 통해 국민을 지배하고 국토를 유린했으며, 주권마저도 누릴 수 없는 노예 상태로 빠뜨렸기 때문이다. 독도를 지켜야 하는 이유는 빼앗겨본 적이 있는 우리로서는 국토의 영유권을 지키는 일이 주권을 당당하게 행사하는 일이라는 것을 알았기 때문이다. 국민들이 주권의식을 갖는 이유도 역사적 아픔을 가졌기 때문이다.

우리는 식민지시대에서만 국가의 구성요소를 따질 수 없다. 요즘도 국가의 구성요소는 중요하다. 어떤 국민이라도 국민은 존중되어야 하고 조건과 능력의 차이가 있더라도 차별이 일어나서는 안 된다. 영토는 이 땅을 지키고 살아온 조상대대로의 기상을 이어받은 온 국민이 살아가는 터전이다. 이 터전을 보존하는 일이 국민을 존중하는 일이다. 독도나 후쿠시마오염수 문제를 두고 국민을 1순위로 세우지 않으면 국가를 이끄는 사람의 책무가 아니다.

식민지시대를 넘어 오늘의 대한민국은 같다. 국가의 구성요소가 존중되지 않는다면 다른 나라의 지배로 인한 주권 잃은 시대와 다를 바가 없다. 오늘의 국가 안에서 비장애인과 장애인들의 문제도 마찬가지다. 식민지 권력에 줄 선 사람이 나라를 파는 것처럼 비장애인의 우월의식 역시 존엄성을 파는 것과 통한다. 국민으로서 누려야 할 권리를 제한하는 것이다. 자립심을 심어주기 위해 그들이 갖는 형편이 어렵다면 도와주고 그들의 형편이 풍요롭다면 부조의 봉사 정신으로 사회환원을 유도한다.

사람이 사는 세상은 다르다. 공동체 정신으로부터 출발한 복지를 인정조차 하지 않는 사람들도 있다. 최근 장애인활동가들이 한국장애인고용공단 서울지사(중구 퇴계로 173 남산스퀘어빌딩 11층)를 점거한 사건이 있었다. 이유는 정부가 내년도 예산안에서 발달장애인들의 고용예산 중 '동료지원가 사업(중증장애인 지역맞춤형 취업지원사업)' 23억 원 전액을 삭감했기 때문이었다. 이러니 비장애인들과 사는 것도 어렵지만, 스스로 자립심을 갖고 살아도 힘들다. 세상에 차별은 없어야 하는데 차별을 불러오는 요인은 장애인들의 특수성을 고려하지 못한 이유가 크다.

왜 장애인들은 여전히 홀대 받는가?

대한민국에 장애인이 265만 명, 전체인구의 5%를 차지하고 있는데도 비장애인들은 잘 모른다. 주변에 장애인이 눈에 안 띄는 이유가 있다. 사회적인 인프라가 부족하다 보니 밖에 나와 자유롭게 생활하기 어렵기 때문이다. 특히 장애인들의 이동권 보장을 둘러싼 갈등은 장애 차별에 대한 문제냐 아니냐의 잣대부터 시작된다.

신체적으로 자유롭게 이동하지 못한다는 것은 자력으로 생활할 수 없다는 말이다. 기계의 도움을 받거나 다른 사람의 협력이 있어야 가능하다. 예컨대 휠체어는 그들의 손발이 되어주는 장치인 셈이다. 그런데 휠체어를 자유롭게 이동할 수 없다면 비장애인들만큼 안전하게 이동할 수 없기 때문에 밖으로 외출할 수 없게 만드는 것이다.

우리의 외모지상주의가 강하면 강할수록 눈에 거슬리는 것을 무시하는 문화가 커지게 된다. 지금은 많이 개선되었지만 불편하다는 이름으로, 다르다는 모습 때문에 차별의식이 일상에 깔려있다.

사람과 사람이 다르다는 것은 당연한 것이다. 같을 수 없는 것인데도 같아야 한다는 획일주의 군사문화에 익숙해져 있다. 우리 사회를 강하게 지배하는 획일주의와 빨리빨리 문화는 같지 않으면 문제라고 전제하고 그들이 갈등을 일으킨다고 탓했다. 다름이 존중되는 세상이 평화로운 세상이다. 다르다는 것을 인정하려면 여유를 가져야 한다. 차이가 발생하는 순간 기다리지 않고 행동하면 장애가 있는 사람들이 금방 무시당하는 광경으로 번질 수 있다.

장애는 불편한 것이 아니다. 장애는 느릴 뿐이다. 다르기 때문에 느리다. 느린 것을 재촉하는 사회, 경쟁의 소용돌이로 다름을 인정하지 않는 문화에서 장애가 있는 사람들을 상대하면 차별과 무시가 다반사로 일어나는 것이다.

장애가 있지만 내가 건강하게 성장할 수 있었던 것은 초등학교 때 김덕수 선생님 영향이 크다.

초등학교 시절 만난 김덕수 선생님이 왜 표시나지 않게 배려하셨던 것인지 이제 알 것 같다. 체육 시간이면 활동할 수 없는 나는 한쪽에 앉아있어야 했다. 친구들이 부럽기도 하고, 활동할 수 없던 나는 체육 시간이면 기가 꺾여 풀이 죽었다. 그런 체육 시간을 나를 위해 수업 자체를 바꾸셨다. 내가 활동할 수 있도록 팔로 하는 철봉 수업으로 바꾸신 것이다. 그리고 나를 앞으로 나오게 하시더니 친구들 앞에서 자신감을 북돋아주셨다.

장애를 바라보는 태도 중 가장 나쁜 게 측은지심을 가진 동정심이다. 장애인 스스로 할 수 있는 것을 지켜보지 않고 도와주는 경우다. 이런 태도가 무시다. 가장 바람직한 태도는 장애인이 도와달라고 요청할 때 도와주는 것이다. 혼자 걷기 어려운 지체 장애가 있는 사람을 부축한다고 내가 잡고 움직이라고 하는 것은 돕는 게 아니다. 제대로 돕는 것은 장애인이 나를 붙잡기만 하도록 놔두고 걷는 것이 가장 이상적이다. 김덕수 선생님은 장애가 있는 사람을 어떻게 돕는지 아셨던 것이다.

장애인이 홀대받는 이유는 차별로부터 생긴다. 정상과 비정상으로 나누고 비정상은 도와줘야 정상이라고 생각하거나 정상의 기준에 맞춰야 도와주는 것이라고 생각한다. 착각이다. 그래서 장애가 있는 사람이 하고 있는 광경을 지켜보고 할 때까지 기다리는 일은 쉽지 않다. 비장애인은 자신들이 늘 해오던 방식과 달리 늦어지거나 완성도가 떨어지면 이해를 못하는 이유다. 기준이 달라져야 하는데 기준을 고려하지 않고 자신의 기준에 맞춰버리는 실수를 한다. 차별은 다름의 존중에서 시작해야 하는데 그러지 않아서 일어나는 결과다.

장애인 체육활동을 가까이 보면서 배운 게 많다. 기적적인 경우가 많았다. 사격은 눈과 손발, 마음과 신체적인 고도로 조화되어야 좋은 성과를 낸다. UAE(아랍에미리트)의 아이샤 알샴시(Ayesha Alshamsi)는 손과 발이 없는 몸으로 사격선수 활동을 한다. 집중력은 선수 생활의 생명이다. 멀쩡하게 있어도 집중력을 만드는 것은 쉽지 않다. 그런데 이 선수가 메달권 진입을 실패했지만 4위까지 올라가는 성적을 일궈내는 광경을 지켜봤다. 이 선수가 경기하는 모습을 보면 움직임 하나하나가 기적에 가깝다. 방아쇠와 일부 남아있는 발을 연결해 과녁을 조준한다. 발사된 총알이 표적이 도달할 때 관람하는 사람들 모두가 안도의 한숨을 쉰다.

장애가 있는 사람이라고 못하는 일은 없다. 내 기준으로 보니 못할 것처럼 착각하는 것이다. 장애는 당사자에게 불편한 것이 아니다. 장애는 속도가 다르고 과정이 달라 나의 기준과 차이가 어긋날 뿐이다. 세상살이는 장애만 그런 게 아니다. 사회활동의 다른 분야에서도 사람마다 갖는 능력이나 기술은 다 다르고 이해하는 관점도 내용도 다 다르다. 그래서 일하는 속도도 다르고 완성하는 과정도 다르다. 이 때문에 갈등은 수시로 생긴다. 한 사람 한 사람을 분리해 놓고 보면 못하거나 안 되는 것이 아니다. 이 상황에서 누군가 무엇인가 기준 역할을 해주면서 차이를 보게 하거나 이해할 수 있도록 소통하는 역할이 필요하다. 그게 리더의 역할이라고 생각한다. 대한장애인사격연맹의 국가대표선수들이 성과를 낼 수 있는 것도 이런 노력에서 만들어진 것이라고 믿는다.

창원장애인사격월드컵대회
- 2022 창원장애인사격월드컵대회

무슨 일이든 첫술에 배부를 수 없다. 2022 창원장애인사격월드컵 대회가 열렸을 때 했던 생각이다. 그래도 행사를 치르고 나니 처음치고 꽤 만족스러웠다. 나는 행복한 순간을 만날 때 도움을 주신 분들의 얼굴을 떠올리는 버릇이 있다. 정말 많은 분들의 후원이 없었으면 불가능한 행사였다.

국내에서 국제대회를 치른다는 것도 부담이었지만 내가 주로 활동하는 지역이 아니라 타 지역에서 행사를 진행한다는 것은 쉽지 않은 일이다. 그런데도 사고 없이 행사를 끝냈고 손에 쥔 성과는 몇 배로 커진 결과를 얻었다. 세계장애인사격연맹회의에서 연속 개최라는 통큰 담판까지 만들어냈다.

행사를 성공적으로 마친 장점을 최대한 살린 것이다. 스포츠 외교란 국가 이미지도 작용하지만, 행사를 진행하는 행사본부의 능력이 성공과 실패를 좌우한다. 기획과 관리, 크고 작은 사건 사고를 대응하는 기동력 있는 대응력, 그리고 선수들에게 세심하게 배려한 결과가 만든 것이다.

한국적인 친화력은 모든 마음을 녹아내리게 했다. 빅 시스터(왕누나), 형님 동생으로 다져나가면 다음날 만나면 세계인들은 인사말로 '문! 베스트'하거나 '엄지척!'으로 인사를 건넨다. 그뿐이 아니라 능통한 영어는 아니지만 적절하게 주고받은 유머러스한 대화는 최고의 외교였다.

분단국 국민으로 부끄러운 일이지만 군 면제자로서 사격은 철저하게 문외한이다. 장애가 있으니 총을 들고 훈련을 하거나 총을 쏴본 적이 없는 것은 당연하다. 고백하지만 장애인 사격연맹의 회장을 맡으면서 처음으로 총을 쐈다. 나는 꿈을 쏘는 일이라고 생각하고 표적을 겨누었다.

기회가 왔다. 장애인사격월드컵대회를 2025년까지 연속 4년간 개최하자고 제안했다. 욕심을 부린 것일 수도 있다. 하지만 한국 선수단에게는 엄청난 혜택을 가져다준 결과다. 그리고 월드컵보다 규모가 큰 세계장애인선수권대회를 2026년 갖자고 협약을 체결했다.

장애인사격월드컵 규모의 국제대회를 개최한 국가는 많지 않다. 독일, 아랍에미리트, 브라질 등에 불과하다. 우리나라는 훌륭한 인프라가 갖춰져 있고, 스포츠 인구가 그만큼 있기 때문이기도 하지만 행사를 치를 경험과 노하우, 그리고 열의가 있어야 한다. 자신감으로 밀어붙인 유치는 갈수록 규모가 커지고 있다.

2022 장애인사격월드컵대회 첫해인데도 종합 1위를 했다. 세상은 잘 나가면 시기 질투다. 올해 대한민국 선수단은 70명이 참가했다. 그러자 세계장애인사격연맹 기술위원인 기슐레인이 견

제했다. 혜택을 받은 것이 없는데도 부럽다는 뜻이었을 것이다. 기술레인은 프랑스 사람이다.

국제경기를 참가할 때마다 느낀다. 우리의 국격, 국가 위상, 외국인들의 한국에 대한 기대 등이 크게 쏠려있다는 것을 체감한다. 국제대회의 국내 유치는 부가가치가 높은 일이다. 경제적인 관점으로 평가하는 것은 1차원이지만 그 가치로부터 국가 이미지, 국가의 역량이 커지는 것이다.

예컨대 우리 선수단이 외국에 나가 국제경기에 참가하면, 1인당 700~1,000만 원이 소요된다. 국내에서 경기하면 40~50여만 원이 든다. 스포츠외교는 외교적인 성과로 이어진다. 심판진에 대한 친교는 곧 선수단 보호에 중요한 밑거름이 된다.

역시 넓고 다양한 경험은 사람의 안목을 키워준다. 공적인 일을 같이 해봐야 그 사람의 능력을 정확하게 읽을 수 있다. 일은 얼마나 배려하고 얼마나 통찰하는가를 보여준다. 국가대표를 인솔해 세계를 돌면서 느낀 점이다. 한국의 위상과 한국 문화가 얼마나 수준 높은지 체감된다. 이번 개막식 뒷풀이에서 지명받아 '아리랑'인 우리 가요를 불렀다. 외국 선수들도 같이 따라 부르고 나와서 한국 춤사위로 덩실덩실 어깨춤을 같이 쳤다. 국제행사에서만 느낄 수 있는 매력이다.

'꿈을 향해 쏴라'
– 2023 창원장애인사격월드컵대회

접수결과를 듣고 깜짝 놀랐다. 코로나19로 걱정이 이만저만이 아니었는데 세계 41개국에서 393여 명의 선수단이 창원에 모였다. 작년 2022년에 이어 커진 규모 앞에 적잖게 흥분된 광경이었다. 세계 장애인들이 모이고, 그들이 펼칠 열전은 17개 종목에서 151개 메달을 놓고 각자 침묵의 꿈을 쏠 것이다. 이 10일간의 뜨거운 열전은 참가한 선수들로선 긴장된 선의의 경쟁과 새로운 연대를 다지는 화합과 즐거운 축제의 장이 된다.

이번 대회 역시 세계장애인사격연맹(WSPS)이 주최하고 대한장애인사격연맹이 주관한다. 2008년 이후 장애인들의 축제의 장이 되면서 여러 분야 스포츠계는 갈수록 뜨거워지고 있다. 특히 사격 분야는 비장애인들도 세계수준의 경기력을 유지하기 어렵다고들 부담스러워한다. 인기 종목의 경기라고 할 수 없지만 장애인들의 고립된 개인생활을 극복할 수 있는 동기부여를 제공할 수 있는 장점이 있다. 사격은 다른 경기와 다르게 고도의 집중력이 필요한 종목이다. 약간의 심리적인 변수에 의해 0.1점차로 메달을 차지하는 명승부가 가려진다. 심리적인 안정감을 위해 사격은 매력적인 종목이다.

'2023 창원장애인사격월드컵대회'는 이렇게 작년 2022년 대회보다 두 배로 커졌다. 코로나19로 엄중했던 시기의 지난해 행사와는 규모가 달라졌다. 출입국통제가 풀리긴 했지만 아직도 세계는 코로나19의 영향을 받고 있기 때문이다. 우리나라는 2023년 장애인사격 국가대표 선수 14명을 포함한 총 70명(선수 50, 임원 20)의 선수단이 출전하면서 다른 나라를 압도했다. 작년에 혜성처럼 나타난 전남의 이윤리 선수가 금메달을 목에 건 것을 시작으로 국가대표 선수단은 올해도 값진 성과를 만들었다.

나는 회장을 맡으면서 우여곡절을 수도 없이 겪었다. 사격 비전문가가 성과를 낼 수 있을 것인가, 지역출신이 세계 대회를 이끌 수 있을까, 견제가 이만저만이 아니었다. 서울에 있던 사무실을 광주로 이전하고, 비장애인 출신 감독을 장애인 선수 출신 감독으로 초빙하고, 사무국 운영요원 역시 장애인 선수 출신으로 교체하는 일은 일대 전쟁이었다. 당연히 예산을 만들고 운영비를 확보하는 일로 염려하는 목소리가 컸다. 결국 2023년 창원장애인사격월드컵대회를 연 2회 종합우승을 이끌어 부정적이던 그간의 시선을 보기 좋게 날려버렸다.

사무국은 대회가 시작되기 보름 전부터 대회가 열리는 경상남도 창원 현지로 떠난다 5월 22일(월)부터 선수단이 공식 입국하기 전부터 경기장에 준비해야 할 일이 많다. 경기장 점검, 숙박시설, 선수단, 창원시와 협력, 관련 홍보물 등 사격은 장비가 있어 검사과정이 엄격하다. 총기 도포류에 해당되기 때문에 입국해서 경기가 진행되고 출국 이후까지 꼼꼼하게 진행해야 한다. 무척 복잡하다. 대회를 이끄는 심판진은 총 55명(국제심판 20, 국내 심판 35)이다. 공정한 경기 운영을 위해 배치되었다. 특히 선수단의 안전과 편의를 위해 80여명의 전문적인 자원봉사자와 운영요원들이 세계 각국 선수단의 입국 및 출국까지 전 일정을 지원한다. 그 일정을 자세하게 소개하면 다음과 같다. 먼저 장비 검사 및 공식훈련이 3일간 진행된다. 경기가 시작되면 10M, 25M, 50M에서 공기 소총 및 공기 권총, 화약 소총 및 화약 권총, 산탄총 등의 경기가 1주일간 진행된다. 그리고 각국 선수단의 출국으로 총 10일간의 대회가 막을 내린다.

 이번 2023 창원장애인사격월드컵대회는 패럴림픽과 세계선수권대회에 이어 가장 큰 국제대회이다. 뿐만 아니라, 선수들에겐 2024 파리 패럴림픽 및 2023 항저우장애인아시아경기대회 등의 출전 자격을 얻기 위한 최소자격점수(MQS)를 획득할 수 있는 대회다. 초강세를 보이고 있는 대한민국 장애인사격단은 작년 아랍에미리트 알아인대회에 이어 연속해서 종합우승을 달리면서 세계적인 위상을 한 단계 높이는 계기가 되었다.

 우리나라는 2022년 창원 대회 이후 2025년까지 4년간 세계선수권대회를 개최하고, 2026년 세계장애인사격챔피언십대회가 확정되었다. 국제대회를 다른 나라로 나가게 되면 엄청난 참가비용을 부담해야 하는데 국내선수들에겐 굉장히 저렴하게 참가할 수 있어 국내 장애인 사격의 저변이 크게 확대될 것으로 전망

된다.

　대한장애인사격연맹 회장을 맡으면서 국제적인 역량을 강화하는 것을 가장 큰 목표로 삼았다. 세계장애인사격연맹(WSPS)와 협의를 통해 4년간 월드컵대회 국내유치를 확정지었고, 월드컵대회를 통해 평화, 공생, 협력의 정신으로 한국 장애인의 자긍심을 높이고 세계인과 우호를 증진함으로써 한 단계 더 발전하고 성장하는 국가위상을 만들 것으로 기대했다. 또한 우리 선수들이 세계적으로 최고 수준의 기량을 지닌 선수들과 경쟁하는 과정을 통해 좋은 경험을 쌓는 기회를 제공할 뿐만 아니라 국내 개최의 이점을 살려 참가 선수단 모두가 좋은 성적을 거두기를 희망했다.

　이 대회를 성공적으로 치르기 위해 대회조직위원회 관계자 모두가 안전과 공정한 경기 진행을 위해 끝까지 최선을 다했다. 팬데믹의 종식과 함께 건강과 즐거운 대회가 되도록 최선을 다한 것이다. 작년에 이어 창원특례시의 협조는 따뜻했다. 대회 기간 중 건강한 대회운영을 위해 매일 방역 및 출입 후생복지를 위해 응급차량 배치 등에도 만전을 기했다. 또한 경찰청과의 공조 역시 중요하다. 총기사고를 사전에 막기 위해 예방대책을 세워 만전을 기해 주었다.

장애인들의 꿈을 아시나요
- 국제대회 3연패 보고대회

대회를 치르고 나자 주위에서 말이 많았다. 연신 '일 잘하는 문상필', '믿음직한 문상필'을 연호했다. 또 큰일을 해냈다는 것이다. 주변에서는 한 달이 되기 전에 무엇인가 성공적인 성과를 올린 경사를 다같이 나누어야 한다고 압박해 왔다. 행사를 위해 도움을 주신 분들을 찾아뵙고 인사드리느라 바쁜 시간을 보냈지만 중과부적이었다. 차라리 한 자리에 모시고 인사를 드리고 선수단의 노고를 공개적으로 만천하에 표현하는 것이 낫겠다는 생각을 했다.

2022년 창원장애인사격월드컵대회에서 개인전, 혼성팀, 단체전에서 총 28개의 메달을 거머쥐었다. 개인전에서 금 5, 은 6, 동 8개를, 혼성팀에서 은 1, 단체전에서 금 6, 은 2개를 땄다. 2위 프랑스와 무려 17개나 앞섰다. 한국팀이 이렇게 휩쓸어도 되냐고 눈총을 주었을 정도로 싹쓸이한 것이다. 그런데도 작년에는 코로나로 참가국이 적었다는 사정 때문에 자랑할 수 없었다.

하지만 같은 해 2022년 알아인 WSPS세계선수권대회에서 다시 새로운 이정표를 썼다. 지난 2022 창원월드컵대회가 자국 행사라는 유리한 환경에서 얻은 성과이니 내심 큰소리 칠 수 없었는데, 알아인세계선수권대회에서 총 20개의 메달을 흔들림 없이 딴 것이다. 개인전 8개, 혼성팀 3개, 단체전 9개로 2위 우크라이나 14개보다 6개가 더 많았다.

　2023년은 코로나19가 해제되고 국제적으로 이동이 자유로워지면서 규모가 두 배로 커졌다. 41개국에서 400여 명의 선수단이 참가했다. 가장 경계해야 할 것은 중국의 참가였다. 결국 중국은 4개 차이로 우리를 추격했다. 우리는 총 22개였고, 중국은 18로 우리가 약한 혼성팀에서 2개가 많았다. 개인전은 3위 프랑스와 각축전이 치열했다. 우리, 중국, 프랑스 3국이 우리가 금·은·동에서 3·4·4로 11개, 중국은 3·3·4로 10개, 프랑스는 3·3·1로 7개였다.

　아마도 24년이 되면 더 많은 국가와 더 많은 경쟁으로 우리 선수단은 더 긴장할 수밖에 없을 것이다. 우리가 할 수 있는 일은 선수단이 빛을 발휘하기 위해 충분한 훈련환경을 갖춰주는 것이고 응원을 통해 심리적인 연대를 보내는 일이다.

　그런 점에서 이번 대회의 성과를 자축하고 3연속 세계 정상을 지키고 있는 선수단에서 뜨거운 박수를 받게 하는 또 다른 이정표를 세우는 일이 필요했다. 축하의 자리에 안타깝게도 선수단은 참가할 수 없었다. 흔들림 없이 연습하느라 선수촌을 나올 수 없었다. 국가대표 장성원 감독만 대표로 초청했다. 격려금을 전달하기 위해서였다.

　행사는 주인공(선수들)만으로 불가능하다. 다각도로 지원해준 분들의 노고와 협력적 지원이 감동적이었다. 이번에는 로터리클럽 3710과 3722지구대 봉사단, 창원시 김성자 봉사단장과 운영위원들이 없었다면 성공신화는 쓸 수 없었을 것이다. 모든 참가자들을 위해 어떻게라도 표현하고 싶었다.

행사란 늘 사람들의 마음을 모으는 일이다. 손님이 많고 적고를 떠나 준비해야 할 일이 같다. 그 정성이 행사의 성공여부를 가른다. 더더욱 진행과정이 엄격한 일일수록 혼자 할 수 없는 일이다. 짜임새 있게 조직이 구성되어야 한다. 그래야 일사분란한 움직임으로 운영되는 것이다. 사람들을 적당한 위치에 배치하고 그 사람의 역할을 발휘하게 하는 일은 그래서 어렵다. 대부분 단체에서 행사 전체를 기획하고 집행하는 것 자체를 전문 업체에 맡기는 이유다. 그럼에도 우리는 열악한 사무국에서 그 엄청난 규모의 국제대회를 치뤄냈다. 그런 점에서 "감사하고 감사하다"는 말은 입이 열 개라도 부족하다. 사무국 식구들에게 한없이 감사드린다. 아마도 장애인 선수 출신 오세청 사무총장과 김경훈 과장이 아니었다면 불가능한 일이었다. 오 사무총장은 자기 몸을 건사하기도 쉽지 않을 정도로 상당히 심한 중증장애인이다. 그런데도 국제적인 이동과 전국을 누비면서 사무 처리와 독려를 아끼지 않았다.

아쉬운 것은 몇 가지 남는다. 첫째, 대회장 확보가 어렵다는 것이다. 인천국제공항에서 창원까지 선수단의 접근이 어렵다. 장비와 장애가 있는 선수단의 이동 경로가 부담되는 것은 사실이다. 물론 국내 사격장이 없는 것은 아니지만 국제대회를 치를 만큼의 국제규격에 맞는 시설이 많지 않다는 점이다. 행사를 주관하는 우리로서는 사무국의 접근성이 매우 중요하다.

둘째는 관심과 응원이다. 행사란 누가 주관하느냐가 중요하다. 2022년부터 대한장애인사격연맹을 이끌면서 가장 고심한 문제들이었다. 가장 큰 어려움은 풍요롭지 못하더라도 더 나은 예산확보와 훈련환경을 충분히 뒷받침하기 위해 후원인들의 정성을 모으는 일이었다. 사격이라는 종목에 대한 낮은 관심도도 문제지만 장애인들에 대한 인식이 아직은 턱없이 부족한 점이었다.

셋째, 일반 후원자를 많이 모으는 일이다. 물론 크고 작은 규모로 많은 후원이 이뤄졌다. 하지만 여기서 일반 후원자라는 표현을 쓴 이유는 개미군단이 모여 장애와 비장애의 벽을 허물고 하나로 화합할 수 있는 계기를 확산하자는 뜻이다.

그럼에도 행사는 성공적이었다. 성공적인 결과를 만든 이유를 꼽으라면 고사리 같은 작은 소망이 모였다는 점일 것이다. 작은 것이 아름답다는 이유를 다시금 확인했다. 작은 물방울이 모여 큰 물결을 만든 것이다. 세상에는 항상 빛과 소금 역할을 하는 사람들이 도처에 있다. 나는 그 분들을 찾아내는 일로 보람을 느꼈다. 세상이 어둡고 나쁘다고 하지만 그들이 있는 한 실망할 일이 아니다. 그분들에게 다시 한번 감사드린다.

소리 없는 아우성, 침묵의 총성

4월 20일은 43주년 장애의 날이다. 한 달 뒤 5월 22일 개막하는 2023 창원장애인사격월드컵대회가 열렸다. 세계 장애인사격 선수들이 참가하는 국제대회. 나 역시도 어려서 소아마비로 고생한 뒤 장애를 가졌다. 가끔 앉아있는 모습만 보던 사람들이 일어선 내 모습을 본 뒤 장애를 의식하지 못하고 실수해 당황한 적도 있었다. 그럴 때는 어렸을 때 다리를 다쳤는데 아직도 낫지 않는다고 너스레를 떨면서 농담으로 어색함을 수습하곤 한다.

과거와 달리 사회적 약자나 소수자를 존중하는 문화는 많이 개선되었다. 당사자들의 끊임없는 장애 차별에 대한 호소와 권리 싸움이 만들어낸 값진 결과다. 차별 없는 존중의 힘이 더 커진 것은 깨어있는 일부 비장애인들의 노력의 힘으로 훨씬 큰 시너지 효과를 만들어주었다. 인간의 존엄성을 지키는 일은 인류가 쌓아온 오랜 성과다.

그럼에도 여전히 장애 운동은 필요하다. 장애인들의 삶을 영위하기 위한 이동권뿐만 아니라 장애인을 바라보는 사회적 인식의 전환이 필요하다. 애초 차별을 두지 않으려는 유럽의 인간 존중 풍토와 비교하면 여전히 부족하다. 서구는 장애에 대한 등급 분류도 없다. 모든 사람에게 장애 가능성을 열어둔다.

장애 등급으로 장애를 구분하는 순간 장애 차별을 시작하는 것이다. 장애 기준을 정한 발상은 정상인과 비정상인을 구분하는 데서 시작한다. 즉 장애는 정상을 벗어나거나 불행의 결과로 빚어진 비정상인 결과로 보는 것이다. 그 시선은 재활이나 지원의 대상으로 판단해 시혜의 대상으로 규정함으로써 오히려 차별의 출발점을 만들었다. 장애 개념이 새롭게 필요한 이유다.

장애인의 날은 1972년 재활에 초점을 두고 4월 20일을 '재활의 날'로 지정해 민간 행사를 추진하면서부터 시작되었다. 1981년 세계장애인의 날에야 비로소 정부 행사로 기념행사를 개최하였다. 그러나 당시 정부의 법정기념일 축소 방침에 따라 법정기념일로 지정받지 못하다가, 1989년 12월 개정된 「장애인복지법」에 의거 1991년 법정기념일로 공식 지정되었다.

복지를 둘러싼 논쟁은 시혜적 복지냐 보편적 복지냐다. 장애도 같은 맥락으로 연장해 고유한 존엄성을 외면하게 했다. 존엄의 관점에서 다름과 차이를 존중한다면 사회적으로 장애 문제는 더욱 적극적으로 오해가 풀릴 수 있다. 어쩌면 차이가 차별을 만든다면 차이를 존중하는 문화로 일상화되기 전까지 장애 운동이 필요한 이유다.

그 차이를 좁히는 노력이 민주주의의 실천이다. 장애는 이미 비장애인들의 기준으로 만들어졌고 차이는 자연스러운 일로 여기게 만들어 차별의식을 고착화해 강제한 것이다. 따라서 다르다는 인식부터 없어져야 한다. 장애는 불편한 것이 아니다. 차이 때문에 다르게 행동할 뿐이다. 사회가 장애를 극복하려면 불편하지 않도록 배려하는 일이 먼저다.

등록 장애인이 절반에 미친다는 통계를 보면 위축된 상태를 그대로 보여준다. 장애를 숨기려는 문화, 장애가 집안의 치부라는 의식, 장애를 존중받지 못하게 만드는 서열 의식을 깨지 않고는 불가능할 것이다.

대표적인 예로 과거에는 약자는 자신을 약자라고 생각하지 않았다. 강자를 등에 업고 약한 자신을 숨기려고 애를 썼다. 비장애인들 가운데 일부는 낙수효과를 이끌어 사회적 기부를 조장하기도 했다. 더 더욱 장애인 누구나 독립적으로 존중받는 문화를 만드는 것이 아니라 약육강식을 배우게 함으로써 기생문화를 조성한 것이 지난날의 장애 운동이었다.

나 역시 어릴 때부터 스스로 자신의 장애를 인정하지 않았다. 장애가 있지만, 경쟁이 된다는 자신감 때문이었다. 자신의 장애를 인정하지 않고 다른 장애인들과 어울리는 것을 끔찍할 정도로 싫어했다. 나를 거부하고 부정하는 것이 생존의 본능이기 때문이었다.

깨달음은 멀리 있지 않았다. 머리로 살게 한 배움은 현실의 장애를 외면하게 하고, 똑같이 살 수 있다고 차이를 외면하게 만드는 훈련을 받으면서 스스로 가져야 할 존중에 관한 생각을 놓쳤던 것이다. 차이의 무시는 민주주의를 위협하는 만 가지 원인이다. 서로 상처가 생기는 것은 거기서 비롯된다. 비장애인은 어지간한 마음 씀씀이가 아니고선 차이를 인정하기 쉽지 않다.

그래서 장애인의 한 사람으로 차이를 줄이는 일을 적극적으로 실천하고자 앞장서고 있다. 장애가 있는 사람들 안에도 다양한 차이가 존재한다. 그 가운데서 경쟁하고 자존감을 지킨다. 장애인들의 체육활동은 소리 없이 벌이는 다름을 외치는 아우성이다. 그 아우성이 총성이다. 그 사격의 표적을 향해 겨누는 (그리고 사격에 종사하는) 장애 체육인은 자기의 장애를 넘는 침묵의 방아쇠를 당길 때마다 존재감을 만드는 것이다. 2023 창원장애인사격월드컵대회를 통해 장애인의 위대함을 일깨우고 자신감을 북돋을 수 있도록 최선을 다할 수밖에 없다.

열등감과 우월감은 하나로 통한다

나는 열등감이 없는 스타일이다. 어느 날 열등감과 우월감은 통한다는 말을 듣게 되면서 나에겐 정말 열등감이 없는가를 생각해본 적이 있었다. 어떤 일을 하면서 내 능력이 부족하다고 느끼거나 할 수 없다고 생각한 적이 거의 없었기 때문이다. 과연 나는 열등감이 없는 사람일까? 그럴까?

어떤 점에서 열등감과 우월감은 극단에서는 통한다. 다른 사람과 비교했을 때 스스로가 부족했을 때 열등한 존재감을 가질 수 있다. 반대로 자신감이 넘치면 우월감이 생긴다고 한다. 그렇게 보면 양극단에 선 열등감과 우월감이 고약한 문제로 번질 수 있다. 사실 두 마음은 건강한 것이 아니다. 그런데 사람들 속에 절묘하게 숨어 있다.

열등감은 자신이 부족하다고 느낀 것이라면 이 부족함을 어떻게 채울 것인가, 어떻게 포장할 것인가의 문제다. 적당한 열등감은 자신을 건강하게 자극하고 독려하는 자극제 노릇을 한다. 하지만 우월감은 다르다. 2%로 부족한 열등감은 자신을 위해 좋은 채찍이 되지만 2% 넘치는 우월감은 독이 된다.

우월감은 자신감이 넘쳐서 타인이 불편해질 때 문제가 된다.

사실 우월감은 타인으로부터 인정받아 만들어지는 감정이 아니라 자기 안에서 잃어버린 상실된 균형 감각이 불러온 자기 열등감이다.

문제는 어떤 기준으로부터 마음 안에서 부족하고 넘치느냐를 판단할 수 있느냐다. 예를 들어 공부를 잘한다고 우월감만 있는 것은 아니다. 자기 심리 안에 열등감이 있다. 자기를 채워야 한다는 부담감, 그 한계를 방어하려는 심리기재가 있다. 균형 감각이 있는 건강한 사람은 그것을 조율하려고 한다.

적당한 부담감은 잘하려는 자극제가 된다. 공부 잘한 사람이 잘난 체를 한다면 그것을 우월감이라고 말할 수도 있지만 자기를 포장한 열등감이라고 표현하는 사람도 있다.

진짜 능력을 갖춘 사람은 열등감도 우월감도 아닌 균형감이 있다. 밖으로 표시하지 않아도 알아준다는 것을 스스로 알기 때문이다. 군자는 화이부동(和而不同, 어울리되 같지 않고)하고 소인배는 동이불화(同而不和, 같지만 조화를 이루지 못한다)한다는 말이 딱 맞는 말이다.

대부분 사람들은 장애를 가진 나를 두고 열등한 신체조건을 가졌다고 분류한다. 사실, 농담처럼 이야기하지만 달리기 말고는 못 하는 게 없다. 나의 자신감이다. 열등감이 적절하게 조율된 자신감이다. 이때 문제가 되는 것은 기준을 어디에 뒀는가가 문제일 뿐인데 그 기준은 고려하지 않고 자기 기준으로 상대방을 강요하는 습성 때문에 오류가 생기는 것이 아닐까 싶다.

장애는 다를 뿐이다. 사람마다 얼굴 생김이 다르듯, 키나 몸무게가 차이가 나듯, 생각하는 방식이 다르듯 신체 사정이 개인마다 달라 생긴 차이일 뿐이다. 소아마비나 사고로 생긴 신체 이상을 이상한 눈으로 보는 것이 차별의식이며 그릇되게 만들어진 존엄에 대한 과오의 산물인 것이다.

내가 느끼지 않았던 것이지만 생각해보면 그로 인해 피해를 입은 경우가 한두 번이 아니었다. 이런 세상이 사라질 때까지 노력하는 게 내 꿈이다. 언젠가 입후보할 때 "장애인이셨어요?" 물었다. 당연히 비장애인인 줄 알았는데 아니라는 실물 모습에 놀랐다고 표현했다.

이런 반응은 말하는 순간 차별이 깔린 것을 의식하지 못한 채 내뱉은 사례다. 잠재의식 속에 훈련된 차별적 태도다. 장애인를 만났을 때 먼저 도와주면 안 된다. 도움의 필요여부는 장애인 당사자가 판단한다. 도와주려고 생각한 비장애인의 몫이 아니다.

장애는 어떤 상황에서도 등장할 수 있다. 내가 여행 간 나라의 언어가 능숙하지 못하면 장애다. 사회적 장애라고 한다. 그런데 언어가 안 되는 것은 공부를 안 해서 그럴 뿐이라고 착각한다. 손이 없는 장애인이 발가락으로 그림을 그리거나 총을 쏘는 경우가 있다. 그들처럼 연습하면 안 되는 일이 없다.

한 선배가 나에게 "자네의 신체적인 약점이 자네를 움직이게 하는 힘일세." "거기서부터 출발해야 하네"라고 말했다. 실질적인 조건을 현실의 인식으로 받아들인다는 뜻이다. 사람들은 외모를 꽤나 중요하게 생각한다. 상업문화와 연계된 외모지상주의가 사라질 수 없는 현실이기 때문이다.

내가 우월감을 갖지 않게 하려고 경계해야 할 일은 우월감도 열등감도 갖지 않은 균형있는 감각이 중요하다. 각자 갖는 조건을 존중하면서 더불어 함께 살아가는 사회 분위기가 중요하다면 말이다. 더 가치있고 모두가 풍요로울 수 있다면 더 큰 균형 감각이 필요하다. 내가 가야 할 길이다.

장애를 넘어 희망을 넘어

누구에게나 배움은 늘 열려있다. 배움이란 배우려는 사람 눈에 들어와야 배우고 싶다. 그들이 얼마나 노력하고 있는지 아는 것도 쉽지 않다. 그 과정뿐만 아니라 최고의 경쟁현장인 장애인들의 스포츠경기는 감동의 순간순간을 만드는 연속이다.

꿈을 향해 쏴라.
내외귀빈과 선수단 여러분!
진심으로 환영합니다. 2023 장애인사격월드컵대회를 한국에서 개최하게 되어 영광입니다.
작년에 이어 올해도 대회를 위해 불철주야 준비에 매진해 준 관계자 여러분, 특히 홍남표 창원특례시장님을 비롯한 시설 관계자 여러분께 깊은 감사의 말씀 올립니다.

나아가 대회를 성공적으로 이끌어주시기 위해 바쁘신 가운데도 찾아주신 내외빈 여러분께 뜨거운 경의와 존경을 표합니다.

특히 스리랑카에서 직접 선수단를 이끌고 참가해주신 장관님께 경의를 표합니다.

행정자치부 장관과 건설교통부 장관을 역임하신 이용섭 명예대회장님께서도 참석하여 자리를 빛내주셨습니다.

올해는 더 남다른 해입니다. 이번 대회는 2022년 장애인사격월드컵대회가 코로나의 어려움을 뚫고 시작된 작년에 이어 "꿈을 향해 쏴라"의 슬로건 아래 두 번째로 펼쳐집니다.

대회 규모가 두 배로 커졌습니다. 올해 2023년에는 창원시와 대회조직위원회에서도 네 배로 심혈을 기울여 준비했습니다.

저희 조직위는 선수단 여러분이 최선의 기량을 발휘할 수 있도록 원활하게 진행되도록 세심한 배려를 아끼지 않을 것입니다. 선수단 여러분은 안심하시고 출전 국가의 장애인들을 대표하여 희망의 표적을 쏘아주실 것이라 믿습니다. 먼길 어렵게 오신만큼 영광과 명예를 안고 돌아가시길 기원합니다.

저희 대회 본부는 공정한 경기 진행과 섬세한 봉사단 운영을 통해 엄정한 관리시스템을 갖췄습니다. 시작에서부터 끝날 때까지 유종의 미를 거둘 수 있도록 최선을 다할 것입니다.

이번 2023 창원장애인사격월드컵대회를 통해 평화, 공생, 협력의 정신을 담고자 합니다. 저는 우리 인류가 장애, 비장애 차이를 무너뜨리고 서로서로 평화의 손을 맞잡고, 모두가 공생할 수 있도록 협력을 강화하는 계기가 될 것이라 믿습니다.

10일간의 대회 기간 안전이 최우선입니다.

선수 여러분이 쌓아 올린 기량을 아낌없이 쏟아내 좋은 성과를 거두시기 바랍니다. 아울러 이번 대회를 통해 각국 선수단 여러분의 우호증진으로 공생공존하는 축제의 장이 되길 바랍니다.

참석하신 모든 분들의 건강과 행복을 기원합니다.

감사합니다.

꿈을 향해 쏴라! 도전과 응전

창원에서 세계로! 꿈을 향해 쏴라! 구호를 만들면서 세계 각국 선수들의 도전과 응전을 생각했다. 사격만큼 자신과 싸우는 경기는 흔치 않다. 하지만 결코 혼자가 아니다. 겉으로 보기에 표적이나 과녁을 겨냥하는 일은 선수 혼자다. 최종적으로 표적 앞에 서는 사람은 선수이지만 그들이 그 자리에 서기까지 숱한 도전과 응전으로 시간을 보낸다. 어쩌면 '한국과학기술정보연구원' 사이트에 실린 히수타나무와 개미의 공존 이야기처럼 선수들의 도전과 응전의 사례를 생각할 수 있다.

아마존 유역의 열대 우림지역에는 '악령의 정원'이라고 불리는 숲이 있다. 악령의 정원은 오직 히수타(Duroia hirsuta)라는 나무만 살고 있을 뿐 다른 나무는 자라지 않는다. 이 때문에 오래 전부터 원주민에게는 숲의 악령이 이곳을 지배하고 있다는 전설이 전해오고 있다. 어떻게 하나의 식물만 자라날 수 있을까?

그동안 과학자들은 히수타나무가 분비하는 화학물질 때문이 아닐까 추측해 왔다. 식물은 한번 뿌리를 내리면 평생을 한 곳에서 살아야 한다. 혹여 옆에 사는 식물이 자신보다 더 빨리 자라나 그늘을 만들면 식물은 큰 타격을 입는다. 또한 인간의 눈에는 보이지 않지만, 땅속에는 물과 양분을 얻기 위한 경쟁도 치열하다.

이로 인해 식물은 일반적으로 처음부터 다른 식물이 뿌리를 내릴 수 없도록 하는 전략을 선택한다. 즉 낙엽이 돼 흙으로 돌아가는 나뭇잎과 땅속의 주요 통로를 지키는 뿌리를 통해 '타감물질'(allelopathic substance)을 분비하는 것이다. '타감물질'은 대부분 페놀류의 화학물질로 이뤄져 다른 식물의 생장을 억제한다. 가령 소나무 주변에 다른 식물이 자라나는 것을 보기 어려운데, 이는 타감물질의 한 종류인 탄닌(tannin)이 분비되기 때문이다.

그러나 미국 스탠포드대 프레드릭손 박사는 다른 식물의 진입을 막는 범인으로 히수타나무가 아니라 히수타나무에 집을 짓고 사는 슈마니 개미(Myrmelachista schumanni)를 의심했다. 히수타나무가 번성해야 개미의 터전도 늘어나기 때문에 개미가 다른 식물을 죽일 수 있다고 생각한 것이다. 이어 프레드릭손 박사와 동료들은 악령의 정원 부근에 히수타나무가 아닌 다른 나무를 심고 두 그룹으로 나눴다. 한쪽은 개미가 자유롭게 다닐 수 있도록 하고 다른 한쪽은 개미의 접근을 막았다.

그러자 놀랍게도 개미가 접근하지 못한 나무는 잘 자라났지만, 개미가 접근했던 나머지 나무는 모두 말라죽었다. 프레드릭손 박사는 "개미가 다른 식물을 선택적으로 죽이면서 미래의 거주지를 개척하고 있다"고 설명했다. 다시 말해 히수타나무는 생존을 위해 개미에게 집을 제공하고, 개미는 다른 식물을 죽여 생존을 위한 공동작전을 펼치는 셈이다.

그렇다면 히수타나무를 지키는 개미들은 어떻게 다른 나무를 죽이는 것일까? 연구팀은 개미가 식물을 죽이는 데 포름산(formic acid)을 이용한다는 사실을 알아냈다. 포름산은 개미에게서 쉽게 볼 수 있는 독소로 개미산으로 불린다. 왜냐하면 라틴어로 'Formica'는 개미를 뜻하기 때문이다. 프레드릭손 박사가 발견한 포름산은 주로 개미가 적을 공격할 때 사용하는데 식물에게 포름산을 사용하는 사례는 처음이다. 이로써 개미는 안정된 거주 공간을 얻고, 히수타나무는 자기 종이 번성하게 된다.

이처럼 생물들 간에 일어나는 상부상조 현상을 공생(共生, symbiosis)이라 부른다. 악마의 정원에서 일어나는 히수타나무와 슈마니 개미의 공생은 생태학적으로 중요한 의미를 가진다. 지구상에 두 생물이 처음 생겨날 때부터 공생관계를 맺지는 않았을 것이기 때문이다. 히수타나무와 슈마니 개미도 서로에게 편리를 제공하며 보호를 받기까지 경쟁 식물이나 초식동물과 싸워온 '도전과 응전의 역사'가 있었을 것이다.*

목표를 향한 도전은 경쟁이다. 우수한 기량을 발휘하기 위해

---

* 도전과 응전의 역사, 공생(共生)! 「KISTI의 과학향기 칼럼」 일부.

서는 최적의 활동공간을 만들어야 한다. 개미가 히수타나무의 생존을 가능하게 하듯 사격은 다른 사람과 경쟁하기 위해 내가 설 최적의 공간을 찾기 위해 나와 우리가 경쟁한다. 나의 안정이 먼저 만들어질 때 집중이 되고 집중이 만든 성과가 최적의 생존인 승리다. 선수는 승리가 목표이지만 그들은 주어진 환경을 잘 적응해야 생존하고 그 생존의 여유를 넘어 도전한다. 장애인사격선수는 혼자 진행할 수 없다. 선수를 대신해 총알을 장전해주는 로더가 있어야 한다. 이들이 도와주지 않으면 안 된다. 로더만 있는 게 아니다. 감독과 코치들의 헌신적인 뒷받침이 더해져야 한다. 그들의 환경이다.

위의 히수타나무와 슈마니 개미의 공생처럼 선수와 로더, 감독과 코치의 공생은 선수들의 운동 과정에서 중요하다. 로더는 선수의 마음을 읽을 줄 알아야 하고 손발이 되어줘야 한다. 선수들은 점수 결과에 의한 경쟁으로 잡고 잡히는 약육강식이 벌어지는 대회에 출전하지만 공생의 네트워크가 단단하게 결합되어야 만족한 성과를 얻는다.

이는 장애인사격선수들에게만 해당되는 게 아니다. 정치도, 가정도, 직장도 모든 인간사에도 적용돼 생존을 위한 합리적인 근거로 활용되는 것이다. 그러나 현명한 사람들은 새로운 서식처나 자원들을 찾아나서는 고생을 하지 않고 주어진 환경에 더 잘 적응하는 법을 터득하는 사람들이 많다. '도전과 응전의 역사'를 통해 결국 공생하는 법을 배운 히수타나무와 슈마니 개미처럼 사격선수들은 서로 공생하는 법을 통해 최종적으로 자신의 성취를 달성한다.

남북 장애 교류사업을 상상한다

우리나라에도 장애인차별금지법이 있다. 공식명칭은 「장애인차별금지 및 권리구제 등에 관한 법률」(약칭: 장애인차별금지법)이다. 2007년 4월 10일 제정되어 1년 후인 2008년 4월 11일부터 시행되었다. 이 법에서 금지하는 차별행위의 사유가 되는 장애라 함은 신체적·정신적 손상 또는 기능상실이 장기간에 걸쳐 개인의 일상 또는 사회생활에 상당한 제약을 초래하는 상태를 말한다.

우리 민족의 분단은 곧 인간의 장애 문제로 대체될 수 있다. 장애라는 표현이 '제약'이라는 말과 통한다는 사실을 고려하면 우리 민족은 자유롭게 왕래할 수 없는 상태인 '고립' 역시 대표적인 장애이기 때문이다. 민족은 오랫동안 장애 상태로 각자도생하고 있다. 민족의 고립이 만든 사회적 제약은 무수하게 많다. 남쪽 정치도 남북 정치도 정상적으로 소통되지 못하고 있다. 그밖의 경제, 문화, 언어, 사상, 종교 등의 영역에서도 서로를 제약함으로써 일상과 사회생활이 손상되거나 기능이 고립된 상태투성이다.

이런 분단의 아픈 현실을 즐기는 세력이 있다. 분단된 순간,

분단이 만든 장애를 극복하기보다 오히려 이용한 경우가, 더 오랫동안 역사를 지배해 왔다. 분단 논리가 국방과 안보 논리의 바탕이 되면서, 오랫동안 초래된 분단의 제약이 정상처럼 이해되었던 것이 그 예다. 섬이 된 대한민국은 비행기나 배를 타고 해외를 나가는 것도 자연스럽게 받아들이고, 분단된 민족의 긴장 상황인데도 전쟁은 우리와 상관없는 것처럼 무감각하게 받아들이고 있다. 이렇게 장기간에 걸쳐 유지되고 있는 분단은 장애를 그릇되게 정착시키는 역할을 했다. 분단 장애는 민족끼리 제약과 고립을 다반사로 만들어내고 있다.

우리는 주변의 장애인들이 고립된 상태로 살고 있는지 잘 모른다. 장애인들끼리 모여서 살고있는 고립이란 뜻이 아니다. 개개인 각자 개별적으로 고립된 상태로 한 사람 한 사람이 섬이 되어 산다. 2015년부터 『장애인통계연보』가 나오기 시작하였지만, 그 연보를 믿지 않은 사람들이 많다. 왜냐하면 장애로 분류해 특별한 교육을 받아야 하는데도 비장애인 보호자들이 숨기거나 노출을 차단시켜, 장애에 대한 사회적인 편견으로부터 보호한다는 착시를 일으키기 때문이다. 결국 장애가 차별적으로 취급되는 출발점은 가장 가까운 보호자로부터 일어난 셈이다. 예컨대 부모들이 장애를 숨기고 싶은 인식 문화가 빚어낸 것이나 분단을 이용하려는 세력들의 불량한 의도가 남북관계의 고립을 키운 것은 서로 통한다.

즉 민족분단의 고립이나 장애인들의 고립은 이런 방식으로 사회적인 제약을 불러온다. 그래서 개선을 위한 강제가 필요하다. 최근 장애인차별금지법이 제정되었다. 이 법은 2003년 장애인 관련 단체 57개 단체가 연합한 장애인차별금지법제정추진연대로부터 당사자들의 권리 주장이 시작되어 2008년 4월 11일 제정되어 시행되었다. 그 밖에도 장애인복지법, 장애인에 대한 특수교육법, 특수교육진흥법, 발달장애인권리보장 및 지원에 관한 법률 등으로 차별을 보완하고 있다.

2021년 6월에는 차별금지법 제정을 요구하는 국회 국민동의 청원 10만 명의 동의를 얻어 소관위원회 회부 기준을 충족하였다. 더불어민주당 이상민 의원 등 24명이 「평등에 관한 법률안」을 발의하였다. 기자회견 당시 반대 세력으로부터 문자폭탄, 전화폭탄 등의 압박을 받고 있다고 밝히고 "오히려 그렇기 때문에 이 법이 빨리 제정돼야 한다"고 주장하였다.

최종적으로 「장애인차별금지 및 권리구제 등에 관한 법률」로 개정되어 2023년 1월 28일 시행되었다. 장애인차별금지법은 그 취지가 모든 생활영역에서 장애를 이유로 한 차별을 금지하고 장애를 이유로 차별받은 사람의 권익을 효과적으로 구제하는 데 있다. 즉 장애인의 완전한 사회참여와 평등권 실현을 통하여 인간으로서의 존엄과 가치를 구현함을 목적으로 하는 법이다.

비로소 차별을 금지하는 제도적인 노력이 정착된 것이다. 그 동안 한국 사회에서 그 심각했던 장애인에 대한 차별 및 인권침해가 일부 해소된 것이다. 여기까지 온 것은 장애인들 스스로 나서서 이뤄낸 것이다. 장애 영역뿐만 아니라 다른 영역에서 인권의식이 향상되고, 그에 따른 차별문제도 많이 개선되고 있다. 권위주의 시대와 달리 권리에 대한 인식도 달라지고 있지만, 당사자들의 자발적인 노력이 만들어지지 못하면서 법을 통해 강제할 수밖에 없게 된다. 장애와 비장애를 떠나서 사회적 차별은 쉽게 사라지지 않기 때문에 법의 강제가 필요할 수밖에 없다.

누군가 그랬다. 인간의 역사는 차별의 역사라고. 지배와 피지배의 역사를 유지하기 위해 신분제가 적절하게 활용되었다. 신분제를 통한 지배는 곧 차별을 수단으로 통치의 힘을 만들어냈다. 근대 이후 인간의 존엄성이 강조되었지만, 하루아침에 개선될 수 없었던 것처럼 장애인들의 차별금지를 실현하기 위한 눈물겨운 싸움의 과정을 겪어갈 수밖에 없다..

민족분단, 장애인 차별을 넘어 모든 인간이 고유하게 갖는 존엄함을 실현할 수 있도록 고립과 제약을 해소하는 것이 우리가 가야 할 미래다. 장애인 차별을 다루는 이유는 장애인의 불이익을 파악하여 혜택을 보장하려는 점도 있지만, 비장애인들 안에서 차별을 허물어 평등의식을 갖추게 함으로써 비장애들의 차별의식을 개선하려는 뜻도 있다. 결국 장애와 비장애의 구분 없이 모두가 함께 존중받는 사회로 가는 것이 통일이며 차별 없는 세상을 만드는 일일 것이다.

3장
왜 북구에서 문화와 예술인가?

문화예술과 북구
색과 방향이 말하는 문화
교육은 북구의 미래다
문화가 미쳐야 할 이유

문화는 상상력이다. 문화는 미래다.
문화는 무궁무진한 가능성의 세계다.
광주가 문화의 중심지로 우뚝 선 것도
소외라는 한이 가져다준 문화예술적 승화가 있었기 때문이다.
문화적 역량이란 잠재적 에너지가 많다는 의미다.
광주의 에너지가 문화예술적 감성인 이유다.
잠재적인 힘은 도전하는 힘과 통한다.
변화를 두려워하지 않는 청년의 힘이 넘치는 것도
그 표현과 맥을 잇는다.

문화예술과 북구

　광주는 문화도시다. 어디를 가도 남도 문화의 숨결을 느낄 수 있다.

　광주의 문화를 피어나게 하는 대표적인 공간은 최근에 '광주예술의 전당'으로 명칭이 바뀐 북구의 문화예술회관이다. 그 밖에도 광주예술의 전당 인근인 북구 나들목 근처에는 광주시립미술관, 비엔날레전시관, 국립광주박물관 등 굵직한 광주 문화예술의 공간을 만날 수 있다. 그런데 아시아문화전당의 등장으로 과거만큼 활발하게 움직이지 못하면서 그 몫이 줄어들고 있다.

　물론 오랫동안 광주의 전통문화를 계승해온 곳은 동구의 궁동이다. 각종 전시공간과 문화인의 공방이 많았고 문화인들이 어울릴 수 있는 뒷골목 음식점까지 즐비한 곳이다. 하지만 상업인프라 중심이어서 확장성에서 제한적이기 때문에 늘 아쉬웠다. 그나마 다행인 것은 아시아문화전당이 생기면서 다소 활기를 띠고 있지만, 인프라 구축과 산업 연계, 민관의 산업간 협력으로 이어지는 문화예술에 대한 종합적인 마스터플랜은 아직 부족한 상태다.

　다행인 것은 최근 2022년 광주시는 문화수도 위상 회복의 해로 정하고 예산확보에 주력하고 있다. 2021년 12월 대대적인 문화예술 분야 숙원사업을 확충하였다. 세계 5대권 규모의 광주비엔날레의 품격을 높일 전용 전시공간 등을 조성하려는 계획이 대표적인 예다. 나아가 '인공지능 중심도시'와 연동하여 인공지능 등 첨단기술을 통해 아시아 각국 문화자원을 보여주는 '메타버스 현대디지털 미술관' 등을 구축하는 것도 눈에 띈다.

문화예술에 전문성이 부족하지만 문화예술을 활성화시키기 위해서는 예술인 양성 교육 및 인재발굴 프로그램 운영, 지역 문화예술의 종합적인 인프라 관리, 문화예술과 타 산업화의 연계 등 세 가지 측면에서 노력해야 한다고 생각한다. 이를 위해서 시교육청과 긴밀하게 협력해야 하지만 학교 활동 이외에도 계속 이어질 수 있도록 사회적인 프로그램도 만들어져야 한다. 또한 프로그램 운영이 지속성을 유지하려면 지역별로 산재해 있는 각종 문화예술 시설이나 공간을 운영할 수 있는 시스템이 만들어져야 한다. 거기에 그 운영인력이 배치되고 프로그래밍을 통해 참가를 유도할 수 있도록 행정이 갖추어져야 한다. 물론 시청과 구청에서 할 수 없다면 예술인들이 참여할 수 있도록 개방형 협력 모델을 만들어 모집할 필요가 있다.

해를 거듭할수록 지자체별로 문화예술과 관련된 시설개선, 신축, 공간 조성 등을 위해 다각도로 노력하고 있다. 특히 광주시는 지역 숙원사업이었던 광주비엔날레 전시관을 새롭게 건립하려고 계획하거나 아시아문화자원 디지털관을 구축하고, 아시아

문학 테마공원 조성 등을 비롯한 도심 야간 관광 활성화, 아시아권 문화교류 확대 등에 나서겠다는 각오가 눈에 띈다. 광주는 비엔날레가 개최될 때마다 도심지 곳곳에 폴리를 만들어 예술적인 공유를 지속적으로 시도하고 있다.

1985년, 80년 5월 아픔을 치유하려는 관치가 만든 산물이 광주문화예술회관이었다면 아시아문화전당은 노무현 정부가 내세운 국가균형발전을 위한 지방화 전략에서 접근된 것이다. 예로부터 광주전남은 문화와 예술 전통이 깊은 에너지를 품은 지역이었고 이를 국제화한다는 전략에서 진행된 것이다. 이유와 동기야 어떻든 광주에 문화예술을 유지할 수 있는 인프라가 속속 들어서고 있는 점은 환영할 일이다. 거기에 발맞춰서 AI인공지능 중심도시를 위해 미래 비전을 문화예술과 연동할 수 있도록 도약의 발판을 만들면 금상첨화일 것이다. 문화예술 역시 그 미래 산업과 궤를 같이할 수 있다면 전통과 미래가 만나는 접점이 될 것이기 때문이다.

이를 위해서 광주시가 가진 기존 인프라를 파악하고, 이를 어떤 방향으로 전환시킬 것인가를 거시적인 안목으로 생각해야 한다. 즉 예산확보와 편성도 중요하지만, 전체적인 방향을 어떻게 잡아갈 것인가의 거시적인 로드맵이 더 중요하다. 그것은 문화예술에 대한 이해가 전제되어야 한다. 고(故)오주석 선생이 말한 것처럼 "예술은 아는 만큼 보인다". 문화예술 정책도 아는 만큼 설계하고 추진하기 때문이다. 광주의 전통, 광주의 가능성, 광주의 현재 인프라, 광주의 잠재력을 촘촘하게 살피면 답이 나올 것이다. 전문가 의견을 듣되 한쪽으로 휩쓸리지 않은 협의 과정이 만들어진다면 가능할 것이다.

현재 광주가 추진하고 있는 사업은 다양하다. 광주 대표 문화예술행사인 광주디자인비엔날레, 아시아문화전당, 아시아 문학테마공원 조성, 호남문화예술 인문 스토리 플랫폼 구축, 서창향토 문화마을, 미디어 테마콘텐츠 체험관광 플랫폼 조성, 예술인재교육원 광주캠퍼스 조성, 광주다운 무등(無等)음악을 발굴·보존하고 집대성하는 지역특화형 문화시설 건립, 스마트 예술여행마을을 조성하는 아시아예술관광 중심도시 조성, 한국수영진흥센터 건립 등을 설계하고 있는 것은 모두 현재의 인프라를 넘어 새로운 시대적인 트랜드를 만들려는 움직임들이다.

광주시의 이런 다양한 계획에도 불구하고 북구청 주변으로부터 시작하여 무등산권과 연계된 계획은 눈에 띄지 않고 빈약하기 짝이 없다. 북구의 도시재생사업이 절실하다. 새로운 배치도 새로운 모색도 없는 북구의 동쪽이 계속 소외되고 있다는 것을 고려해야 한다. 예컨대 광주교도소 주변, 광주역 주변, 망월 묘역, 가사문학권 등은 북구의 부흥을 위해 고심해야 할 지역이다. 이와 함께 여기에 미래 먹거리 산업을 유치하거나 민주시민육성을 위한 문화산업 분야도 배치해야 한다.

자연으로부터 겸손을 배운다

5월은 한없이 푸르른 계절이다. 어린이로부터 어르신까지 5월은 마음도 몸도 푸르름으로 짙어가는 달이다. 그 기운을 이끌어 주는 것은 자연이다. 우주의 기운 따라 식물들이 앞다퉈 일어서면 봄의 에너지가 퍼져나가는 시간이다. 그래서 생명의 기운이 만개하는 계절의 여왕일 것이다. 하찮게 버려진 눈길을 받지 못한 길섶 풀 한 포기에도 작은 꽃들이 반갑게 방긋방긋 얼굴을 내민다.

세상천지로 초대된 봄의 기운이 희망의 꽃길로 안내한다. 우리의 시야에 도열해 만물에게 웃음꽃을 피우게 한다. 봄볕 보러 까르르 웃는 진달래의 노란 몸짓부터 봄을 보내기 싫어서 시새워 서성대는 붉은 빛 철쭉을 뒤이어 아카시아 꽃향기도 실려 온다. 벌과 나비가 재촉한 찔레꽃 향기가 여름 길목을 잇는다.

봄은 모든 생명의 개체들에게 환영받는 계절이다. 생명의 숨결을 자극하는 봄비는 안성맞춤이다. 봄비는 어떤 씨앗이든 땅에 몸을 눕히는 순간 싹을 틔우는 힘을 만든다. 위대한 자연의 힘을 느낄 수 있어야 한다. 뿌리는 씨앗마다 땅심을 받아 자신의 조상을 모시고 힘찬 도약을 뽐낸다.

눈길이 닿는 마디마디마다 5월의 생명은 자연의 목소리로 내품는 역동적 선율을 경쟁하는 현장이다. 어떤 꽃도 봄의 대열 앞에서 절망하지 않는다. 어느 자연의 구성원도 스스로 희망을 꺾지 않는다. 절망은 사람들의 인위적인 손짓 속에만 있다.

생명이 약동하는 봄의 향연은 절망과 낙담을 넘을 수 있도록 자연이 인간에게 보내는 최대의 선물이다. 다 죽은 듯 물러서 지내던 삭정이 겨울 가지에서 봄의 물이 오르기 시작하듯 거무튀튀했던 대한민국의 어두운 색깔을 일순간 생명의 세계로 옮겨 탈 수 있도록 위로한다.

인간의 날 목숨은 자연 생명계에서 미미하다. 그 나약함을 감추고 거래로 속이며 거대한 힘을 지닌 생명인 양 포장하지만 미미한 자연 생명의 하나일 뿐이다. 자연의 식물들은 햇볕이 없으면 스스로 몸을 죽이고 물이 없으면 체중의 크기를 줄여 삶의 균형을 만든다.

인간에 비해 자연은 한없이 위대하고 겸손하다. 자연은 한없이 소박하고 진실된다. 자신의 몫만 챙기고 자신이 부족하면 자신의 일부를 먼저 희생한다. 자연은 상대를 시기 질투하지 않는다. 자연은 경쟁하지만, 상대를 살리면서 경쟁한다. 그야말로 공생의 현장이 자연계다.

자연과 달리 많은 인간들은 아름다움까지 강제로 잔재주를 써 맞서려고 한다. 자연의 찬란한 5월과는 달리 인간이 만든 5월은 기쁨과 슬픔이 함께 머문 달이다. 부처가 이 땅에 오신 그 계절, 5월 광주는 잔인하게 찾아왔다. 부처는 인간의 허망한 광경을 네 가지 생로병사의 고통으로 설명했지만 5월 원흉들은 고해

성사조차 하지 않는다.

인간이 자연의 반만 따라가면 좋겠다. 겸손한 자연만큼 인간의 열등감이 만든 패악질이 빚은 실수는 자연의 절반도 못 따라간다. 인간은 오만불손하기까지 했다. 배우기보다 지배하고 모시기보다 학대했다. 인간은 자연의 질서를 거스르는 순간 고통의 현장으로 달려간 것이다.

자연이 만들어준 질서를 따라가는 순간 우리에겐 그 길이 희망이다. 칭찬과 반성이 먼저일 때 평화가 찾아오고 행복이 영글어 넘친다. 사욕과 만용의 봇물이 터지는 5월이 아니라 양보와 공생의 5월로 신박한 자연을 배우는 소박함을 나누는 계절이길 희망한다.

가화만사성과 가정의 달

오월은 따스한 마음이 번지는 가정의 달이다. 가깝게 은혜 입은 사람들을 모시는 행사가 많다. 여기저기 식당에서 어르신들과 함께 식사하는 광경이 눈에 들어와 훈훈해진다.

옛날에는 '가화만사성'이라는 한문 글귀를 액자에 걸어 둔 집이 많았다. 가정이 화목하면 모든 일이 두루두루 성취된다는 뜻이다. 이는 '수신제가치국평천하'라는 말과 함께 쌍을 이루는 옛 선조들의 명구이다.

과거 혈연중심의 사회에서는 최고의 슬로건이었다. 최근 사회 분위기는 가화만사성과는 너무 많이 달라졌다. 집밥보다는 밖에서 음식을 나누고, 어르신을 봉양하는 방식과 집안 대소사를 두고 혈연과 어울리는 모습, 집안에서 가족 간 화목을 나누는 방식이 집 밖에서 펼쳐지고 있다.

가정의 화목을 강조하는 가화만사성은 가족 중심의 농경사회에서 통하던 덕담이다. 그래서 결혼선물로 자수 액자나 서예 글씨를 주고받는 게 미덕이었다. 가정의 질서가 바로 서야 모든 사회질서의 기본이 선다고 강조했던 시절의 필수품이었던 것이다. 그 기준에서 결혼은 당연한 인륜지대사고 자식을 낳는 일은 자식된 필수 도리였다.

최근 혼족이 늘어나면서 가화만사성의 교훈은 보기 드문 옛 풍경이 되었다. 과거처럼 어른들끼리 마음에 드는 사람에게 청혼하고 결혼을 권하는 사회가 아니다. 더더욱 그 정도를 넘어 결혼을 기피하는 사회 분위기의 영향도 크다.

요즘은 서로 짝을 만드는 일도 어렵지만 비혼주의 문화가 점점 늘면서 화목한 가정을 더 빈곤하게 만들고 있다. 결혼인구가 줄어드는 것도 문제지만 결혼을 한다 해도 아이가 없는 부부도 늘고 있다. 젊은 사람들에게 "결혼했어요?"를 묻지 않는 게 미덕이 되고 있다.

바야흐로 옛날식 결혼문화는 실종 위기다. 위기의 첫 번째 이유는 뭘까? 취업이 가장 크게 영향을 미치고 있다. 취업은 어제오늘의 문제가 아니다.

대학을 나왔지만 안정적인 직장을 갖지 못한 채 아르바이트로 이어지는 삶, 이웃과 협력이 필요 없는 고립된 가정, 경제적인 빈곤이 사회적인 소통을 어렵게 만들고 있는 시대다. 취업이 자유롭지 못하면서 가정의 화목함까지 위축시키고 있다.

젊은이들의 취준고 스트레스는 가정의 달을 위축시키는 주범이다. 어른들은 결혼이 가정의 안정감을 만드는 핵심이라지만 20세기의 가화만사성이 21세기 지금 MZ세대에게 통하지 않는 이유다.

갈수록 위축되는 가정의 화목 앞에 현재 대한민국 출생률은 역대 최저다. 0.78명이다. 사실 가정의 달 화사한 덕담의 이야기보다 우울한 이야기를 할 수밖에 없는 현실이다. 심한 표현이지만 가정이 날로 붕괴되는 대한민국이다.

우리나라 인구학자들의 주장은 단순한 기우가 아니라고 지적하고 있다. 서울대 조영태 교수는 현재 급감하는 인구절벽으로 발생하는 사회적 부담은 상상 이상이라고 강조한다. 어떤 사람들은 이민청을 세워야 한다는 주장을 하거나 또 다른 사람들은 AI인공지능과 로봇으로 대체되면 된다는 낙관론을 펴지만 보통 사람들은 일상이 고단한 그대로 고통을 떠안을 것이다.

인구감소가 나하고 무슨 상관이냐고 말할 수 있다. 당장 국가적으로 육아, 교육, 취업, 건강 등 가정의 단위에서 책임지는 구조가 아니면 국가의 기본이 무너질 뿐만 아니라 개인에게 고통이

배가 될 것이다. 개인이 감당할 수 없는 국가적 책임이 고스란히 개인의 조세 부담으로 이어진다는 뜻이다.

살면서 가장 큰 대사인 혼인이 일상에서 환영받는 주제로 대접받지 못하는 시대다. 이로 인해 사회적으로 등장한 인구절벽은 미래 사회의 위험지수를 높이는 중심이 되고 있다.

미혼 문제는 부모세대의 고통으로 남았다. 부모세대는 위로는 자기 부모를 챙기고 아래로는 자식을 챙겨야 하는 이중고다. 물가가 오를 대로 오른 상태에서 월급쟁이로는 자식 노릇 하기 힘들다. 중저가 옷 한 벌 선물도 수십만 원이다.

경제적 고통이 빚은 일상의 실제적 고통은 가정의 울타리 밖에 있는 공정과 정의를 따져야 명쾌해지는데도 큰 이야기들을 외면하게 만든다. 한 마디로 먹고살기 바쁘다. 경제적인 고통은 모든 정의를 싱겁게 만든다.

어쩌면 가족 간의 사랑마저 궁핍하게 만드는 시대다. 가화만사성으로 함께 더불어 사는 가정을 일구는 세상이 아니라 독신시대, 혼족으로 살 수밖에 없는 일인 천하의 시대라는 뜻에서다. 가화만사성이 아니라 일인 만사성의 시대다.

자식들에게 결혼을 권하고 손주를 요구할 수 없는 시대다. 가장 가까이 염려해줄 수 있는 가족이 그 이야기를 껴안는 것이 아니라 피하는 게 상책이라고 말할 때니 화목한 가정이 아니라 슬픈 가정으로 전락하고 있다. 세상의 가족들은 슬플 뿐이다.

가정이 사회의 중요한 단위로 무너진 시대에서 국가의 역할이 커진 것은 부인할 수 없는 사실이다. 국가를 통치할 책임자, 지자체를 통치할 단체장은 가정의 단위가 붕괴된 지점을 의식하는 정책을 가장 우선시해야 할 일이다. 특히 가난한 지역일수록 더 신경 써야 할 정책이다.

부자를 살리고 약자를 희생하는 정책, 나만 살아남고 남을 죽이는 통치술은 모든 사회구성원을 더욱 위태롭게 만드는 것이다. 가화만사성이 아니라 정치가 만사를 이롭게 하는 '법치 만사성'으로 위장된 대한민국의 위선을 넘어서는 힘이 절실하게 필요한 시대다.

대중 문화예술의 꽃이 되라
- 가수 김정호

김정호(본명 조용호·1952~1985)는 33세의 나이로 요절한 광주가 낳은 천재 가수다. 그 시대를 거친 세대들이 '이름 모를 소녀'와 '하얀 나비'를 모르는 사람이 있을까? 1952년 그는 조용호라는 본명으로 광주에서 태어났다. 지금은 중앙동으로 개편된, 당시에는 북동성당 근처의 옛 북동에서 태어났다.

그가 천재적인 가수로 평가받는 이유는 젊은 나이로 세상을 떠난 요절만이 아니다. 그의 집안 내력이 음악적으로 엄청나다. 아버지는 경찰서장을 역임한 뒤 출판사를 경영했다지만 그의 어머니 쪽은 국악계로는 대단한 집안이었다. 엉뚱하게도 최근

JTBC 팬텀싱어에 출연한 이 고장 출신 김수인과 김정호가 크로즈업된다. 김수인은 현재 왕성하게 활동하고 있는 김선이 명창의 아들이다.

한국전쟁 때 납북됐지만 일제강점기 '열사가'*로 유명했던 박동신 명창이 김정호의 외할아버지였다. 외할아버지 박동신이 인간문화재 김소희, 한승호, 한애순 등을 길러낸 희대의 대가였던 것은 잘 알려진 사실이다. 외가 집안의 음악은 외할아버지에게서 그치지 않았다. 외삼촌인 박종선은 전남대 교수를 지낸 아쟁 명인이고, 어머니는 담양에서 활동한 명창 박숙자였다. 최고의 음악적 혈통을 타고 난 김정호였던 것이다.

당시 국악은 물론 음악을 하는 사람들을 딴따라라고 낮춰 불렀다. 그 노래를 부른 딴따라들이 사회적으로 천대받았던 시대였다. 그가 노래하겠다고 할 때 인정해 줄 리 만무했다. 어머니 박숙자 명창은 당연히 아들이 다른 길을 가기를 원했다. 김정호가 6살 되던 해에 국악에 관심을 보이자 집안에 있던 모든 국악기를 내다 버렸다는 일화가 전해질 정도다.

김정호를 포함해 잊을 수 없는 천재적인 가수들로 우리의 기억을 사로잡는 세 사람이 있다. 광주에서 52년생으로 태어난 김정호, 서울 중구에서 태어난 58년생 김현식, 대구의 김광석은 64

---

* 일제 강점기에 일제의 부당한 탄압에 항거했던 상징적인 영웅인 이준, 안중근, 윤봉길, 유관순 등의 행적을 기리며 노래한 창작 판소리.

년생이다. 이 셋은 안타깝게도 30대 초반에 세상을 등졌다. 김현식은 1990년 간경화로 32세에 떠났고, 김광석이 1996년 33세로 자택에서 운명을 달리했다. 하지만 가장 나이가 많은 김정호는 1985년 폐결핵으로 세상과 이별한 그의 나이 역시 33세였다.

문화의 시대다. 광주는 문화중심 도시로 거듭나고 있다. 문화는 그림과 소리로 분류되어서는 안 된다. 물론 클래식과 포크, 대중가요, 그리고 남도의 소리와 기악이 다채롭게 어우러져야 한다. 요즘 국악은 국악방송이 20년 넘게 주도하고 있는 〈21C 한국음악프로젝트〉로 전통음악의 아름다움과 멋을 살려 현대 음악을 충실히 반영하여 대중화와 현대화를 시도하고 있다.

당시 소녀들의 감수성을 사로잡은 김정호는 중독성이 강한 음색으로 대중을 사로잡았다. 1983년, 세상을 떠나기 전 김정호는 새 앨범 "님"을 내놓았다. 김정호는 유난히 꽹과리를 붙들고 새 앨범을 만드는 것보다 꽹과리를 두들기는 데 더 열중했다고 한다. 이런 한 서린 감성이 '님'에 고스란히 녹아들어 있다. 그저 김정호의 음악을 회고하거나 소환하는 정도가 아니라 그가 못한 국악과 대중음악을 녹이는 일이 우리의 몫이다. 광주가 품고 있는 문화적인 잠재력을 바탕으로 진화적으로 확장시키는 역할은 후대가 이어가야 할 일이다.

광주에서 그를 찾아야 하는 이유는 많다. 대구에 김광석이 있다면 광주에 김정호가 있다. 대구의 김광석이 시대를 이야기했다면 김정호 음악은 남도의 한을 이야기했고, 전통음악을 녹여낼 에너지를 가졌다. 그가 부른 노래는 광주의 음악이고 남도의 음악이 깃들어있다. 이제 김정호 노래에 갇혀 기억만 재생하는 것이 아니라 김정호 음악 세계를 확장하는 일이 우리의 몫이다.

도심재생사업으로 가도 좋다. 북동 주변은 김정호라는 가객이 잠들어있는 지역이다. 이빨 빠진 사자가 아니라 보석 같은 사자 이빨이 화석으로 묻힌 곳이다. 그의 화석을 꺼내야 한다. 그가 다시 빛을 발하도록 2015년에 광주시와 대한가수협회 광주지회가 작업을 시작했다. 그렇게 태동한 '하얀나비 김정호 거리가요제'가 문화 마인드 약한 지자체장들이 소홀히 하는 사이 동구 충장축제 한켠에 겨우 명맥을 유지하고 있는 현실이 안타깝다.

그가 집을 나와 북한산 자락 우이동 골방에서 가난하게 음악을 하던 시절 만난 임창제와 김정호는 다음과 같이 다짐했다고 한다. "공부를 많이 못 해 무식한 우리가 음악으로 세상에서 1등을 한번 해보자"고. 그렇게 다짐한 약속은 33년의 요절 인생으로 끝나면서 불발탄이 되었다. 짧은 나이에 세상을 떠난만큼 그가 던지고 간 노래와 문화를 구실로 그의 음악을 살려내고 광주 문화예술을 끌어내야 할 이유는 무궁무진하다. 그의 가슴에 묻힌 남도의 한을 음악으로 승화시키겠다는 맹세를 우리 후대가 이어가야 한다.

색과 방향이 말하는 문화

우리 지명에는 동서남북이 많다. 동네 이름에도 행정구역에도 구획을 나누는데도 방향을 중요하게 따졌다. 그렇다고 동네 이름을 그렇게 만들지 않았다. 이 문화를 엉뚱하게 몰고 간 역사는 일제 식민지다. 우리 고유의 지명들을 한자 말로 바꾸고 일본식으로 변경시킨 것이다.

지역 명칭을 보면 한밭(대전), 빛고을(광주), 솜리(이리)를 죄다 한자식으로 바꿔놓고 지역 행정구역도 동서남북과 연관된 지명으로 바꾼 것이다. 우리 조상들은 음양오행 사상과 음양론을 바탕으로 생활양식을 일구어왔고, 존재의식을 표현했다. 그것이 우리 문화가 되고 예술적 감성으로 이어졌다. 우리의 색인 오방색도 그 방향과 연관된 색이다.

일본의 식민지배 유산으로 남겨진 한자화 탓도 있지만, 애초 우리에게 사방팔방뿐만 아니라 오방 육방 팔방의 방향 감각이 있었다. 동서남북에 중앙도 있지만, 땅과 하늘을 포함해 입체적인 방향 감각으로 받아들였다. 일제식 지명에 멈추지 않고 오방색과 오방향의 전통적 감각으로부터 북구를 생각해 본다.

오방색을 좀 더 들여다보면 오방색은 오방정색이라고도 한다.

오방색은 황(黃), 청(靑), 백(白), 적(赤), 흑(黑)의 5가지 색을 말한다. 음과 양의 기운이 생겨나 하늘과 땅이 되고 다시 음양의 두 기운이 목(木)·화(火)·토(土)·금(金)·수(水)의 오행과 결합하여 방향이 생성된다. 이는 음양오행 사상을 기초로 한 것이다.

오행에는 오색이 따르고 방위가 따르는데, 중앙과 사방을 기본으로 삼아 황(黃)은 중앙, 청(靑)은 동, 백(白)은 서, 적(赤)은 남, 흑(黑)은 북을 뜻한다. 그래서 지금의 방향감각과는 다른 시대였던 시기에 지명을 연관시켰기 때문에 동구, 서구, 남구, 북구가 기본 명칭으로 정착했을 것이다.

오행이라는 전통적인 사고를 따라가보면 볼수록 흥미롭다. 황(黃)색은 오행 가운데 '토(土)'에 해당하며 우주의 중심이다. 따라서 가장 고귀한 색으로 취급되어 일반인들은 사용할 수 없었으며, 임금의 옷을 만들었다. 청(靑)색은 오행 가운데 '목(木)'에 해당하며 만물이 생성하는 봄의 색이다. 그러면서 청색은 귀신을 물리치고 복(福)을 비는 색으로 쓰였다. 흰색 백(白)은 오행 가운데 '금(金)'에 해당한다. 금은 결백과 진실, 삶, 순결 등을 뜻해 우리 민족이 예로부터 오랫동안 흰옷을 즐겨 입었다. 붉은색인 적(赤)은 오행 가운데 '화(火)'에 해당하며 생성과 창조, 정열과 애정, 적극성을 뜻한다. 가장 강한 요사스런 귀신을 물리치는 빛깔로 쓰였다. 마지막 흑(黑)색은 오행 가운데 '수(水)'에 해당하며 인간의 지혜를 관장한다고 생각했다.

이처럼 오방색은 음양오행 사상에 기반하여 정착된 우리의 모든 생활과 밀접한 관련을 맺고 있다. 예컨대 음귀를 몰아내기 위해 혼례 때 신부가 연지곤지를 바르는 것이나 나쁜 기운을 막고 무병장수를 기원해 돌이나 명절에 어린아이에게 색동저고리를 입히는 것이 오방색과 연결되어 있다.

또 간장 항아리에 붉은 고추를 끼워 금줄을 두르는 것과 잔칫상 국수에 올리는 오색 고명, 붉은빛이 나는 황토로 집을 짓거나 신년에 붉은 부적을 그려 붙이는 것은 모두 생활 속에 녹아있는 오방색의 현주소라고 할 수 있다. 지금은 우리가 누리고 살았던 고유한 색의 의미가 사라진 채 건물이 지어지고 예술적 표현이 되고 있다. 우리 문화가 사라지고 있다는 뜻이다.

겨우 남아있는 것은 궁궐·사찰 등의 건축물의 단청에서나 만날 수 있다. 고대의 고구려의 고분벽화나 조각보 등의 공예품에서 쉽게 찾아볼 수 있는 것이 오방색이고 우리와 친근하게 느껴지는 색깔인데도 말이다.

북구로 이야기를 좁혀보자. 오행 사상으로 북구를 해석하면 새로운 지혜의 과제를 던질 수 있는 지역이다. 예로부터 죽으면 북망산천*으로 떠난다고 했다. 그리고 왕이 머무는 곳도 북쪽이었다. 북쪽은 남쪽의 햇살을 가장 많이 받는 곳이다. 광주의 북쪽에 있는 망월 민주 묘역을 긍정적으로 승화시켜야 한다는 것

---

* 원래 뜻은 중국 허난성 뤄양 북쪽에 있는 작은 산으로 사람이 죽어서 파묻힌 무덤산이다. 우리 식으로 이야기하면 공동묘지인 셈이다.

도 다 문화예술의 깊은 전통으로부터 접근한 문제의식이다. 광주에서 가장 지혜로운 동네인 북구가 일을 낸다면 광주가 블루오션인 셈이다. 북구라는 칙칙하고 어두운 검정색의 오해를 털고 세련된 지혜의 색으로 거듭나게 하는 것이 나의 지상과제다.

청년이여! 뻥쟁이가 되라

문화예술은 상상력의 세계다. 문화는 무궁무진한 가능성의 세계다. 광주가 문화예술의 중심지로 우뚝 선 것도 소외라는 한이 가져다준 문화적 역량이 크기 때문이다. 문화적 역량이란 잠재적 에너지가 많다는 의미다. 잠재적인 힘은 도전하는 힘과 통한다. 변화를 두려워하지 않은 청년의 힘이 넘치는 것도 그 표현과 맥을 잇는다.

스페인의 성을 방문했을 때 어이없었다. 100만 명이 넘는 인파가 찾는다는 곳을 방문한 적이 있었다. 방문한 현장은 발자국 하나가 핵심이었다. 왕족과 평민의 사랑을 중심으로 스토리가 만들어졌던 것이다. 어찌 보면 스토리텔링이란 일종의 뻥이다.

스페인 성과 같은 이야기를 스토리텔링하면 우리에게 있는 것은 무궁무진하다. 말바우 시장이 유래한 이야기도 그에 못지 않은 스토리다. 활과 말의 경주를 소재로 상상력을 키울 수 있다. 우리가 구전으로 들어온 할머니의 구수한 이야기를 떠올리는 것도 마찬가지다. 할머니 무릎에서 듣던 이야기보따리를 현실로 가져오는 것이다. 현실과 가공이 상상으로 엮어지면서 무한한 세계를 펼칠 때 상상력을 발휘한 문학이 되고 예술이 되고 문화창작소의 용광로가 되는 것이다.

광주는 문화 중심도시라는 말을 쓰면서도 문화적 갈증을 채우지 못하고 있다. 무엇이 이 에너지를 잠들게 하고 관심을 멈추게 하는 것일까?

첫째, 박물관에 박제하는 문화여서는 안 된다. 지금껏 과거형 문화를 문화사업의 모멘텀으로 세웠다. 물론 보존도 중요하다. 보존을 창조의 힘과 연결시켜 미래를 말하는 문화를 가꿀 필요가 있다. 멈추는 과거가 아니라 미래로 이끄는 기관차에 문화를 태워야 한다. 과거의 문화적 자산을 넘어 미래의 희망을 키울 수 있도록 말이다.

둘째, 청년들에게 꿈을 갖고 만들도록 해야 한다. 청년들이 문화예술 창작소를 차릴 수 있도록 경제적, 제도적 지원으로 정책적 환경을 마련해줄 때이다. 지금의 지원방식은 너무 복잡하다. 그냥 조건 없이 놀 수 있도록 환경을 만들어주어야 한다. 어른들이 내미는 조건이 아니라 그 청년들의 표현과 문법으로 움직이도록 조건을 바꿔야 한다. 청년은 실패가 자산이어야 한다. 실패 없는 성공은 없다. 실패를 추궁하지 않고 존중해야 한다. 실패를 통해 도전할 수 있도록 해야 한다. 성공기금 조성보다 실패기금을 조성하는 것도 방법이다.

　셋째, 뻥의 삼박자를 갖추도록 한다. 뻥은 실패를 존중해야 한다. 뻥은 상상력 그 자체다. 뻥은 거짓된 위선의 말이 아니라 자신감을 드러낸 약속이다. 예컨대 뻥은 음식을 만들 때 베이킹소다를 써서 잘 부풀리게 하는 것처럼 문화가 잘 익고 맛을 고르게 번지도록 도와주는 일을 해야 한다. 문화적 상상력이야말로 문화를 잘 익게 하는 베이킹소다다.

　문화적 뻥은 그냥 상상력이 아니다. 과거와 미래를 잇는 희망의 다리다. 뻥은 거짓말이 아니다. 희망의 상상력을 부풀려 미래의 희망을 익게 만든다는 말이다. 선한 거짓말로 연애감정을 만들고 선한 상상력으로 불가능한 세계를 쫓아가는 것이다. 이렇게 문화는 희망과 가능성의 산파가 되는 것이다. 그 문화가 미래의 위로가 되고 현재의 신념이 되는 것이다.

　각박한 삶 속에서 개인적인 감성은 너무너무 날카롭다. 여유를 빼앗아 가는 세상살이는 자유로운 상상력이 차단되도록 만든다. 치유의 힘은 문화예술을 통하여 에너지를 만든다.

　급속도로 세상이 달라졌다. 공동체적 지향의 가치를 추구하는 거대담론의 시대는 지났다. 체제와 이념을 중심으로 연대로 가치를 만드는 시대가 아니다. 우리라는 공감을 통해 개인이 위로받는 시대가 아니다. 어떤 짐도 혼자 짊어져야 하고, 혼자 맞서야 한다. 어떤 무게라도 혼자 감당해야 하는 시대다. 혼족 시대다. 전체는 실종되고 개별만 이야기하는 불편한 시대다. 혼자 고립되고 혼자 수렁에 빠져서 무너진 채 헤매야 한다. 이 우울의 늪을 탈출하게 만드는 한 축이 되도록 뻥쟁이 청년을 키울 수 있도록 사회적으로 지원해야 한다.

문화예술의 심장, 북구문화의 집
― 전통문화를 키우고 문화예술을 역사적 자산과 엮어야 한다

북구에는 북구문화의 집이 있다. 그들의 누리집을 가면 "근린생활공간에 위치하는 소규모 복합문화공간"이라고 소개하고 있다. 이곳은 지역민의 다양하고 자율적인 소규모 문화활동의 중심 공간이다. 더 멋진 말로는 "문화센터가 거실이 되는 곳, '도심 속 아웃도어' 프로그램이 있는 곳"이라고 설명하고 있다.

요즘은 아이들을 안심하고 키우기 어려운 세상이 되었다. 돌볼 사람도 놀아줄 사람도 쉽지 않아 동네 어디엔가 지켜줄 곳을 찾느라 두리번거리기 일쑤다. 별 뾰쪽한 방법이 없는 개별 가정에서는 아이를 학원가로 위탁기관으로 메뚜기처럼 옮겨 다니게 한다. 그래서 부모들은 늘 불안한 심정이다. 그래서 조금만 여유가 생기면 동네를 옮겨서라도 교육환경이 좋다는 동네로 이사간다.

우리가 자라던 과거의 생활환경과 너무 많이 달라져 정말 믿고 놀 수 있는 곳이 없다. 주변에 놀이터도 골목길조차도 언제 지나갈지 모를 자동차 때문에 안심할 수 없다. 겨우 해결할 수

있는 방법은 일가친척을 가깝게 살게 해 의존하는 방법을 쓰고 있지만 그 방법은 일시적이고 한시적일 뿐만 아니라 노후복지를 갉아먹는 일이다. 그래서 요즘 부모들은 자식 키워달라고 부탁하지 않은 자식이 효자라고 말한다.

북구문화의 집은 프로그램과 아이템으로 광주에서 소문난 공간이다. 프로그램이 좋고 오랫동안 쌓인 노하우로 신뢰가 두둑하다. 그것도 자연생태계와 연계시킨 프로그램, 아이들이 직접 만들고 조작할 수 있는 프로그램, 혼자 할 수 없는 놀이와 체험을 기획해 함께 만나고 어울리는 프로그램을 꾸준히 진행하고 있어 돋보인다.

대표 프로그램은 '리빙메이커의 집'과 '바퀴달린 학교'다. 수년 동안 진행되어온 프로그램은 리빙메이커의 집을 통해 아파트 숲에서 체험가족을 하거나 일상에서 필요한 살림살이를 만든다. 캠핑목공메이커연구소에서 소소하게 필요한 캠핑테이블, 식사를 마치면 마시는 커피를 더 멋진 분위기로 안내하는 드립커피 스탠스를 비롯해 미니 원목 도마를 만들고, 새로운 출력문화인 3D프린터 관련 기초 교육을 실시한다. 퇴근 후 무료로 참가할 수 있으면서 시간을 알뜰하게 활용할 수 있도록 번개반과 상설반으로 나누어 목공, 에너지, 우리 동네 만들기, 반려동물, 생활용품, 캠핑 등과 관련된 생활용품을 만들 수 있도록 했다. 어른들의 참여를 이끌 수 있도록 하면서도 어린이 목공학교로 성장하는 아이들의 손재주를 키우는 환경을 만들어주었다.

바퀴달린 학교는 공간을 이동하여 활동하는 경우가 많다. 참가대상은 아이들로 괴짜소년단은 고카트를 제작하고, 땅과 예술이 만나서 흙벽돌 심기, 비오는 날 정서를 북돋기 위해 북문집에서 만나고, 도시를 벗어나 수북마을을 산책하거나 에너지실험을 통해 괴짜들의 개성을 발휘해 공간을 꾸밀 수 있도록 했다. 아이들의 참여를 유도하기 위해 주말에 여는 건축반, 나만의 팽이와 연을 만들도록 유도했다.

무릎학교를 통해 담력을 키우거나 독립심을 키울 수 있도록 하였다. 도시남자들의 여름나기나 시골집 이야기, 옆집에 사는 재주 많은 주민들을 만나 서로 도울 수 있는 지혜를 엿보게 한다. 혼족 시대에 더 맛있게 밥상을 차릴 수 있도록 집밥 경연대회를 열기도 한다.

전통이 대부분 사라지고 있다. 디지털 산업이 과거보다는 미래를 향한 희망으로 강조되고 있다. 전통이 디지털 공간으로 들어가고 디지털 공간은 전통문화의 향수를 끌어내 감성을 자극한다.

북구는 개발이 더딘 탓에 전통적인 분위기가 삶을 묶고 있다. 북구문화의 집이 지향하고 있는 것은 우리, 함께, 인간미가 문화의 집 거실 공간을 통해 공유되기를 희망하고 있다. 전통적인 상거래 현장인 말바우 시장이 머지않아 변화할 것이라는 염려와 같은 맥락인 것이다.

교육은 북구의 미래다
- 마을 교육은 북구의 또 하나의 견인차다

한 아이를 키우기 위해서는 온 마을이 필요하다는 말이 있다. 다양한 세상은 다양한 환경이 필요하다. 오늘날 교육은 학교에서만 책임질 수 있을까? 학교 중심의 교육은 변화무쌍한 현실 세계를 책임질 수 있는 방향에서 보면 한계점에 왔다는 인식이다. 가정에서는 맞벌이로 대응하기 힘들고, 학교에서는 변화된 세상을 섬세하게 감당할 수 있는 인프라가 부족하다. 이제 지방정부와 동네에서 고민하지 않으면 안 되는 시점까지 왔다는 뜻이다.

그럼에도 교육 현장 정서는 교육청의 관 중심으로 책임져야 한다면서 마을 사람들은 교육과 별개처럼 인식되고 있다. 이미 마을 안에는 사교육이 있고, 공교육을 뒷받침하기 위해 가정과 사교육기관이 연결되어 있는 점을 간과한 것이다. 공교육의 내실화 문제는 곧 동네 문화를 바꿀 수 있는 계기도 된다. 단순하게 지식전수의 연결고리만 두고 생각하면 이해관계의 사슬고리가 되지만 마을의 다양한 인프라를 그대로 학교 교육과정에 반영하여 체험하게 하고 실습하게 한다면 동네의 교육인프라는 더 활발하게 연결될 수 있을 것이다.

교육을 중심으로 마을공동체를 만들자는 뜻이다. 그냥 단순하게 기계적 연결이 아니라 사회적 공유자산의 개념으로 공동체를 강화하는 길이다. 사회적 협동조합을 통해 교육과 관련된 다양한 인프라를 공유자산으로 묶는다. 이렇게 설정된 인프라를 학교와 지역이 각각의 역할을 나누어 맡는다. 공공개념 안에서 학교는 프로그래밍을 주도하고, 학교의 유휴공간을 활용할 수 있도록 개방하면서 지자체의 공유자산을 저렴하게 활용하는 것이다. 그러면서 지역은 체험과 실습이 가능한 인프라를 확보하고 조직화하고, 학교는 그 중심 역할을 하는 것이다. 이를 묶어서 학교와 동네가 유기적인 네트워크로 교육협동조합 활동을 하는 것이다.

이런 환경은 될 수 있는 대로 지방정부나 지방의회가 기초 환경을 만들어주어야 한다. 예컨대 학교 시설을 활용할 수 있는 조례를 제정하거나 상위법인 초중등교육법이 개정되도록 입법청원을 해야 한다. 그런 점에서 마을 교육공동체는 가야 할 길이 멀다. 학교 안에서는 교육과정 운영, 행정적 관리책임, 교육활동에서 대외적인 연계 활동의 범위와 인정 등을 조율하는 법적 제도적 장치가 필요하고 학교 밖에서는 협동조합 결성과 지역 인프라 파악, 인재육성 등이 필요하다. 이런 방향으로 조금씩 조금씩 변하고 있지만, 중앙정부의 노력은 절대적인 영향을 끼친다. 이렇게 마을 교육공동체가 제안된 뒤로 개선되어야 할 일은 여전히 산더미처럼 많다.

사회적경제는 지역경제를 살리려는 지역민들의 자발적인 자력갱생의 몸부림이다. 특히 마을 교육 관련 분야와 지역사회에 잠들고 있던 인프라를 끌어내는 동시에 공동체 정신을 바탕으로 마을의 수익을 만들고 일자리를 늘려 공생하는 지역시스템을 구축하려는 것이다.

구체적인 로컬 개념으로 교육을 고민해보자.

구청에서 할 수 있는 교육이 뭐가 있을까 싶지만 많다. 다만 지금 개념으로는 교육과정상의 어떤 분야를 구행정과 결합할 것이 있을까 싶기 때문이다.

예를 들어 최근에 청소년단체 관련 조례를 만들었는데 논란이 많았다. 보이스카우트 활동을 예로 들면 방과후 활동이니까 학교에서 안 해야 하는 것인지, 그럼 지역사회에서 해야 하는 것인지, 학교에서 도와줘야 하는 것인지, 그런 물음을 던지는 것처럼 관리와 책임 문제로 논점이 달라지는 개념이 되고 마는데 청소년 활동이 지역사회와 연결해서 할 수 있는 일은 엄청나게 많다.

실제로 교육과정에 넣고 안 넣고는 먼저가 아니다. 다른 표현으로 말하면 정년 교원 활용문제로 보자는 것이다. 퇴직 교원들의 고급자원을 활용한 지역사회의 일은 많다. 지역아동센터, 엘로우존 또는 통학로 문제, 친환경적으로 사회 인프라를 바꾸는 문제 등을 예로 들 수 있다.

마을이 교육에 참여할 수 있게 하려면 학교의 움직임이 중요하다. 하지만 학교가 움직이지 않고 멈춘 이유는 교육과정이라는 제도적 환경이 강제하고 있기 때문이다. 교육과정인 시수, 수업, 장학, 교과 내용 등이 허용되지 않으면 밖으로 나가는 문제는 쉽지 않다. 그 밖에도 안전과 보호 문제, 책임의 실효성 문제, 법제적 허용의 범위 문제 등이 크게 작용한다.

고립이 더욱 확산되는 또 하나의 이유는 시대적 흐름인 단절적 아파트 생활에 있다. 다른 공간으로 이사 가기 위한 거점, 생활구조에서 공동체는 사라지고 정이 없는 상태에서 이것을 흔들 수 있는 대안은 마을공동체를 찾아가는 길이다. 동네가 한 아이를 키우겠다는 교육적 관점이 그 시작점이라고 본다. 사라진 동네 어른을 다시 모시고, 잘못한 것을 혼낼 수 있는 사람들의 역할을 찾아가는 것이야말로 마을 교육공동체로 가야 할 전형인 것이다.

청소년 활동을 통째로 학교에 맡길 수 없다. 공부의 내용도 공부를 해가는 과정도 달라진 세상 앞에서 학교는 느리다. 마을 교육문제를 인생 이모작과 관련해 지역에서 할 수 있는 또 다른 교육활동을 고민해야 한다. 지역에서 이 문제를 고민할 것을 제안한다. 인생 이모작이란 퇴직 후의 사회생활을 통해 자신의 규칙적인 일상으로 건강과 봉사활동을 하는 것을 말한다. 이를 관리할 센터를 일명 '인생 이모작센터'로 체계적으로 대응하여, 퇴직 교사의 재능기부로 지역 사회부흥을 일으키면 마을 교육의 핵심축이 될 것이다.

방과후를 책임질 수 있는 공동체를 만들자

세상이 달라진 것을 체감할 수 있는 곳이 교육 현장이다. 아이들의 정서적 발달이나 예의범절, 인성 이런 것들은 사실상 어린 시절부터 가정과 동네의 교유관계 속에서 형성되는 것인데, 맞벌이 환경과 아파트 숲속에 쌓여있으면서 우리 아이들이 그런 기회를 다 잃어버렸다.

초등학교에 들어오기 전 철없는 상태에서 사람 관계를 익히지 못했으니 친구들과의 관계도 선생님과 관계도 좋을 리가 없다. 그 자식에 그 부모라고 부모들 역시 자기 자식 중심으로 빠져 혼란을 가중시켰다. 자식 중심의 부모 논리 탓이다. 학생 생활지도가 어쩌네!, 인성이 어쩌네! 하면서 내몰아 학교와 교사만 탓하고 있다. 매우 21세기 한국 사회가 잘못돼가고 있는 반증이다.

학교는 다양한 조건의 학생이 모여 산다. 그 조건의 대표적인 사례들은 빈부격차, 문화적인 성향, 가치 기준, 학습능력의 차이가 부딪히는 곳이다. 민감하고 예민한 조건을 아우르는 학교의 힘은 중과부적의 조건이라는 생각이 든다. 이런 학생들 중에는 어찌 할 수 없는 경우를 만날 때다. 집에서 관심을 기울일 수 없거나 심지어는 거부당하는 학생들까지 있다. 그런데 다른 학부모들은 성적만 관리해달라고 매달리면서 더 세심하게 신경써야 할 학생들을 차단하게 만든다.

옛날 고려장 이야기처럼 노인의 지혜가 필요 없다면서 내팽개쳐 경험의 지혜가 실종된 교육 현장이다. 구성원 모두가 나서 마을이 다시 아이들을 어떻게 키워나가고 마을이 어떻게 공동체성을 확보해 나갈 것인가에서 경험의 지혜는 중요하다. 혹자는 AI 시대에서 어른이 필요 없는 시대라고 삶의 지혜를 무시하지만, 모두가 AI로 사는 게 아니다. 그래서 아이들 교육만이 아니라 그들이 노인의 나이 때까지 살아갈 수 있도록 일생을 통으로 엮어가는 삶의 공동체가 될 수 있도록 접근해야 한다.

마을 교육공동체 운동은 고 박원순 서울시장의 '마을이 학교다'는 슬로건에서 시작했다. 그런데 이 마을 교육공동체에 대해 학교 선생님들은 학교 교육의 보완개념으로 받아들였고, 지역에서는 자생력을 위한 공동체적 모색으로 바라보고 있다. 서로 필요한 이해관계의 문제이고 관심이다. 마을 안에 있는 모든 요소가 마을공동체의 한 부분으로서 작동하고 결합해야 한다. 학교도 마찬가지다. 궁극적으로 우리 지역의 광주가, 구가, 동이 사람이 살만한 곳인가를 따지는 지표와 방향으로서 마을 교육공동체가 논의되어야 한다.

두 번째로 경계해야 할 문제는 지자체에서 자꾸 일자리 문제, 먹고 사는 문제로만 달려가고 있다. 그래서 매달리는 문제가 돈을 얼마나 끄집어 올 것이냐, 일자리를 얼마나 만들어 낼 것이냐에 집중되고 있다. 그것도 필요하다. 하지만 자칫 이명박식의 '부자되세요'의 분위기가 되고 마을공동체 활동과 부자되기 개념이 같아질 수 있다. 엉뚱한 부자 허상에 갇히는 순간 뭔가가 생기는 것이 아니라 꼬일 수 있다.

세 번째는 광주는 문화수도다. 우리가 문화를 만들고 공유하자 이런 식이 아니라 문화수도에 걸맞게 도시 에너지가 움직일 수 있도록 해야 한다. 문화의 전당 건설은 형식을 갖추는 일이고, 문화예술의 내용을 어떻게든 계발하도록 교육을 움직이게 만드는 일이다. 과연 광주에 사는 우리 청소년들이, 어른들이 생활 속에서 문화를 얼마나 향유하고 있는가 살펴볼 필요가 있다. 예를 들면 붓, 부채, 한지, 소금, 한복, 생활자기 등을 접하고 있는가? 눈여겨볼 필요가 있다. 일상활동이 예술제로 승화될 수 있는 힌트와 단서를 찾도록 환경을 살피는 일을 해야 한다.

어릴 적에 호남예술제가 있었다. 그때는 신문사와 교육청이 대대적으로 움직였다. 그래서 시도 써보고, 그림도 그리고 해서 출품도 해보고 했는데 요즘엔 그런 것들이 일상화되지 않고 전문화된 게 문제다. 문화수도의 시민으로서 대체 나는 문화인으로서 무엇을 참관하고 무엇을 향유하고 무엇을 공유하고 있는지 잘 모른다. 그리고 일부 예술인들로, 예술의 거리만 조성해 놓으면 문화가 되는 것인냥 이야기를 하는데, 그런 부분을 근본적으로 광주시민이 누려야 할 삶의 질이 개선되는 방향으로 문화수도 정책을 가져오고 문화수도 정책이 각 구별로 나누어져야 한다. 우리 구는 어떠한 문화적인 것들을 만들어 낼 것인가. 어떻게 보존할 것인가를 중심으로 그것을 지역에서 유통할 수 있도록 여러 가지 문화가 전승되고 계승될 수 있도록 공간을 제공하는 것이다. 그리고 교육 프로그램을 유지할 수 있도록 전문가를 양성하는 것을 뒷받침하는 것이 학교 교육일 것이다.

안 되는 부분에 대해 학교 탓만 할 수 없다. 학교 교육은 대학입시가 블랙홀처럼 빨아간다고 해도 학생들은 학교에서 축제를 하고 체험 활동도 한다. 그 활동의 내실을 기하기 위해 협력적 노력을 얼마든지 할 수 있다. 학교의 요청이 없으면 불가능하다지만 학교가 고민하는 지점에 맞춤형으로 지역에서 프로그램을 학교에 던지면 될 것이다. 코로나19 이전에 결합한 자유학기제 결합이 그 형태이다.

아무 곳도 그런 것을 하는 데가 없더라도 초등학교, 중학교에도 정보가 부족하거나 지역을 모니터링할 수 있는 통로가 없어 안 되는 경우가 더 많다. 그것은 지역사회가 오히려 학교나, 교육청에 요구해야 한다. 우리는 이런 게 있다, 이것을 해볼 수 있다. 광주의 교육청이 왜 이런 걸 안 하세요? 광주의 선생님은 왜 이런 걸 안 하세요? 광주의 학교는 왜 이런 것을 안 하세요? 우리 지역의 특색에 맞는 교육을 우리 지역 초등학교에 맞춰 프로그램을 해줘야 할 것 아닙니까? 다른 교육청에서 다 하니까 우리도 언제가 할 것이라고 쳐다만 보고 있지 말고 지역에서 먼저 요구를 해야 한다. 요구를 하면서 동시에 동네의 자원 정보를 제공받을 수 있도록 해야 한다. 우리 아이들 이렇게 키워가겠다. 아이들은 이런 게 필요하다. 아이들을 위해 교육장, 교육감, 학교장의 역할은 정무적인 일을 넘어 지역공동체 문제로 받아들이고 나서야 한다.

다른 지역에서 배워와야 할 것은 다음과 같은 것이다. 서울의 은평구, 성북구, 노원구 이런 곳을 견학하고 지역에 맞게 점검할 필요가 있다. 송파구는 송파구센터 건물을 지어줬는데, 구청 안에 청소년과가 있다. 1과 3팀으로 청소년 정책팀, 육성팀, 보호팀이 전담해서 가능한 것이다. 구청에 교육 지원예산이 어떤 식으로 학교에 쓰이는지, 우리 지역의 광산구 같은 경우는 학교 공간 바꾸는 작업에 사용하고, 시에서 마을 지원예산으로 카페로 하고 있는데 이것이 마을과 학교가 만나는 연결고리가 될 건데 자치예산으로 하는지, 교육청 예산으로 하는 게 맞는지 정리가 필요하다.

현재 마을 교육공동체 사업도 시예산으로 하고 있다. 마을과 지역과 교육청이 함께 풀어야할 문제 하나는 방과후에 대한 부분이다. 정규수업은 학교가 책임지고 방과후는 마을과 지역이 책임진다. 이것이 지역아동센터와 청소년 관련된 기관들을 중심으로 하는 마을 돌봄 체계이다. 방과후 활동은 가정에서 할 일을 지역에서 공동체가 해야 하기에 지역 중심으로 움직여야 한다. 유럽학교는 1학교 1센터를 지정하여 운영하고, 국가정책으로는 청소년문화의 집을 동별로 만들어 인프라를 확장해야 한다. 도시재생사업으로 동별로 늘려서 그 센터에서 방과후를 책임질 수 있는 구조를 만들어내는 것이 가능한 방안일 것이다. 센터를 거점으로 운영하면 진로나 교육 복지 이런 것들이 모두 구성될 수 있다.

문화가 미쳐야 할 이유
- 문화는 미쳐야 미친다(不狂不及)로 통한다

그동안 살면서 '미친놈' 소리를 들어본 적이 있는가? 생각해 봤다. 상대가 하는 어떤 일이 이해가 되지 않거나 마음에 들지 않으면 "너 미쳤구나"라는 표현을 쓴다. "그 사람에게 미쳤구나." "너 미친 듯이 빠져든다" 등등 심한 표현인데 생활 속에서 쉽게 쓴다는 것을 의식해 본다.

이 말은 본래는 "若汝不狂 終不及之(약여불광 종불급지)"로, "미치지 않고서는 끝내 그곳에 도달할 수 없다"는 뜻이다. 또 '불광불급(不狂不及)'은 최흥효라는 조선 중기 명필가가 과거를 위해 시험장에서 시험을 치렀는데, 자기가 도취할 정도로 잘 써져서 급제를 포기하고 집까지 가져오는 미친 짓을 한 것에서 유래됐다고 소개되고 있다.

약간의 맥락이 다르지만, 예술은 미쳐야 작품이 나온다고 한다. 예술만이 아니다. 어떤 일이든지 미친 듯이 몰입해야 성공할 수 있다는 말일 것이다. 일반적으로 "저 사람 미친듯이 매달린다. 저러면 성공하겠는데"처럼 문화인들에게만 쓰는 표현이라기보다 무엇인가 혼신의 정열을 쏟아야 성공도가 높아진다는 의미의 표현이다.

나는 미친 기질이 있다. 무엇을 하겠다고 목표를 가지면 미친 사람처럼 매달린다. 이 때문에 어려운 고비를 풀 때도 있었다. 국가보안법으로 광주교도소에 들어가서 일어난 일이다. 교도소 감방 생활은 철저하게 서열순위에 의해 역할이 나눠져 있다. 이 서열을 흔든 것도 다 나의 미친 짓 때문이다. 나는 부당한 일을 만나면 벽에 머리를 부딪쳐 가면서 진상 아닌 진상을 피웠다.

이처럼 누구나 자기식의 미친 끼가 있다. 그 끼를 예술적으로 다듬으면 예술적 작품이 된다. 그 잠재능력을 끌어낼 계기를 만나지 못해서 끼를 발산하지 못한 사람이 대부분이지 누구나 전혀 없는 것은 아니다. 예컨대 나는 노래를 좋아한다. 노래를 부르면 못한다는 소리를 들은 적이 없다. 내가 그 재능 방향으로 미치지 않아서 가수로 등극하지 않았을 뿐 아닐까? 2023 창원장애인사격월드컵대회 전야제 때였다. 세계 41개국 선수단과 국제연맹 관계자가 모인 자리에서 회장인 나에게 흥을 돋우라는 사회자의 명을 받았다.

노래를 부르자 난리가 났다. 외국 선수들은 가사 내용을 모르는 데도 앵콜을 연호하면서 환호했다. 이미 K-pop가수가 된 것이다. 한류문화 탓이 컸겠지만, 나의 노래 솜씨도 한몫(?)했다. 우리 민족은 흥이 나면 어깨춤을 출 가락이 절로 터져 나온다. 그 흥이 문화를 수준 높게 만든 바탕이라고 믿는다. 전라도의 흥은 그래서 문화의 땅을 일군 원천이라는 칭찬을 받는지도 모른다.

 북구는 문화가 숨 쉬는 구다. 그래서 문화예술 공연장이 있고, 문화 관련 인프라가 좋다. 동구에 아시아문화전당을 짓기 전까지 북구는 문화공연의 중심지였다. 그렇다고 지금은 아니라는 말을 하는 것이 아니다. 그 역시 문화적 배경이 탄탄했기 때문이다.

 아쉬운 점은 문화를 대중적으로 향유할 공간이 빈약하다. 특히 북구의 동쪽인 동광주 쪽은 공연 공간과 문화적 체험공간이 별로 없다. 몇 번이고 강조하지만, 망월 묘역 인근과 우치공원 일대를 오월 민주문화벨트로 새롭게 추진해야 한다. 그냥 노는 곳이 아니라 민주, 정의, 문화가 복합적으로 숨 쉬는 곳을 만드는 일이다. 이 일에 미치고 싶다. 우리가 잘 살 수 있을 때까지 달려가고 싶다.

더 아프지 않을 오월을 위해

 올해로 43주기다. 광주의 5.18은 아프고 오래된 기억이다. 매년 5월을 맞으면 많이 많이 아프다. 노랫말 "왜 찔러니, 왜 쏘았니, 트럭에 싣고 어디로 갔니?"로 묻는 5월이 되면 나만 고통인 것은 아니다. 광주 자체가 트라우마에 빠진다.

 왜 그랬는지, 알고 싶다. 5월을 되묻는 세월이 반세기가 가까워지는데도 왜 그랬는지 아직도 오리무중이다. 치유는커녕 위로가 턱없이 부족한 데도 지친 목소리로 그만하자고 하는 소리가 커지고 있다. 이제 더 이상 반성을 요구하지 말고 화해와 감사모드로 전환하자고 주장한다.

　틀린 말은 아니다. 반세기 가깝도록 소멸되지 않은 궁금증이지만 한없이 미움 가득 분노로 바라볼 일일까 싶기는 하다. 그렇다고 미움을 그만두자는 말도 맞는 말이 아니다. 해탈의 경지처럼 용서와 화해는 햇볕 앞에 젖은 물기를 털어낼 수 있듯이 쉽게 할 수 있는 일이 아니다.

　인간사에서 용서와 화해는 어려운 숙제다. 맞고 틀린 말이 아니다. 진심이 깔려야 하는 것이고 치유 과정에서 포용적 승화가 필요한 일이다. 억울하게 돌아가신 분들이 살아 돌아올 수 없다면 값진 희생만큼 억울하지 않게 만들어야 한다. 그분들을 두 번 죽일 일은 아니다.

　가장 억울하지 않도록 하는 일은 잘 모르는 사람들이 피해자들에게 억장이 무너지는 억지 시비를 하지 않도록 하는 것이다. 반성하는 듯이 말한 뒤 가짜 속내로 또 속이는 태도를 가져서는 안 된다. 우리는 보았다. 원흉의 전두환, 노태우부터 비난 세력의 지만원, 태영호까지 고스란히 목격했다. 옳은 말을 외쳤다고 날벼락을 맞은 피해자들에게 피해자 코스프레라고 비아냥거리거나 그만 우려먹으라고 몰아세우는 뻔뻔한 태도를 보이는 것을 지켜봤다. 희생자들은 엄청난 희생이고 일방적인 가해로 빚은 절대적인 피해다.

역사를 밝히자는 것은 한 맺힌 것을 두고 지치니 주저앉혀야 할 문제가 아니다. 아픈 역사가 많은 이 땅의 역사는 제대로 치유 과정을 못 가진 채 다시 고통을 켜켜이 쌓아 올렸던 것이 문제였다. 일제 식민지, 외세와 유착된 독재, 그리고 자국민을 향한 5월의 총부리는 최악의 폭력적 고통이다. 폭력의 트라우마는 쉽게 소멸되지 않는다. 인정해야 한다. 특히 집단적 충격은 유전적으로 계승된다. 그것은 피해의식으로 역사가 되고 문화가 되는 것이다.

오월의 역사는 쉽게 이야기하고 지워갈 주제가 아니다. 그렇다고 근엄하고 엄숙하게만 박물관에 포장해 둘 일도 아니다. 오월은 시민군이 만든 민주주의고, 시민군이 살려낸 정의이다. 오월은 대한민국 민주주의의 산실이 아닌가. 골목에 솥단지를 걸고 주먹밥을 나누는 공동체였고, 청춘남녀가 일군 사랑의 헌신이었고, 남녀노소가 서로서로 맞잡은 자발적 방어권 행사였다.

광주의 문화가 아름다운 이유다. 나보다는 우리, 우리보다는 민족의 생존을 함께 껴안은 문화가 있는 곳이다. 그저 5월을 기억하고 그저 5월을 지키려는 것을 넘어 오월 정신을 계승하고 가치를 지키려는 노력이 줄을 잇고 있다. 나는 도처에서 움직이고 있는 이 흐름들을 주목하고 있다. 그런 연장 선상에서 통큰 제안을 하고 싶다.

망월동 일대에 오월민주랜드를 만들 것을 제안한다. 중국의 고대 사상가 장자는 아내의 죽음 앞에 춤을 춘 일화로 유명하다. 장자의 춤은 자연으로 돌아간 아내에게 축하 세레모니를 한 것이다. 오월을 승화시키는 중요한 힌트라고 생각한다.

오래도록 오월 역사를 지키는 것은 박물관으로 보내는 것보다 계엄군이 물러간 오월 해방 기간 벌어졌던 민주, 평화, 공동체, 자치, 신뢰, 소통 등을 배우는 실천 학교를 만들 때 오월 혼불이 된다. 우리뿐만 아니라 세계인이 오월을 배우고 오월을 생활화하는 K 컨텐츠문화 학교를 만들어 세계인들이 찾도록 한다. 망월 묘역을 쉽게 찾도록 그 주변에서 새로운 민주주의 게임과 예술행위를 체험하게 하는 것이다.

문화를 즐기는 세계인들이 모여들어 5.18시간 음악제를 열거나 요리 전문가들이 518미터 주먹밥 대회나 김밥 대회 등을 개최하는 최대 규모의 난장을 만드는 것이다. 오월과 고유한 광주의 김치가 만나거나 오월과 부채, 오월과 진다리붓이 만나는 등 518가지로 오월을 브랜드화시키는 것이다.

이를 디지털 컨텐츠로 재구성하거나 영화적으로 종합화해 가는 것을 통해 오월을 업그레이드하는 것이다. IT 강국인 대한민국에서 5.18메타버스 공간을 만들어 시민군과 계엄군의 폭력을 체험하게 하거나 5.18가지 디지털 컨텐츠를 공모한다면 다양한 체험공간을 만들 수 있을 것이다.

더 아프지 않은 오월을 만드는 것은 역사를 승화시키는 일이다. 희생이 값진 몫을 할 수 있는 것은 잊혀지지 않고 오래오래

모셔질 때다. 우리 조상들은 제사상을 모시기 위해 음식을 만들고 일가친척이 만나 협력하고 소통하고 난 다음 제사를 올렸다. 그 문화에서 현대적인 감각으로 힌트를 끌어올 일이다. 오월이 우리에게 준 교훈은 공생과 공존의 민주주의 문화다. 오월랜드를 통해 놀이와 문화, 추모와 실천이 함께 버무려지는 역설의 오월을 꿈꿀 때 치유의 오월로 나아갈 것이다. 더는 아프지 않을 오월을 꿈꾼다.

무등산이 품고 있는 문화유산
- 무등산의 '분청사기' 이야기

1961년 충효동 도요지가 처음으로 학계에 알려졌다. 그러다가 1963년 국립중앙박물관 조사팀에 의해 발굴되면서 '한국도자사'연구에 중요한 자료로서의 가치가 인정되었다. 자료에 의하면 1964년 무등산 충효동, 금곡동 산 일대 주변의 5곳이 사적 141호로 지정되었다.

투데이광주전남의 정성환 기자는 무등산의 도자기 문화를 취재하면서 도자기를 다음과 같이 정리하였다. 천년의 시간을 간직한 고고한 비색의 '고려청자'와 소박하고 우아하면서도 호방한 '조선백자', 실용적이며 자유분방하고 활력이 넘치는 '분청사기'로 구분했다.

우리 조상들의 도자기 문화는 고려의 청자와 조선의 백자로 대표된다. 뛰어난 질감과 화려하면서도 깊은 느낌을 주는 청자와 서민들의 질박한 삶을 닮은 듯 평화로운 백자는 각각 자기 색깔을 띤다. 청자와 백자 사이의 분청사기는 또 다르다. 청자에서 백자로 넘어오는 사이에서 등장한 도자기가 분청사기라고 한다.

분장회청사기의 준말인 분청사기는 고려 이후 이어오다 15~16세기 200여 년간 집중적으로 제작되었다. 이후는 표면분장이 백자화되어 가다가, 임진왜란 이후 발전하지 못하고 소멸되었다고 한다. 이 분청사기가 무등산 자락에서 만들어졌던 것을 기억하고 알려야 한다. 분청사기는 투박하지만 친숙한 서민들의 질박한 삶을 닮았으며, 해학과 실용성을 강조한 다양한 모양들이 많으면서도 그 예술성을 인정받았다.

이 분청사기는 고려의 몰락과 조선 건국 사이에 등장한 새로운 시대의 그릇이었지만 이 시기에는 원나라의 간섭과 왜구의 침입이 심했다. 그릇을 빚던 도공들은 해안가의 강진이나 부안에서 청자생산이 불가능하게 되자 구울 수 있는 흙이 있는 곳을 찾아 전국으로 흩어지게 되었다고 한다.

무등산 일대에서도 청자, 분청사기, 백자 등 여러 종류의 도요지가 발견되었다. 광주 금곡동과 충효동 같은 무등산 자락에 정착하면서 자기를 구워냈던 것이다. 충효동 요지가 있는 금곡(金谷) 마을은 옛 이름이 '쇠골마을'이다. 이곳에는 임진왜란 당시 김덕령 장군이 무기를 만들었던 제철 유적지인 '주검동'도 있다. 이 주변은 물과 흙이 좋고 땔감이 풍부하여 솜씨 좋은 도공들이 모여든 것이다. 소박한 분청사기의 시대가 열리자 실용적인 그릇이 요구되는 사회 분위기에 맞춰 도공들은 취향에 따라 다양하고 자유분방한 그릇을 만들게 된다.

이처럼 무등산 분청사기는 북구 문화가 안고 있는 깊은 예술미다. 무등산의 지질학적 특성이 그대로 반영된 충효동 요지는 사적지로 지정되었고 무등산권 유네스코 세계지질공원 명소로 지정되었음에도 그렇게 큰 관심을 끌지 못하고 있어 안타깝다.

이곳 가마터는 고려 말부터 조선 초까지의 도자기를 생산했던 곳으로, 3m가량의 도자기 파편층은 고려 시대의 청자는 맨 밑에, 조선 전기에 만들어진 분청사기는 중간에, 조선 후기의 백자가 가장 위에 묻혀 있어 분청사기부터 백자까지 6단계의 퇴적층이 잘 보존되어 있어 도자기 변천 과정을 잘 보여주고 있다고 한다.

잠든 북구를 일깨울 수 있는 곳이 무등산이다. 역사적으로 가치를 담고 있는 분청사기 같은 자원을 시작으로 전라도의 문화를 이끌 수 있도록 해야 한다.

분청사기란 용어는 1930년대에 미술사학자 고유섭 선생이 당시 일본인들이 사용하던 미시마(三島)란 이름을 부정하고 새롭게 이름을 지은 '분장회청사기'의 약칭으로, 회색 또는 회 흙색의 태토(胎土) 위에 백토로 표면을 분장한 다음 유약을 입혀서 구워낸 자기를 뜻한다.

임진왜란 같은 사회적 변화를 겪으면서 경기도 광주 일대에 왕실과 관아에 납품하는 백자가 생산되었고 국가의 지원을 받지 못한 분청사기는 더 이상 발전하지 못하고 서서히 백자에 흡수되면서 역사 속으로 사라져갔다.

분청사기는 투박하지만 친숙한 서민들의 질박한 삶을 닮았으며, 화려한 청자와 유교적인 백자 사이에서 해학과 실용성을 강조한 다양한 모양들로 서민들의 많은 사랑을 받았던 도자기로써 현대 도예에서도 그 예술성을 인정받고 있다.

현대 도예의 거장 영국의 버나드 리치(Bernard Leach, 1887~1979)는 "현대 도예가 나아갈 길은 조선 시대의 분청사기가 이미 다 제시했으며, 우리는 그것을 목표로 해서 나아가야 한다"며 대한민국의 분청사기의 가치를 높이 평가했다.

짧은 시기 가장 자유롭고 파격적이었으며 왕실과 서민, 모든 이에게 사랑을 받았던 분청사기의 아름다움이 현재까지 전해져 오고 있다.

자연 속의 문화예술과 무등산의 가능성

무등산은 문화예술의 각종 부품들이 모인 저장고다. 무등산 자락에는 16개 자연부락이 그 주인공들이다. 각 마을마다 문화예술을 빛낼 자기 색깔의 옷을 입고 있다. 그 옷이 제대로 입혀지면 무등산의 가치가 더 빛날 것이다.

석곡동 월산부락 천연염색 공예 마을, 분토마을의 효소, 등촌마을의 두부와 콩, 신촌마을의 막걸리, 금곡마을의 수박과 분청사기, 평촌마을의 국립 명품 마을과 반딧불 축제, 충효마을의 김덕령 생가터, 석저마을의 무등산생태호수공원, 수리마을의 민속마을까지 무등산의 도처에는 문화의 숨결로 숨 쉬고 있다. 화암마을에는 빛고을 기악을 이끄는 황승옥 명창의 소리가 자연의 소리를 지키고 있다.

무등산은 인의예지신을 다 품고 있다. 인은 모든 시민들의 성품이 어질고 착하다. 어진 마음은 역사 속에서 의로 승화됐다. 의의 대표적인 인물들은 조선 시대 임진왜란 때 고경명, 김덕령, 김천일, 양대박, 유팽로 등 많은 사람들이 의병을 일으켰다. 무등산을 품고 자란 의인들과 후손들에게 예의와 믿음을 지켜주고 있다.

그 가운데 광주를 지킨 의병장 중에 대표적인 인물이 김덕령 장군이다. 김덕령 장군은 사연이 무궁무진하다. 말바우 시장의 유래도 그렇지만 광주가 의의 고장이 된 것도 김덕령 장군이다고 해도 과언이 아니다. 당시 사람들은 나라를 위해서 수많은 공을 세우고도 억울하게 모함당한 김덕령 장군의 죽음을 기리고 받들었다.

여기서 김덕령 장군을 살린다고 고전적인 충효에 갇히지 않아야 한다. 김덕령 장군의 도술놀이를 게임으로 키워내고, 의로운 장군의 뜻을 기리기 위해 생가를 복원하고, 놀이터를 재현해야 한다. 말 타고 뛰놀던 과거의 김덕령 장군을 오늘의 김덕령으로 재현하는 것이다. 과거와는 달라진 충효 이벤트를 현대적으로 업그레이드시키는 것이다.

지금까지 5.18 때 광주를 찾아오는 내방객의 규모를 정확하게 파악하지 않았다. 스스로 찾아온 손님맞이가 소극적인 셈이다. 내놓은 것을 충분히 느낄 수 있도록 해야 한다. 예컨대 광주에 오면 광주의 화폐를 쓸 수 있도록 지역 화폐를 만들어 방문객이 10만 원 20만 원을 환전해 교통수단을 이용하도록 하고 역사와 문화예술을 트레킹할 때 혜택을 줄 수 있도록 하는 것이다.

그래서 호수생태 마을을 찾아 즐기고, 분청사기를 만들어 가져가고, 천연염색과 효소로 건강을 다지고, 두부와 통이 막걸리와 만날 수 있도록 하는 것이다. 이 마을 저 마을을 다 돌아다니도록 이동환경을 친환경적으로 만들어 운행하면 안전하고 편안한 서비스가 되는 것이다.

AI 자원을 활용하여 문화와 예술과 연결된 게임산업을 자극하는 것이다. 예를 들어 일본에서 만든 포켓몬스터 피카츄 게임처럼 인간과 포켓몬이 5월 정신을 탐정 콤비팀과 역사 속에 잠들고 있는 5월 정신을 찾을 수 있도록 만들어가는 것이다.

그래서 지역의 국회의원 역할이 중요하다. 그러지 않겠지만 시 구의원이 사회적경제를 일으키려고 해도 지역구 국회의원이 틀어버리면 할 수 없다. 임동 중흥아파트 이선진 프리마켓 활동가의 성공 사연이 교훈이 될 수 있다. 어느 지역 의원이 사회적경제 전문가인데도 아무런 기능을 못하고 있다면 무엇이 장애인지 추정할 수 있다. 그냥 지원해주면 되는 게 아니다. 왜 국회의원이 움직여야 하는지 알 수 있는 대목이다.

사회적경제를 일으켜, 시민들은 무엇을 해야 할지, 시민들이 무엇을 할 수 있는지 등 자기 답을 찾아가도록 환경을 만들어야 한다. 거대 자본의 횡포를 끌어들이는 신자유주의에 맞선 대응책으로 시민 스스로 만들어 갈 때 시민들의 삶은 더 나아질 것이다.

4장
정치는 균형이다

균형 잃은 민주주의를 넘어
정치를 혐오하면 안 되는 이유
존경하는 김대중 선생님, 보고 싶은 김대중 선생님
광주정신의 세계화를 위하여
시민을 위로하는 희망의 지역정치는 없을까?

과거형 북구는 민주화의 성지 광주희생을 물은,
한의 망월 묘역을 품은 땅이다.
미래형 북구는 대한민국의 헌법의 가치를 지킬
5월 정신을 품고 있는 희망의 땅이다.
단순히 광주 북구가 아니다.
행정구역을 넘어 광주정신을 품고 있는 블루오션이다.
잠들어 있는 남도땅의 한켠이 아니라 희망을 일구는
대한민국의 에너지가 숨 쉬는 곳이라는 자긍심을 가져야 할 북구다.
그 가능성을 이끌 이야기의 화두를 담았다.

균형 잃은 민주주의를 넘어

우리 정치사에서 보수정당이 한심한 것은 오래된 사실이다. 식민지와 군사독재 시대를 거치면서 억지를 부려가며 보인 부당한 현실을 너무 많이 보았기 때문이다. 광주는 그 한복판을 거쳐갔다. 이토록 참담한 경험을 거친 지역이 있었던가. 상상할 수 없는 일이었다. 자국민을 향해 총부리를 겨누고 수백 명의 시민이 희생의 재물로 바쳐진 그 경험은 충격을 넘어 두려움과 공포로 다가왔다.

과거를 놔두고라도 21세기 이후부터만 보더라도 광풍과 무능은 광우병 수입소고기 파동으로 시작됐다. 차가운 맹골도 앞바다에서 세월호를 탄 수백 명의 승객들이 침몰해 죽어가도 구조 대책은 없었다. 세월이 흘러도 그 세월호와 달라진 게 없는 서울 한복판 이태원 참사는 그 맥락에서 우리에게 트라우마 재현인데 그들에게는 충격도 아니다. 서울 번화가 한가운데에서 벌어진 사회적 참사는 그들에겐 그냥 익숙한 죽음의 행렬로 이해되는 모양이다. 그래서 탓한다. "왜 놀러갔냐"고. 우리는 기가 막힌 말 앞에 할 말을 잃었다. 거짓말하고 억지 논리를 붙이는 게 습관이 된 그들에게 모르쇠가 익숙하다. 5월 광주에서 자국의 국민을 향해 쉽게 총부리를 겨누고 아직도 책임지는 사람이 없듯이 그들이 지켜온 역사의 일관성이라고 이해된다. 그보다 더 멀리 이승만 정권은 3.15 부정선거 뒤 국민을 향해 총칼을 휘둘렀다. 이것이 그들의 역사다.

그때마다 국민은 저항했다. 부당한 현실에 맞서서 초개와 같이 목숨을 내던졌다. 그 핏줄을 외면한 채 양심적인 세상만 만들면 된다고 생각하고 안일한 태도를 취했다. 수도 없이 많은 동지들이 감옥에 갇히고, 목숨을 던졌지만, 그들은 반국가 괴담이라고 폄훼했다. 그리고 친일을 서슴지 않고 했고, 적대적 외교 프레임으로 국가 안위를 위태롭게 만들었다. 그런데도 분노할 수 없는 현실이 웃프다.

그렇다고 민주 세력이 대통령이 되고 국정을 책임졌지만 박수받고 환영받은 것도 아니었다. "그놈이 그놈이다. 이놈이나 저놈이나 같다"는 혼란만 가중시켰다. 국가와 국민의 안위를 위해 치밀하고 분명하게 선을 긋고 가지 못했다. 국익과 관련해 일으키고 있는 실책을 보고도 30%가 무너지지 않고 콘크리트 바닥 같은 지지율을 보내는 현실이다. 상식적으로는 도저히 납득이 되지 않는다. 그게 현실이다. 내가 옳다고 주장해도 상대가 이해하지 못하고 받아들이지 않으면 바뀔 수 없다. 정치가 해야 할 지점이 참 어렵다. 무엇이 문제일까?

근본을 다시 생각하자. 민주주의가 무엇인지, 자유가 무엇인지, 평등이 무엇인지 생각한다. 민족은 무엇이고, 통일은 무엇인지 생각해야 우리가 살 수 있는 길을 찾을 수 있다. 민주 세력이 놓친 부분을 들여다보고, 민심이 요구하는 내용을 청취하면서 방법을 찾지 못하면 절멸의 벼랑으로 내몰릴 것이다.

첫째, 대중에 대한 이해가 문제다. 대중은 결코 우매하지 않다. 대중은 삶의 실전에서 가감하지 않고 생각을 갖는다. 그들은 균형미를 찾아 합리적 판단을 한다. 그런데 지도해야 한다고 생각하거나 책임져야 한다고 착각한다. 정치적으로 대중은 지도 대상도 책임 대상도 아니다. 대중은 정치인이 살리는 책임 대상이 아니다. 대중이 선택한 자기 삶을 편하게 살도록 도와주는 그 이상도 그 이하도 아니다. 그런데 책임진다는 생각까지 했다면 무리다.

둘째, 정세판단의 오류를 범해서는 안 된다. 정세를 잘못 읽는 첫 번째는 이념 지향성 때문이다. 지금도 다음 총선에서 낙관론을 펼치고 있는데, 아니다. 예컨대 보수가 잘못하고 있으니 민주 세력이 유리할 것이라는 생각이 광범위하다. 사실, 낙관론을 신뢰하게 만드는 것은 유능함을 가졌을 때다. 지금 민주 세력은 유능하게 대처하지 못하고 있다. 그렇다고 도덕성을 통해 신뢰를 얻고 있는 것도 아니다. 야당 내에서는 수박 논쟁, 사회민주 영역에서는 진보성 논쟁으로 진위를 둘러싼 선별 선악 싸움만 하고 있다.

셋째, 시대정신을 읽지 못하고 있다. 식민지와 독재 시대가 연장된 세상이긴 하지만 독재 시대가 아니다. 우리를 혼란시키고 있는 것은 우리가 선택한 결과가 유사독재로 나타나고 있는 현실이다. 국민들의 투표를 통해 민주적으로 탄생된 정부인데 독재자의 권력행사를 보여주고 있다는 사실이다. 물론 가당치도 않은 태도를 견제하기 위해 퇴진을 요구할 수도 있다. 제도가 없다면 그럴 수 있지만, 그것을 견제할 수 있다고 믿는 제도 장치가 있는데도 아무런 대응을 못하고 있기 때문에 더욱 용납할 수 없다.

넷째, 자기 정체성에 대한 혼란이다. 민주 세력은 상대적 우위의 도덕성을 가졌다고 생각하거나 민족의식도 높다고 착각한다. 친 민주 세력이라는 중도적인 대중들은 민주 세력과 같이하려고 해도 불쾌한 오만함 때문에 손절한다. 고집만 피우는 것처럼 '전략의 부재'와 '가치의 상실'이라는 두 가지 덫에 모두 빠졌기 때문일 것이다. 슬프지만 흡사 학생운동권의 행태와 같다.

새로운 민주 세력의 길은 어디서 시작해야 할까? 늘 그렇듯 지금 자기가 현재 서있는 자리를 제대로 이해하는 데서 출발해야 한다. 자기 상황에 대한 부정확한 인식 속에서, 과거의 성공담과 경험에만 비추어 자기 확신을 반복하는 주체에게 변화하는 역사는 자리를 내어주지 않았던 교훈을 새겨야 한다. 결코 대중정치는 학생운동과 같지 않다. 같은 강물에 손을 담근다고 가능한 일이 아니다.

　민주 세력이 어떤 선택을 하고 어떤 길을 가야 하는지는 많은 분석과 대안이 나왔다. 삶에서 많은 일들이 그렇듯, 알고 있지만 추진하지 못하는 머뭇거림이 문제다. 누구나 익숙하고 잘하는 일을 버리고 새롭게 도전하려고 하지 않는다. 지금 우리가 갈 수 있는 길은 쉬운 길이 아니다. 어렵지만 옳기 때문에 간다는 사실의 공명이다. 선택은 우리 스스로 할 수밖에 없다.

리더의 리딩 능력이 곧 리더십이다

　최근 들어 광주시장의 리더십을 두고 말이 많다. 그의 활동 정서로 보면 가장 협력적으로 지낼 것이라고 상상되는데 의외다. 광주시민단체협의회에서 '불통행정 멈추라'는 입장문을 벌써 세 번째 내놨다.

　한때 정치를 같이 했었다. 정치의 두 얼굴이 떠올라 씁쓸하다. 시장의 리더십 논란은 함께 정치를 했던 지난날을 선명하게 떠올리게 만들었다. 사람의 습관은 쉽게 바뀌지 않는다는 말이 맞는 것 같다. 그래도 앞으로 4년을 더 이끌 시장을 이해하는 일은 한 사람의 시민으로서 짊어져야 할 몫이다.

　나 역시 자치분권을 정치적 방향으로 생각하는 사람이다. 자치와 분권 이야기에 노자의 '소국과민小國寡民'이라는 단어가 떠오른다. 소국과민은 나라의 크기를 줄이고 백성들의 규모도 작게 줄인다는 표현이다. 요즘 말로 바꾸면 지방자치제를 가능하면 작은 단위로 쪼개자는 구호다.

당시 겸병과 부국강병을 외치던 때라 소국과민은 시대 흐름에 어긋나는 주장이라는 의견도 있다. 오늘날로 말하면 반민주 세력을 향해 강력한 저항 속에서 전체적인 연대를 강조하는 시대에 소국과민은 어울리지 않는다는 말인데 노자의 뜻은 그것이 아니라고 한다.

노자의 소국과민은 작은 규모로 쪼개자고는 했지만 실현하는 방법에 방점을 두지 않았고, 누가 그렇게 할 수 있느냐였다. 당시에는 천자가 천하를 소유하는 시대였다. 그런데 노자의 통찰력으로 보기에는 천자가 천하를 소유할 수 없는 사회적 정치적 환경이었다. 그래서 제후국으로 쪼개도 천하는 변함이 없기에 천자가 더 좋은 통치를 할 수 있도록 작게 만들자고 했다는 설이 있다.

노자의 또 다른 견해로 '불상현(不尙賢)'이라는 말이 있다. 노자는 왜 소국과민으로 쪼개야 한다고 말했냐면 현자들의 역할이 제대로 구현되도록 할 필요가 있어서다. 불상현은 그냥 현자가 필요하지 않다는 뜻이 아니다. 작은 단위일수록 현자의 역할이 제대로 발현될 수 있다고 본 것이다.

자치와 분권을 이야기한 현 시장을 이 뜻을 바탕으로 생각해 본다. 결론은 통치에 대한 현대적 감각도 고전적 감각도 없는 셈으로 읽힌다. 현 시장은 현자들을 내치고 있다. 오늘로 치면 전문가들이 역할을 하도록 존중하지 않는다는 뜻이고 고전으로 말하면 현자들이 역할할 수 없는 사회시스템을 만들고 있다는 뜻이다.

시장을 향한 시민단체의 입장문에서 독불장군은 그냥 나온 말이 아니다. 남 탓을 하지 않고 내 탓을 먼저하고 소통할 수 있는 시스템을 만들지 않으면 고집불통이 되는 것이다.

권한을 행사할 자리를 권력의 자리로 착각하면 일어나는 일이다. 다 좋다. 잘하려고 그랬다 치지만 결론적으로, 불통은 민주주의 시정 질서를 엉망으로 만드는 점에서 위태롭기 때문이다.

'익숙한 것과의 결별'을 통해 새로운 혁신적 이정표를 세우는 것은 관행을 타파한다는 점에서 의미있는 선언이다. 하지만 결별은 시장이 선언하는 것이 아니라 시민이 하도록 권한에 충실하게 복무하면서 대신 선언해야 한다. 그렇게 하기 위해 시장은 터닦기와 안내가 필요한데 그 역할이 없기 때문에 불통이라는 지적을 받는 것이다. 권한을 욕심부리면 권력남용으로 이어지는 것을 모르는 것 같다.

'권력에 취하고 있다'는데 자기의 선의를 왜곡한다면서 남들이 해석을 악의적으로 한다고 볼멘소리를 할 필요가 없다. 어차피 시민들은 익숙한 것이 더 편하다는 생각에 멈춰 있다. 그것이 시민의 일상이다. 정치가 그것을 자극하고 조율하는 것이다. 그 결별의 필요는 시장만 느끼고 있다면 불편해지는 것은 오히려 시민이다. 아무리 옳은 것도 설득이 안 되는 지점이 바로 그 대목이다.

현자를 죽이면 아무리 자치와 분권 정신을 살리더라도 의미있는 선의는 사라진다. 리더가 리딩을 잘해야 불통이니 독선으로 빠졌다는 오해를 받지 않는다. 노자의 소국과민을 실천하기 위해 시장이 되었을 것이다. 정치 이력에서 자치분권 운동을 강조했고 노무현과 문재인 정부에서 그 정책을 지지하고 실행에 옮긴 사람 중 한 사람이기 때문이다. 현 시장이 앞뒤가 통하는 말로 설득력을 만들려고 하면 소국과민과 불상현의 조화를 이루는 일일 것이다. 불통 시장을 보면서, "시장이 나만 그렇지 않다는 주장을 굽히지 않는다"고 지적한 것이 시민단체의 입장문이다. 내가 씁쓸해지는 이유다.

정치를 혐오하면 안 되는 이유

그동안 정치인으로 살아온 시간을 촘촘하게 들여다봤다. 많은 상념들이 스스로를 밟고 일어섰다. 정치인을 자처한 나는 무엇을 위해, 무엇을 하고자 여기까지 왔는가? 묻고 또 물었다.

나는 원래 어려서부터 정치를 꿈꾼 사람이 아니었다. 어릴 때는 정치가 무엇인지 몰랐고 정치가 무슨 일을 하는지 잘 몰랐다고 해야 더 정확할 것이다. 누구나 그렇듯이 나에게도 청소년기의 꿈은 한두 가지 이상 있었다. 그 중에 첫 번째 꿈은 법조인이었다. 법관이 되어 약자들이 억울하지 않도록 정의의 판정을 내리는 것이 꿈이었다. 특히 장애인의 처지인 사회적 약자로 살아왔기에, 그 걱정을 놓지 못하시는 어머님의 염려를 없애 드리기 위해 한 약속이기도 했다.

그런데 나는 지금 그 길과는 다른 곳에 서 있다. 시국사범으로 감옥에 가면서 어긋나기 시작했고 장애인 운동과 정치를 하면서 어머님과 했던 약속을 지키지 못해 늘 마음이 밟힌다. 가장 크게 시련을 겪은 때는 대학 시절이다. 가난한 집안 살림으로 대학진학이 쉽지 않았다. 4년 동안 전액 장학금을 받을 수 있는 학교가 필요했지만 격변하는 한국사회의 불의한 현실을 마주하면서 받고 있던 장학금 수혜를 포기하고 기득권이었던 공짜 대학생활을 중단했다.

　인생은 마음먹은 대로 흘러가지 않는다. 어른들이 하신 말씀이 딱 맞다. 나 역시 어른이 되고서야 그 진리를 확인했다. 어쩌면 꿈은 내가 꾸는 것이 아니라 내 꿈은 세상이 꾸게 만들고 세상이 꿈을 완성하도록 자극하는 것이 아닐까. 어릴 적 꿈을 키워 어른이 되어서 완성한 사람도 있겠지만 나의 경우는 사회적인 성장 속에서 꿈이 만들어졌던 셈이다. 그것은 아마도 이미 내 안에 꿈틀대면서 성장한 '억울함', 공정하게 집행되어야 할 '정의'라는 가치지향이 먼저 있었기 때문일 것이다. 그 억울함과 공정이 법관이라는 직업을 통해 실현되어야 한다고 굳게 믿었던 것이다.

　맞다. 어릴 때는 최고로 신뢰할 수 있는 직업은 정의로운 판정관인 법관이었다. 법관이 아니고도 억울함과 정의를 책임질 수 있는 사회적인 역할이 많은데도 전혀 몰랐던 것이다. 어려서는 대부분 제한된 식견과 짧고 부족한 경험으로 제대로 볼 수 없는 것이 당연하다. 그리고 한참 뒤에 성장하고서야 또 다른 억울함과 정의를 담을 수 있는 사회적인 방법이 있다는 것을 알게 되었다. 사회활동으로 좌충우돌 경험하면서 비로소 눈에 들어오기 시작한 것이다.

　나는 장애가 있기에 깨닫고 사는 게 많다고 생각한다. 어쩌면 신에게 감사해야 할 나의 장애인지도 모른다. 장애가 있는 사람이 비장애인과 같이 사는 일은 쉽지 않다. 아무런 문제가 안 되는 것처럼 표현하지만 사실 매사 어렵다. 일상 속에서 어마어마하게 차별을 느낀다. 그 장애에 대한 편견에 대해 별도로 언급할 기회가 필요하다. 내가 장애인 운동을 하던 시절만 해도 장애에 대한 편견이 극심하고 사회적인 인권의식도 매우 낮았다. 수도 없이 부딪히는 일상 속의 편견이 빚은 갈등은, 법조계에서 다루는 억울함과 공정함의 내용과는 색깔과 방향이 근본부터 다르다는 것을 비로소 알게 되었다. 법조인이 내리는 판정은 권위와 책임으로 내린 결정이다. 장애인 사업을 펼치면서 부딪치는 억울함과 공정은 그 어떤 힘에 의해서도 결정될 수 없었다. 결국 스스로 권리를 지키기 위해 호소하고 싸우는 과정에서 만들어진다는 점에서 그 내용도 과정도 완전히 달라졌다.

그런 사회적 약자로서 살아가는 장애인들의 현실을 살아내면서 정치를 결심하게 되었던 것이다. 결국 사회적인 활동과정에서 정치적 역할의 필요성을 절실하게 느꼈고, 정치에 몸담을 수밖에 없는 이유가 된 것이다. 실타래처럼 얽힌 일을 누군가 풀어주는 역할을 해야 한다. 즉 정치인은 복잡하고 혼란스러운 일을 간략하게 조율해 공익적인 질서를 만들어가는 역할을 하는 사람이다. 그런 정치인이 되고 싶었다. 여전히 사람들은 정치인들을 공정하지 못하다고 욕하는 현실이지만. 일부 부조리한 정치인들이 벌인 담합과 거래 때문에라도 누군가는 그 역할을 해야 한다.

현실정치는 주고받는 거래다. 이해관계를 둘러싼 거래는 강자가 이익을 많이 보는 쪽으로 결론이 내려지면 부조리한 정치가 된다. 이해관계가 더 많은 사람들에게 혜택이 돌아가거나 사회적 약자에서 눈먼 피해가 돌아가지 않도록 깨끗하게 주고받는 거래 문화가 정착된다면 가장 이상적인 정치문화가 될 것이다. 민주주의는 다름과 차이 속에서 각 개인이 모두 공존할 수 있어야 하기 때문에 주고받는 문화가 깨끗할 수 있어야 한다.

현실 속에서 권력은 엄중해야 한다. 권력은 호령할 수 있는 힘을 쥐고 있기 때문이다. 권력을 차지한 위치와 권력을 부리는 힘만큼 이해관계의 크기가 달라져가기에 끊임없이 유혹받는다. 한때 권위주의 시대에는 거래의 규모가 차떼기로 이뤄진 적도 있었기 때문에 곱게 보는 시선은 없다. 그래서 정치자금을 통해 빚어진 담합과 거래의 세계를 더러운 구정물 속이라고 심하게 말하는 사람들도 있다.

나는 이런 심한 표현에 동의할 수 없다. 어느 영역이건 공명정대하게 일이 처리되는 경우도 있고, 공정하게 집행되지 못한 채 부조리하게 일이 진행되기도 한다. 한쪽에 치우친 관점에서 추악하다는 것만 강조하는 것은 바람직하지 않다. 최근 우리 사회의 속내가 들춰내지면서 정도의 차이가 있을 뿐 맑고 투명한 곳이 없어 보이는 것이 사실이다. 그렇다고 하더라도 정치 세계가 투명하고 공정한 사회라고 단정할 수 없다는 뜻일 뿐, 우리 사회에서 정치 영역이 가장 부패하다고 말하는 것에는 동의할 수 없다.

그것이 정치인들에게 후원금을 받도록 제도화한 이유다. 다만 그 쓰임새에 있어서 투명하고 공정한 과정을 통해 수입과 지출을 밝힐 수 있도록 요구한 것이다. 억울하지 않도록, 치우치지 않고 공정하도록 임무를 수행하는 일이 정치인의 책무이다. 늘 긴장하고 치우치지 않은 균형 감각을 가지려는 노력이야말로 음습한 사건으로 연루되지 않게 할 것이다. 그것이 내가 꿈꾸는 정의실천이다.

정치는 서로 다른 차이를 좁히는 역할이다. 판사가 사건을 두고 양쪽의 다름을 살펴서 가해와 피해를 구분하고 불편부당하지 않도록 판단을 내리는 것처럼 정치적인 힘이란 이권중심의 일을 추진하려는 사람과 피해를 막으려는 사람들 사이에서 균형있고 형평에 맞게 혜택이 돌아가도록 사회질서의 균형을 잡아주는 역할을 해야 한다. 갈등을 줄이면서 사회가 유지되기 위해서 필요한 역할들이다. 양쪽을 두고 조율하는 정치적 역할, 사법적 역할은 본질적으로 같다.

어쩌면 나에게 정치를 한다는 말은 억울함과 정의를 향한 도전일지도 모른다. 서로 다른 차이가 만나 화합할 수 있도록 하는 도전, 다름과 다름이 공존할 수 있는 도전, 정의롭게 하는 힘이 정치라는 뜻이다. 그래서 공자가 '바름'이 정치라고 했다고 믿는다. 가장 옳고 가장 정의로운 일이 정치인이 가야 할 길이다. 더 많은 사람들이 관심을 가지고 더 많은 사람들 속에서 조율사가 되는 정치는 시민들의 선택을 받는 도전이고, 시민들 속에서 답을 찾는 도전이다. 이미 정치가 직업이 되어 살아가고 있기 때문에 끊임없이 도전하는 생활에 서 있다고 나는 믿는다.

선거구제 정말 바꿔야 한다

우리는 보았다. 현실 정치가 나쁜 교육 사례로 학습되고 있는 것을. 대통령선거에서 국회의원 선거에서 지자체 선거에서 묻지마 일등만 하면 리더가 된다. 리더에게 리더십이 없어도 된다. 일등이 되면 리더십이 필요한지 묻지 않는다. 리더에게 통찰력이 필요한지 따지지 않는다. 통찰력은 더더욱 확인하지도 않는다. 사람을 존중하는 인권의식이 필요하지 않다. 일등주의는 모든 책임을 위임받는다. 그리고 당선된 리더는 책임지지 않는다.

학교 다닐 때 하던 일등이 사회생활의 일등과 이어지지 않은 대한민국. 학교 다닐 때 일등하는 공부 능력과 시민들의 투표로 뽑힌 선거 일등 능력은 상관성이 거의 없다. 학교 다닐 때는 준법성을, 학교를 떠나면 법망을 피하는 능력을 배우면 정치적 능력으로 금상첨화다. 담합만 잘 하면 대장동 50억 클럽, 검사 인맥이 탄탄하면 불기소, 없는 죄도 만들고 있는 죄도 없애는 수사 권력, 유전무죄 무전유죄를 넘는 일등주의다. 수단과 방법을 단련시킨 일등은 우리 사회를 공포로 내몰고 있다.

일등주의는 무서운 담합과 추악한 카르텔을 만든다. 대한민국의 현실정치는 일등주의의 총집결이다. 일등만 모이면 얼마나 나쁠 수 있는지를 두 눈으로 똑똑하게 실감시켜주고 있다. 일등에게 힘을 다 실어주고 반대로 책임은 엄중하게 묻지 않는다. 일등주의는 잘한다는 신뢰와 믿음을 온몸에 짊어지고 거꾸로 또 다르게 작동하는 위험한 열등감은 의심받지 않는다.

대한민국의 일등주의는 다양성을 죽이는 무서운 흉기다. 민주주의는 한 사람 한 사람이 서로 다른 사람들이 공존하는 다양성의 사회다. 민주주의는 그래서 시끄럽다. 군인이 정치를 하면 안 되는 이유는 총칼이 기준이 되어 다양성을 죽이기 때문이다. 검찰이 정치를 하면 안 되는 이유는 검사동일체로 다양성이 없기 때문이다. 그런데 대한민국 검찰의 무소불위 일등주의는 민주주의의 최정점에 서 있다.

대한민국의 검찰은 다양성을 죽이는 세력이 되었다. 검찰 출신들이 국민을 대변하는 국회를 점령하고 있다. 국민이 존중받는다고 느끼는 것은 다양한 출신들이 국회에서 일할 때다. 국회는 유권자를 살리는 창구여야 한다. 지금까지 지역의 편을 가르는 소선거구제는 일등주의다. 이 소선거구제를 바꿔야 일등주의가 줄어든다. 국회를 변화시키는 일은 시민의 몫이다.

국회가 다양성을 지키는 모범을 보여야 한다. 소수자가 목소리를 낼 수 있는 다양성을 담는 국회를 만들어야 한다. 더 이상 사고가 일어나지 않도록 하는 일도 국회의 책무다. 사고가 꼬리를 물고 일어날 수밖에 없는 이유도 모두 일등주의 탓이다. 결국 일등했다는 칭찬 앞에 모든 잘못을 덮는다.

갈수록 대형으로 터지고 있는 사회적인 참사, 일등주의 청산으로 마침표를 찍을 때다.

총칼로 들어선 군부독재를 무너뜨리면 세상이 바뀔 거라고 믿었던 우리, 고난의 길을 같이 걸어온 동지는 변치 않을 것이라고 믿었던 우리, 전부 착각이었다. 다양성을 지키지 않고 또 다른 획일주의로 포장된 전체주의 사회로 달려갔다. 너든 나든 다양성을 지키는 공익적 가치로 다듬어지지 않은 채 사욕을 채우는 일등주의로 달려갔다. 결국 일등주의는 사리사욕에 갇히게 만들었다. 군부독재를 청산하고 문민 시대를 열었지만, 다시 법치를 앞세운 검찰독재가 새롭게 등장할 줄은 꿈에도 몰랐다. 다양성을 외면한 일등주의가 만든 최후의 모습이길 바란다.

우리가 민주주의를 외치는 동안 일등으로 포장된 이익집단은 반사이익 논법으로 권력 뒤에 또아리를 틀고 차곡차곡 논리를 만들고 방법을 찾아 기회를 엿보았다. 급기야 탄탄한 일등주의 시스템을 구축하였다. 우리는 이것을 의식하지 못했다. 이제 진흙탕이 되었다. 누가 진실이고 누가 거짓인지 알 수 없게 되었다.

대선과 국회의원 선거, 지자체 선거가 해를 반복해 치뤄지면서 일등주의는 오히려 유권자들에게 선거를 외면하게 만들었다. 선거를 통해 민의가 반영되기는커녕 민심은 일등주의에 우롱당하고 우민화를 심화시키는 일등주의로 거듭나 정치혐오를 키웠다.

선거 때마다 교묘하게 등장한 일등주의, 모든 국민을 잠재적인 범죄자로 내모는 검치도 일등주의의 산물이며, 양심적일 거라는 선량한 민주화의 믿음으로 또 다른 독재를 키운 것 역시 일등주의가 만든 유산이다. 이 일등주의는 외세의존을 키우고, 식민지 부역의 부끄러움을 오히려 떳떳하게 만들었다.

내 안의 독재, 내 안의 식민지, 혐오와 증오, 갇힌 민주주의를 어찌하지 못하게 만든 것은 일등주의 문화의 산물이다. 다양하지 않은 헛껍데기 민주주의는 민주주의의 탈을 쓴 파렴치한 일등주의일 뿐이다. 나도 존중되고 너도 존중되는 세상은 곧 다양성이 공존한 진짜 민주주의다. 국회가 다양한 대의를 수행할 수 있도록 선거제도가 변해야 대한민국이 변한다.

나는 실무형 리더

나는 일을 좋아한다. 일을 만들어서 하기를 좋아한다. 그러다 보니 칭찬보다 견제를 더 많이 받게 되는 경우도 있다. 광주시 장애인 체육회 사무국장을 맡으면서 민간인으로서 처음으로 체육 포장을 받았다. 장애인 전국체전을 성공적으로 치뤄냈기 때문이다. 초창기 대한장애인체육회 광주시 지부에서 전국규모의 행사를 기획하고 사고 없이 성과를 만들었다. 성공하기 전까지 사람들은 인정하지 않는다. 그 이후에도 역할을 하는 곳마다 성과는 남다르게 돋보였다. 자랑이지만 8년의 의정활동에서 18번의 우수의원상을 수상했다. 대한장애인사격연맹 회장을 맡고 세계대회 3연패를 일구어냈다.

일하기를 좋아하는 사람인 것은 분명하다. 그 영향으로 '나선다'거나 '쎄다'는 소리를 듣기도 한다. 어쩔 수 없는 일이다. 실무형 리더십이 만들어낸 일장일단의 특성 때문에 빚어진 결과다. 사실, 실무가 어떻게 돌아가는지 파악이 안 되면 일을 안 하고 있다는 생각으로 괴로워진다. 담당한 일을 미리 파악하는 습성이 만든 버릇이다. 그래서 사람들은 열정적인 에너자이저라고 칭찬(?) 아닌 칭찬을 한다. 사실, 실무형은 같이 일하는 사람을 괴롭히는 스타일인데도 말이다.

그렇다고 경직된 분위기나 방식으로 일하는 것은 전혀 아니다. 나는 사람과 사람 속에서 일한다는 생각이 기본이다. 어떤 일이든 맥락 없이는 진행하지 않는다. 일하는 사람들의 관계를 벗어나 일이 진행되는 경우는 없다. 일해 보지 않는 사람은 일과 담당자 파악이 두루뭉술하니 전체적인 맥락을 놓치기 쉽다. 결국 상대방의 지적에 핵심을 놓치기 쉽고 엉뚱한 대답을 늘어놓게 된다. 일을 제대로 하려면 실무를 모르는 리더보다는 실무에 강한 리더가 낫다. 실무를 장악해야 일의 맥락과 실수를 예단하고 실책의 낌새에 맞춰 사전에 대응할 수 있기 때문이다.

그런데 일의 규모가 커지는 급에 따라 리더가 해야 할 역할도 달라진다. 규모가 커지면 모든 문제를 다 간섭하고 실무적으로 세세하게 취급할 수 없다. 그래서 조직이 필요해지고 시스템이 가동되고 유지되어야 한다. 일의 규모가 커지면 자칫 실무형은 맥락을 놓치고 미세한 부분을 붙잡고 매달릴 수 있다. 따라서 정확하게 실무능력이 뒷받침되면 일에 대한 분담과 연결이 잘 될 수 있다. 분담만 해놓고 통합되지 않으면 그것도 문제가 된다.

리더는 조직의 모든 상황에 대한 리딩을 잘해야 한다. 리딩이란 첫째, 현장 실태 파악이다. 어디서부터 어디까지 나눠져 있고, 그 일을 맡은 사람은 어떤 사람인지 특성을 감지해야 한다. 둘째, 리딩은 사업 아이템을 가지고 어떤 방향과 어떤 목표를 가질 것인가를 던질 수 있어야 한다. 어느 조직이든 현장 관리만 하는 게 아니기 때문이다. 셋째, 리더의 리딩 능력은 역할을 나누고 종합해 맥을 짚을 수 있도록 경계 파악을 잘해야 한다. 한쪽으로 쏠리거나 막히지 않는 것이 조직의 생산을 유지하는 균형있는 분위기가 되기 때문이다. 넷째, 소통능력이다. 소통은 경청이다. 서로 다른 생각으로 일에 임하기 때문이다. 어느 조직이나 조직 안에서 생기는 미세한 차이가 갈등을 불러온다.

오늘날 리더의 리더십 발휘는 어렵다. 일사분란하게 움직이는 사회가 아니기 때문이다. 과거의 리더는 지적질하는 역할이 리더였다면 지금은 청취하고 아이디어를 유도해야 한다. 따라서 오늘날 리더는 일을 나누고 일을 묶는 일을 잘해야 하지만 서로의 차이를 조율할 수 있는 장악능력과 소통구조를 갖추어야 한다.

내 식으로 상대를 이해하기보다 상대방의 입장을 우리 식으로 가져갈 때 갈등은 다스려진다.

리더론에는 지시형, 지도형, 참여형, 위임형 등이 있다. 여기서 리더론을 논하려는 것은 아니다. 평소 실무형 리더라는 평가를 받아왔기에 리더론의 관점에서 성찰하고자 함이다. 학술적으로 실무형 리더라는 말은 없다. 현대적 리더십으론 변혁적 리더십, 카리스마 리더십, 셀프 리더십, 슈퍼 리더십, 임파워링 리더십, 서번트 리더십, 윤리적 리더십, 팔로워십 등으로 나눈다. 다양한 리더십은 다른 사람들과 관계 속에서 발휘되며, 그 출발이 어디서 작동하느냐의 여부가 만든다.

따라서 리더의 소통능력은 민주적인 원리가 잘 체득되어 있을 때 발휘된다. 차이가 존중되어야 하는 현실에서 상대를 인정하는 것을 넘어 차이를 서로 이해할 수 있도록 다리를 놓는 것이 소통이다. 모두 다 그렇지는 않지만 자칫 실무형 리더는 미시적으로 상황 판단하기 쉽다. 항상 거시적 접근능력이 먼저 적용되어야 한다. 그리고 대목 대목 나눠서 정리해 나가야 한다. 결국, 리더는 통찰력의 힘을 갖지 않으면 전체를 조망하기 어렵다. 정치는 그런 힘을 필요로 한다.

존경하는 김대중 선생님, 보고 싶은 김대중 선생님

내년 2024년은 김대중 대통령 탄생 100주년이다. 광주전남지역으로부터 시작해 전국적으로 탄생 기념 추진위원회가 발족되었다. 나 역시 기꺼이 추진위원으로 참여했고 북구추진위원장이다. 광주전남에서는 대통령이라기보다 가르침을 많이 주신 '선생님'이라고 부르는 사람들이 많다. 나 역시 'DJ선생님'이라는 호칭이 좋다.

2009년, 서거하신 지도 벌써 14주년이다. 노무현 전 대통령이 돌아가시자 대성통곡하시던 김 전 대통령의 모습은 아직도 생생하게 떠오른다. 워낙 건강이 좋지 않으셔서 휠체어를 이용하실 만큼 상태가 나쁘셨는데, 노 전 대통령을 먼저 떠나도록 만든 것이 자신의 탓인 양 몹시 슬퍼하셨다.

애잔하게도 그 눈물 뒤에는 '행동하지 않는 양심은 악의 편이라면서 담벼락에 대고 욕이라도 하라'며 불호령을 치시던 옛날처럼 느껴졌다. 박정희 군부독재의 암살 협박에도 무너지지 않으셨던 기개, 5.18 광주민주화운동의 수괴로 내몰려 사형선고를 받았어도 민주주의를 위해 자신의 생명쯤은 초개와 같이 버릴 자세로 수의를 입고 당당하게 서계셨다. 늘 평생 간직하셨던 굳건한 기개와 의지를 보여주셨다.

　건강한 시민은 어떤 시민의식을 가지고 살아야 할지 양식을 보여주셨다. 한 걸음 나아가 정치인은 국민을 어떻게 섬겨야 할지 정신과 행동 모두를 보여주셨다. 그뿐이 아니다. "인도주의라는 것은 사람의 인권을 무엇보다도 존중하는 것, 이것이 자유민주주의의 생명이다"고 인권을 중요하게 강조하셨다. 또 공정한 사회를 위해 "정직하고 부지런하게 일하는 자가 성공하는 사회, 이것이야말로 대중에게 희망을 주고 우리 사회를 무한한 발전으로 이끌어가는 원동력이 될 것이다"고 하면서 사회발전의 원동력이 곧 공정이라고 강조하였다.

　어릴 때, 김대중 선생님께서 하셨던 연설 요령을 읽고, 듣고, 배우고, 흠모하면서 웅변활동을 했다. 나는 웅변대회를 나가 상을 여러 차례 받았기 때문에 김대중 선생님께서 나를 지도해준 것이라고 믿었다. 지금 생각해보면 성장에너지의 한 축을 선생님이 만들어주신 셈이다. 자라면서 존경하는 사람을 가진다는 것은 자신의 롤 모델과 동일화될 수 있는 힘을 키워준다.
　나라가 도탄에 빠져 IMF 국가부도로 내몰릴 때 위기를 회복한 다양한 정책들에서도 감동적인 것들이 많았다. 대통령 취임사 일부를 살펴보면 "우리는 3년 후면 새로운 세기를 맞게 됩니다. 21세기의 개막은 단순히 한 세기가 바뀌는 것만이 아니라, 새로운 혁명의 시작을 말합니다. 지구상에 인간이 탄생한 인간혁명으로부터 농업혁명, 도시혁명, 사상혁명, 산업혁명의 5대 혁명을 거쳐 인류는 이제 새로운 혁명의 시대로 들어서고 있는 것입니다"고 말하면서 21세기에 맞는 시대적인 화두로 IT시대를 강조하셨으며, 역대 대통령 중에 가장 적극적으로 IT산업 분야를 위해 성장 정책을 펼치기도 하셨다.

나는 김대중 선생님의 절반도 못 따라가는 정치인의 길을 걷고 있다. 하지만 좋은 모델은 성과를 완성하지 못해도 방향과 내용이 좋아질 것이라고 믿는다. 시작만으로도 이미 성과를 만든 것이나 다름없다. 선생님의 말씀 중 가장 좋아하는 구절이 있다. "우리는 서생적 문제의식과 상인적 현실감각을 아울러 갖춰야 한다"는 정치철학이다. 이는 정치인의 자세로서 원칙과 실질을 조율하는 힘이 첫 번째 덕목이어야 한다는 점에서 감동을 일으킨다.

정치인은 자신만이 바라봐야 할 입장이 있어야 한다. 그렇다면 정치인이 자신의 입장을 가져갈 때 무엇이 중요할까. 나의 경우 사회적으로 고통받는 약자들과 같이 가겠다는 각오이다. 흔히들 말하는 약자를 위한다는 말은 허세일 가능성이 높다. 정치적 역할은 가장 높은 위치에 권력을 가진 사람들로부터 가장 낮은 위치에서 권력에 휘둘리는 사람들과 공존할 수 있도록 연결하는 것이다. 그때 다가올 탄압을 죽음으로 이겨낸 고초의 상징이요 화신이 김대중 선생님의 정치 여정이다. 시련으로 한겨울의 추위를 이겨낸 인동초 선생님의 품이 큰 이유다. 그래서 고초와

탄압으로 죽음을 내몬 원수같은 사람들에게 화해와 용서가 가능한 것이다.

정치적 약자로 내몰린 나를 두고 주위에서 감히 DJ 선생님을 닮았다는 말을 자꾸 한다. 과분하다. 해석은 남이 하는 일이니 어떻게 말해도 할 말은 없다. 칭찬으로 기분은 좋지만 스스로 닮은 점을 찾아봐도 마땅히 닮은 점이 눈에 들어오지 않았다. 닮았다는 말을 들으면서 어릴 때부터 워낙 DJ선생님을 닮고 싶었기 때문에 속으로 은근히 닮아가려고 했던 것을 들킨 기분이어서 웃음이 나온다. 선생님은 멀리 떠나셨지만 닮고 싶은 사람을 꼽으라면 주저 없이 DJ선생님을 꼽는다. 무엇보다 수십 년의 핍박을 받으면서도 인동초처럼 버틴 힘을 배우고 싶다.

조롱당하고 있는 민주진영인가?

최근 방송통신위원장 내정자인 이동관에 대한 세간의 표현이 가관이다. "암흑천지" "핵관(핵심관계자)" "스핀 닥터(사실을 교묘하게 비틀어 상대방의 약점을 파고드는 홍보 기술자)" 이제 그는 또다시 방송계 전체를 재편할 힘을 장악하는 장관급 자리로 돌아오고 있다.

어떤 작가는 "윤 대통령의 발언을 분석하고 평가하려고 하지 마라. 그는 무엇을 할 생각이 없는 분이고 최고 자리를 지키기 위해 말을 내뱉는 것이다"고 했다. 윤 정부 아래서 치뤄지는 인사청문회도 국민을 위해 무엇을 하려는 인재 배치가 아니다. 최고 자리를 지키기 위해 움직일 뿐이니 집권 여당이 하는 행정과 정치 행위에 대해 풀이해가면서 이해할 필요가 없다고 지적했다.

도찐개찐이라는 말이 있다. 속된 말이다. 논리학에서 같은 표현으로 '피장파장'이라는 말이 있고, 우리 속담에도 이판사판이란 말도 있다. 이것이나 저것이나 구분이 안 된 엉망진창으로 비슷한 모습이라는 뜻이다. 최소한의 원칙도 없고 철판을 깐 듯 뻔뻔함만 가진 사람들에게 해당되는 표현이다.

얼마나 두꺼운 철판을 깔았기에 저토록 뻔뻔할 수 있을까? 누구도 할 수 없는 치졸함과 교활함을 내보여야 가능하다. 도리를 따지며 도덕적으로 판단하는 이성적 사고를 하면 결코 내보일 수 없기에 점잖은 도덕성으로는 불가능하다. 합리성이란 객관적인 상황과 조건을 바탕으로 주관적인 자신의 입장을 결합시키더라도 누구나 받아들일 수 있는 타당성을 갖춰야 한다.

이런 맥락에서 최근 들어 대한민국의 도덕성은 앞이 캄캄하다. 도덕적으로 따져야 사회적 신뢰도가 쌓이는 법인데 자신에게 다가오는 도덕적 잣대를 남 탓으로 돌려 뭉갠다. 남 탓하면 가장 나쁜 사람이라고 알고 있는 애들 만도 못한 처신이다. 무조건 ㅇㅇㅇ탓이다. 그래서 어느 정치인은 "ㅇㅇㅇ합창단"이냐고 비꼬듯 말한다.

내가 어떻게 했는데 당신과 어떤 차이가 생겼는지를 따져보고 객관적으로 판단하는 게 정상이다. 절묘하게 받아쳐 남 탓을 하는 순간 다뤄야 할 주제는 사라지고 논쟁해야 할 논점이 흐려진다. 이런 기법이 정치권에 대유행 중이다. 이는 지금 이 순간을 모면하면 된다는 천박한 궤변론이다. 고대 아테네가 붕괴한 것도 바로 상대주의자들의 궤변 논리에 사회가 지배됐기 때문이라는 설도 있다.

남 탓 문화가 대세가 되면서 대한민국은 공공성이 실종되고 사적 질서에 포위되었다. 특히 검찰 권력이 보여준 불공정한 사적 집행은 대단한 수준의 포장 능력을 보여주고 있다.

국가가 유지되기 위해 필수적으로 지켜져야 할 원리는 공정성이다. 스웨덴처럼 투명사회로 가지 않고는 불가능하다. 검찰은 국가공무원인데 정치를 해도 문제가 되지 않는 내로남불식 내몰기가 혐오정치를 만드는 현실이다.

이재명 대표를 둘러싼 사망 사건의 의미

안타깝고 마음 아프다. 삼가 고인의 명복을 빈다. 이재명 대표 수사와 관련된 죽음이어서 더 아프다.

경기도지사 시절 초대 비서실장을 지낸 사람이 안타까운 선택을 했다. 그가 남긴 유서에 다른 내용은 알려지지 않고 대표를 향해 "정치 내려놓으시라"는 말만 언론에 크게 소개되고 있다. 그가 세상을 떠나면서 남긴 유서는 그 한 줄이 아니고 노트 6장 분량이고 유가족이 공개하지 않겠다고 전한다.

이후 당내에서 대표 사퇴론이 확산된다고 언론은 대서특필하고 있다.

가장 쉬운 방법이다. 이유야 검찰이 무슨 일을 했는지 모른다. 어떻든 이재명 대표 때문에 죽고 있다. 아니 죽이고 있는지도 모른다. 그러니 이재명만 당 대표를 안 하면 된다는 논리가 설득력을 얻는다. 짧은 생각은 아닐텐데 왜 이런 공격을 퍼부을까?

두 가지다. 적을 이롭게 하는 첩자거나 자기 이익을 위해 소아병에 걸린 사람일 것이다. 과연 이재명 대표가 물러나면 평화가 찾아올까? 정말로 그러면 좋을 것 같다. 지금 벌어지는 죽음의 소용돌이는 이재명 때문이 아니다.

쥐도 새도 모르게 끌려가 의문사 당한 시절에 비하면 얼마나 쉬운가. 조사한다는 합법적 명분으로 끌고 가 시간을 두고 협박하면서 별건으로 확대해가며 조리돌리는 것은 훨씬 더 가혹하다. 혼자 끌려가 조사받는 공간은 가보지 않은 사람은 그 고통을 공감하기 어렵다. 죽은 자는 말이 없다. 기가 막히고 억울해 죽더라도 죽으면 범인이 되고 만다. 죽은 자는 없으니 산 자들이 유리할 대로 말하고 구성하면 끝난다.

대한민국은 도덕성이 실종된 사회라는 지적을 떠올리면 답은 금방 나온다. 법을 운영하는 권력 순으로 도덕성이 옳고 그름이 판정되고 있다. 그것은 악과다. 별건으로 사건을 만들면 그것이 범죄고 그것이 도덕성이 되고 있다.

나머지는 알고 있는 사람들끼리 끼리끼리 덮고 합의하고 묻으면 된다. 어차피 협력자고 담합의 사슬 아래 공생의 미덕 속에서 먹고 사는 사이다. 잘못됐다고 말하는 사람에게 협박하고 다른 죄목을 가져다 붙이면 승자는 뻔하다.

조국이라는 탁월한 인물을 제거하기 위해 백방으로 코를 킁킁대는 사냥을 했다. 그것이 통했다. 대권까지 잡았다. 같은 방식으로 이재명을 죽여야 자신들이 산다. 생존의 공식이 되었다. 대장동 개발은 전무후무한 이익을 만들었는데, 단군 이래 최대 범죄라고 역공을 폈다.

그들은 자신들이 얼마나 큰 잘못을 하고 있는지 모르는 게 아니다. 상대를 물어뜯어야 내가 살 길이다. 집권을 계속해야 안전하게 살아남을 길이다. 엄혹하게 전개되는 치열한 생존전략이다.

비겁한 세상에서 딱 어울리는 채신머리다. 복잡한 것은 싫다. 혹시 나를 겨눌지 모를 칼날이 더 무섭다. 내로남불이 일상의 논리가 되어야 내가 산다. 무서운 별건 수사에 휘말리면 안 된다. 살아남기 위해 적과 동침하는 것이 묘수다. 거래와 음모적인 담합이 살길이다. 그저 상식인 것처럼 표현하지만 이미 더럽고 음습하다.

민주당 정치인들이여! 촛불을 욕되게 하지 말라. 세월호를 잊었는가! 이태원 참사를 잊었는가! 평화롭던 부모들이 무슨 죄란 말인가. 당신이 유능해서 뱃지를 달아준 게 아니다. 당신이 당당하지 못한 것만큼 사적 정치 욕심에 기댄 채 권력 연장 세력과 한 배를 타는 꼴이다.

정치를 하지 않은 사람의 눈에도 선명하게 보인다. 이재명을 저토록 두들겨 패는 이유가 무엇인지. 삼인성호라는 말이 딱 맞다. 앞으로도 이재명 주위의 사람들을 더 죽일 것이다. 그래야 산다는 것이 저들의 논리다. 우리가 어떻게 해야 할지 답은 분명해졌다.

광주정신의 세계화를 위하여

　5.18기념재단 홈페이지 들어가면 5월 18일, 유엔이 '세계군사주의 및 권위주의 방지의 날' 제정에 동참해주세요! 라는 코너(http://udpma.518.org/kr/main.php)가 있다.

　광주정신의 세계화를 진행하는 현주소다. 5월 정신은 군사정권과 권위주의에 대한 해체를 통해 인간의 존엄성과 가치를 담고 5월 정신의 세계화를 완성하는 것이다.

　5·18기념재단을 소개하는 홈페이지 게시 내용을 보면 임직원은 다음과 같이 일하겠다고 공지하고 있다.

- 5·18민주화운동 당시 존재했던 '시민자치 공동체'를 구현하기 위해 노력하겠습니다.
- '살아있는 역사교육'을 통해 청소년들에게 5·18의 정신과 가치를 이어가겠습니다.
- 국경을 넘어 세계인의 '인권과 평화 운동'에 앞장서서 5·18을 알리겠습니다.
- 소수자로 소외받는 이와 연대하여 '평등과 나눔'의 5·18정신을 실천하겠습니다.

- 진실조사·자료수집·연구·발간 등을 계속해서 '5·18의 진실'을 밝혀내겠습니다.
- 이를 위해서 다양한 '학술·연구·교육·국제·문화·연대사업'을 진행하겠습니다.

글씨체를 다르게 한 것은 핵심 내용을 강조한 것이다. 시민자치, 역사교육, 인권과 평화, 평등과 나눔, 5.18의 진실, 연대사업 등은 내가 이해하는 5월 정신이고, 광주정신의 핵심 요체다.

1980년 광주에서 벌어진 상흔은 아직도 아물지 않고 있다. 이를 위해 광주에는 5.18기념재단이 만들어졌고, 매년 다양한 행사와 일상적인 사업을 진행하고 있다. 사건 자체를 둘러싼 진상규명은 아직도 미해결 상태인 과제들이 많다. 5.18민주화운동진상규명조사위원회가 한시적으로 활동하고 있고, 상시적으로 5.18민주화운동기록관이 유네스코에 지정되어 운영되고 있지만(5.18민주화운동 기록들이 2011년 유네스코 문화유산으로 등재되면서 관련 자료들을 보존하고 관련 내용들을 알리기 위한 5.18민주화운동기록관이 운영되고 있지만), 5월의 희생자들은 영면하지 못하고 있다.

21세기에서 광주가 재현되었다. 2021년 미얀마 군부에 의해 민주화의 상징이었던 아웅산 수치 국가 고문 등 정부 인사들이 구금되고 1년간 비상사태가 선언되어 군부가 다시 집권하였다. 이에 쿠데타에 항의하며 구금된 수치 국가 고문의 석방을 요구하는 대규모 시위는 2월 6일 미얀마 전역에서 시작되었다. 다음 날 양곤에서는 10만여 명의 시민들이 참여했는데 2007년 샤프란 혁명 이후 최대 규모였다. 군부는 장갑차 등을 앞세워 군중을 해산하려고 하면서 유혈 충돌이 일어났다. 이 광경은 흡사 '80년 광주다'라고 말할 정도로 위급하고 혼란스러웠다.

미얀마 쿠데타를 저항하는 시민들이 '님을 위한 행진곡'을 불렀다. 광주의 세계화를 입증한 광경이다. 그만큼 80년 광주의 5월 항쟁은 세계인들의 가슴에 민주주의의 상징으로 새겨진 것이다. 그런데, 깜짝 놀랄 일이 있었다. 국산 무기 홍보행사에 초청된 외교단 중 딴 신Thant Sin 주한 미얀마 대사가 포함된 것을 두고, 유엔에서 우려를 표명했다. 부른 시점 또한 4월에 있었던 미얀마 '사가잉 지역' 공습으로 170여 명의 목숨을 잃은 지 한 달여 밖에 안 된 시점이었다.

결국, 현 정부는 '민주주의의 무기고'로 불리는 한국의 방산을 민간인 살상을 일삼는 미얀마 군부를 상대로 홍보한 셈이니, 양심과 정의를 부르짖은 미얀마 국민들의 간절함이나 5월 정신을 세계화하려는 사람들에게 찬물을 끼얹은 행위를 한 것이다.

5.18기념식에 참석한 현 대통령은 왜 참석하는지 모르겠다. 헌법전문에 5.18정신을 담겠다던 선거 때의 약속과는 달리 일체 언급조차 안 하고 말았으니 말이다. 5.18 항쟁 정신은 세계인들에게는 칭송받는데 정작 대한민국 안에서 폄훼하거나 외면하려는 세력들이 많다.

광주정신의 세계화는 5.18기념재단만 할 수 없다. 민간단체들이 더 많이 만들어져야 한다는 게 나의 소신이다. 광주정신을 생활화하고 나눌 수 있도록 광주형 공동체를 다양하게 조직해야 한다. 권력을 누리는 자는 세계적으로 공통적이다. 자기가 다 쥐고 휘두르려고 한다. 광주는 그렇게 다 쥐고 호령하려던 권위주의에 의롭게 도전했던 것이다. 광주정신은 나눔, 연대, 공동체의 민주주의 정신이다. 5월은 주먹밥 공동체를 만드는 역사다. 광주공동체를 통해 광주정신을 세계화하는 게 오래된 나의 꿈인 이유다. 이미 필리핀과 캄보디아 해외 봉사를 실행한 지 오래며, 마을공동체를 회복하는 길이 5월 정신의 재현이라고 믿는 이유다. 광주정신의 세계화는 지금 여기 내가 서 있는 삶 안에서 시작한다고 믿기 때문이다.

518시간 공연으로 5월 정신을 세계화시킨다

광주가 5.18로 멈춰서는 안 된다. 과거의 기억이 아니라 미래의 희망을 이야기하자는 뜻이다. 지금까지 5월을 지키고 5월을 계승 확산하고 있는 5.18기념재단을 폄훼하자는 뜻이 아니다. 재단은 43년 동안 광주정신을 알리고 광주 5월의 가치를 높이기 위해 줄기차게 활동해 왔다. 그럼에도 불구하고 광주는 항상 뭔가 2% 부족했다. 광주의 진실이 근본적으로 규명되지 않은 것이 첫 번째 이유일 것이다. 그 부족함을 찾지 못해 아쉽다. 40년이 넘게 오랜 시간 시민들에게 전달되는 인상은 진화되기보다 정치권에 갇힌 기분을 떨칠 수 없다.

　5.18이 거듭날 방법을 찾는 일이 광주가 거듭나게 하는 일이다. 내가 여러 차례 언급했지만 죽음의 승화, 희생의 승화, 피해의 승화를 통해야 만들어질 수 있을 것이라는 희망을 건다. 이 승화는 원망과 탓으로는 안 된다. 우리가 선택한 의로움이었고, 우리가 걸어간 당당한 역사였고, 우리가 짊어져야 할 책임이다. 광주전남이 보여온 저항의 문화는 어제오늘의 이야기가 아니다. 구한말, 일제 침략기, 현대사 안에서 올곧은 땅이다. 반대를 위한 반대가 아니다. 남도는 늘 한을 승화할 줄 아는 역사를 소유해왔다. 광주의 희생은 대한민국의 역사만큼이나 오랫동안 아프고 아리다. 이제 다시 5월의 아픔을 승화의 길로 이끌 고민을 해야 할 때다.

　먼저 광주를 가두지 말자. 세계 문화인을 초대해 세계인의 5월 축제로 열어젖히자. 1년에 5월을 반짝 스치고 마는 것이 아니라 광주로 찾아오게 하여 1년 내내 과거를 기억하고 미래를 즐기는 시간을 만들어주자는 것이다. 시끄러운 게 민주주의다. 다름이 민주주의다. 5월 내내 광주가 독재의 총칼과 싸운 것처럼 세계인들이 와서 느끼고 체험하고 시끌벅적하게 체험할 수 있도록 하는 것은 어떨까?
　죽음의 어둠, 희생의 어둠을 걷자. 우리는 죽으면 대체로 무거운 매장문화로 장례를 다해 왔다. 5월도 마찬가지다. 정적인 5월로 머물지 말고 동적인 5월로 바꾸어 미래를 향해 나아가자는 것이다. 우리 문화 속에 죽음을 대하는 방식이 다양하다.

물론 최근 들어서는 화장문화가 늘고 있지만, 지구상의 장례문화는 지역과 환경에 따라 천차만별이다. 독특한 경우를 보면 관을 높은 곳에 매달아 장례를 모시는 현관장, 절벽에 안치하는 애장, 관이 배 모양을 띠고 있는 선관장, 동굴에 안치하는 동장, 그 밖에도 천장, 수장, 조장, 풍장 등 헤아릴 수 없이 많다. 특히 선관장은 인간의 발이 닿지 않은 절벽이나 고산의 동굴이 영혼이 쉴 수 있는 최고의 안식처라는 믿음에서 만들어진 것이다.

광주는 수백 명의 희생의 눈물로 쓰인 민주주의의 함성이 죽음으로 태어난 곳이다. 5.18은 이미 세계인들의 민주주의 고향이 되어있다. 우리는 '님을 위한 행진곡'을 미얀마의 유혈현장에서 들었다. '님을 위한 행진곡'을 홍콩에서는 노란 우산을 쓴 시민들의 목소리로 불렀다. 5월은 대한민국 밖에서는 너무나 잘 알려져 있다. 그런데 우리나라 안에서만 받아들여지지 않고 '님을 위한 행진곡'은 불리지 않고 있다. 죽음의 그림자로 덮고 있기 때문이다.

인간에게 억울한 죽음은 죽은 사람뿐만 아니라 산 사람에게도 고통이다. 그 억울한 죽음을 둘러싼 문화적 노력은 세계적으로 다양하게 표현된다. 그 가운데 가장 대표적인 위로와 해원은 산 자들에게 맞닿은 공감이고 산자의 고통을 나누는 위로이다. 문화예술의 땅, 광주에서 5.18의 연대 정신과 저항정신을 바탕으로 세계의 장례 음악과 해원 음악을 연주하면 좋겠다. 그래서 멈춰있는 광주의 한이 세계로 해원되면 좋겠다.

예컨대 518시간으로 상징적인 숫자만큼 공연시간을 잡고 세계 음악인들과 새로운 음악축제를 여는 것이다. 518시간은 일수로 따지면 22일이다. 이 시간은 어쩌면 5월 도청 분수대 앞에서 평화로운 시민대성회를 시작했던 날부터 5월 28일 새벽까지 22일 동안 염원했던 민주주의 시민대토론회를 음악과 함께 승화시키는 것이다. 그들과 5월 정신을 연대하고 희생의 값진 가치를 나누는 시간을 갖자는 것이다.

그 5.18시간만큼 세계인들은 5월 정신을 체득하고 그 정신을 안고 고국으로 돌아가 민주주의를 실천할 수 있도록 하는 것이다. 그리고 산 자들이 평화롭게 죽음을 맞이할 수 있는 웰다잉의 문화를 조성하는 것이다. 잘 살자고 외친 의로움이 훼손되고 왜곡된 현실을 거두자는 뜻에서 펼쳐지는 세계인의 음악제는 윤이상 선생의 음악 정신과도 통할 것이다.

5.18을 둘러싼 거대한 음모(?)

헌법전문에 담기로 한 5.18정신을 두고 국민의 힘 쪽에서 은근히 고집을 피우고 있다. 김재원 최고위원과 김광동 진실화해위원장의 발언을 두고 개인적인 실수다 오해다 하지만 그들의 머릿속에는 지우고 싶은 역사임을 은근히 드러낸 것이다. 자기 잇속을 채워주는 일에는 역사며 사회정의가 우선이 될 수 없는 세력들의 속내. 그들은 사람에 대한 존중과 가치를 근본적으로 따질 필요가 없는 것 같다.

최근 들어 여당의 기고만장한 태도가 심상치 않다. 마음먹은 대로 진행되는 상황이 심각하다. 간보기를 통해 사실 조작(?)의 자신감이 넘친다는 뜻일까. 김재원 최고위원이 또다시 민주진영을 향해 말실수(?)를 했다. 보수 인사인 전광훈 목사가 주관한 예배에서 '5·18 정신을 헌법에 수록할 수 없다'는 취지로 발언했다. 김 최고위원의 특징인가. 천연덕스럽게 툭 던지고 되돌아오는 반응에 따라 대응의 수위를 조절하는 기술이 뛰어나다.

정치권과 시민사회 진영에서 부글부글 들끓자 김 최고위원은 자신의 페이스북에 "지난 3월 12일 오전 사랑제일교회의 예배에 참석해 교인들 앞에서 언급한 제 모든 발언으로 국민 여러분께 심려를 끼쳐드려 매우 죄송하다"면서 "앞으로 조심하겠다"고 밝혔다. 반성의 태도는 그때뿐일 가능성이 크다.

사람은 그 사람이 가지고 있는 머릿속 생각을 쉽게 바꾸기 어렵다. 그들의 머릿속의 5.18은 징글징글한 역사다. 미래(?)를 위해 그만 좀 뒀으면 좋을 일이다. 애초에 해서는 안 될 일이 아니라 형세가 유리하면 더 세게 이야기할 사람들이기에 그들의 포장을 벗기고 본심을 읽는 힘이 중요하다. 전광훈 목사와 어울리는 것 자체가 웃기는 광경이지만 비슷한 사고방식을 가진 사람들끼리 끼리끼리 모여 자신들이 주고받은 대화 속에 5.18 청산은 옳다고 믿는 그들의 속내만 읽으면 된다.

 이 간보기 건들기로 피해자인 5월은 계속 아플 수밖에 없다. 책임자가 처벌되고 진상이 밝혀지지 않은 이상 광주는 계속 공격당할 피해자이고 비난받을 지역으로 남을 수밖에 없다. 학교폭력을 둘러싸고 가해자가 어디까지 피해자를 괴롭힐 수 있는지 적나라하게 보여줬던 것처럼 이런 형국에서 5.18은 더 두들겨 맞을 수밖에 없다. 국회에 출석한 민사고 교장과 반포고 교장의 태도를 통해 교육 현장이 학교폭력을 어떻게 유린하고 있는지 증명해줬던 광경도 같은 맥락으로 이해된다. 5.18의 엄청난 국가폭력을 아무렇지도 않게 말하는 저들의 사고방식 안에는 폭력의 일상화가 녹아있는 것 말고는 없다. 그들을 향해 용서와 화해, 감사의 여유를 가질 수 없는 이유다.

 현 정부가 들어선 이후 민주 세력 말살과 민주주의를 부정하는 이유는 뭘까? 사회적 이슈가 되고 있는 내용이 예사롭지 않다. 교과서 교과과정 부인, 노동탄압, 일제 강제동원 부정, 남북문제 위기, 이재명 야당 대표 탄압, 518 부정 등이 일관되게 관찰된다. 이는 거대한 음모로 가기 위한 과정은 아닐까 우려된다.

 대국민 우민화와 민주주의를 부정하는 저의는 논점이탈이라는 방법으로 상대를 쳐서 내 이득을 보자는 것이다. 즉 내부적으로는 보수세력을 결집시켜 내년 총선승리와 차기 대선 승리로 가려는 수순일 수 있다. 그것이라면 장기적인 검찰 독재 정권을 만들기 위한 (거대한 독재로 가는) 치밀한 음모일까 싶다.

군사독재, 검찰 독재를 넘어 민주, 정의, 평화의 광주공동체로 거듭나야 할 대한민국의 현실이다. 국제정세는 우민화와 맞서 내부적으로 소모전을 벌일 상황이 아니다. 민족의 자존과 국위선양을 통해 민주주의와 평화, 통일 조국을 위해 미래로 나아가야 할 대한민국의 목표가 엄연하다. 이 엄중한 현실이 과거 군사독재시대의 권위주의로 돌아가 멈췄기 때문에 염려가 크다.

여전히 사실을 왜곡한 채 5.18의 역사적 사건을 진실게임으로 끌고 가는 세력이 엄연히 있는 이상, 5.18 역사는 더 단단하게 지켜져야 할 대한민국의 정체성이다. 진실의 역사는 지키고 교훈은 새겨야 한다. 그것을 지키고 새기는 일이 헌법전문에 담는 일이다. 이론의 여지가 없는 지상과제고 엄명이다.

2024년 총선의 의미

최근 KBC광주방송에서 1년 뒤 총선 민심을 전하는 여론조사가 나왔다. 이 기사는 1년을 앞둔 총선 민심을 전하는 풍향계다. 이른 감이 있지만 이를 심도있게 들여다보면 흥미롭다. 8명의 현직 국회의원에 대한 지지도는 13.9%, 민주당에 대한 지지가 58.4%다.

여론의 향방은 2024년 총선 입지자들에겐 초미의 관심사를 불러일으키고 있다. 지역 정치가 갈 길은 멀기만 한데 현직 의원들에 대한 기대는 땅에 떨어졌다. 최근 국회에서는 전원위원회를 열고 선거제도를 논했지만 도로 백지상태가 되고 말았다. 자신들의 밥그릇만 생각하고 민심을 전혀 읽지 못한 모습이다. 소수가 존중받지 못하는 한 지금과 크게 달라진 제도를 만들지 못한다면 민주당은 현 정부의 계속된 헛발질과 무기력으로 이반된 민심 상태에서 다수당으로 지지받지 못할 것이다.

무조건 현 정부의 실정만 탓할 것인가?
외교적인 실정을 거듭할 뿐만 아니라 모든 분야에서 국민통합과 국제적으로 국격을 책임지지 못하고 있는 현 정부다. 더더욱 위태로운 것은 약자에게는 강하고 강자에게는 약한 '약강강약'의 집권 행태로 경제적 궁핍을 키우고 있다는 것이다. 억장이 무너지는 이 광경을 지켜보는 지역민들의 민심은 복잡할 수밖에 없다. 희망의 출구를 찾지 못하는 시민들의 여론은 윤석열 정권에 대한 분노와 야당으로서 아쉬운 민주당에 대해 견제와 불만족을 동시에 담고 있다.

집권 여당이 보여주는 무기력한 정치를 넘어 사회적 혐오를 조장하는 상황 앞에서 야당이 절대적인 지지를 받지 못하는 점은 꽤 심각한 의미로 받아들여야 한다. 나아가 현직 국회의원 및 정당 지지도를 두고 흔히 '물갈이론'이라고 표현하지만 여당에 맞서는 거대 민주당의 한계와 후보에 대한 갈증이 중층적으로 뒤섞여 나타난 결과다.

그런 점에서 몇 가지 관전 포인트가 필요하다. 윤석열 정권의 무능과 실정 앞에 민심이 방향감각을 잃은 것처럼 오해해서는 안 된다. 민심은 현실정치를 정확하게 읽는다. 정치인들이 착각하고 있다. 그 현실을 정확하게 읽고 정치적 대응책을 세워야 한다.

정치인들은 고단한 민심을 읽지 못하기 때문에 대의 역할을 제대로 수행하지 못하는 것은 아닐까? 유권자들의 현실 민심은 자신들의 표를 가져간 국회의원들이 자기 한 사람의 정치생명만 보존하려는 태도가 못마땅하다. 시민들의 먹고사는 생활 경제는 위험하다. 국민들을 잘살게 해주지 못하는 위태로운 국정 운영이다. 다수당이 속시원하게 견제하지 못하는 어설픈 국회다. 외교는 한없이 국격을 추락시키고 있다. 날이면 날마다 또 다른 불안이 등장하는 국가 현실은 사는 문제로 신경조차 쓰지 못한 채 짜증만 나게 만드니 외면하고 회피하고 싶은 게 민심이 아닐까 싶다. 한 마디로 내일에 대한 희망이 없다.

심각한 문제는 중앙정치도 지역정치도 민심을 풀어낼 희망의 정치가 없다는 점이다. 희망을 일굴 사람도 없고 시원하게 속풀이할 정치적 대리행위도 없다. 세상은 부당함과 부조리함으로 어지러운데 야당은 허약하기 짝이 없다. 집권당과 국무위원들의 현란한 변명과 뻔뻔한 회피 앞에 뻥 뚫어주는 예리함이 없다.

흔히 말하는 "현직 국회의원들의 존재감이 없다"는 것이 그것이다.

광주전남 지역민들의 정치의식은 높다. 오랜 지역적 소외와 함께 김대중 전대통령의 탁월한 리더십으로 학습된 정치의식이 높은 대중들이다. 존재감이 없다는 말은 현직 국회의원들이 호남을 넘어 대한민국을 호령하는 리더십을 느끼게 하지 못한다는 뜻도 담겨 있다. 시대와 함께하는 정치는 희망과 갈등을 해소하는 혜안적 메시지와 부당함에 맞서 희생과 저항을 이끄는 리더십을 요구한다. 우리 지역 말로 한다면 '야무진 정치인이 없다.' 할 말을 하고 맞설 것은 맞서는 정치인이 필요하다는 뜻이다.

특히 국회의원이나 민주당의 여론이 나쁜 것은 지역을 이끄는 시장과 지역 현안을 푸는 국회의원들의 리더십의 역할과 결코 무관하지 않다. 다음은 지자체장 도전 등 회전문 정치만 하려고 하는 다선 국회의원의 태도도 문제다. 중앙정치에 대한 혐오(?)가 지역에서 해소되지 못하고 있다. 민주당의 텃밭인 광주, 대한민국 정치 1번지 광주에서 보여주는 사회 현상은 대한민국의 축소판인데도 말이다.

내년 총선은 지역 정치와 긴밀하게 맞물려 있다. 그러려면 지난 1년 전 치뤘던 대선과 지선으로 거슬러 올라가야 한다. 그중 지지 및 투표율을 보면 꽤 유의미한 점을 찾을 수 있다.

지역 시민들에게 2022년에 있었던 20대 대선에 대한 회한이 깊다. 0.73%라는 간발의 차이로 낙선한 대선 결과는 커다란 충격을 몰고 왔다. 문재인 정부가 그렇게 못한 것도 아닌데 검언 유착의 권력은 반대하는 사람들의 감정을 불러모아 말도 안 되는 이해할 수 없는 정부를 탄생시킨 것이다. 그 충격의 결과는 한 달여 뒤 치뤄진 8대 지방선거에서 광주는 최저 투표율 37.7%(전국 평균 50.9%)의 결과로 얼어붙을 대로 얼어붙은 민심을 보여주었다.

그 민심 이탈은 계속되고 있다. 현재 광주 민심은 위로와 대리만족을 원한다. 그 위로가 없다면 내년 총선도 크게 달라지지 않을 것이다. 국회에서 대리만족 해주길 원하고 있는데 지역 출신 의원들은 존재감이 없다. 지방정부도 중앙정치도 답답한 갈등을 해소해주는 지역 정치가 없다는 점이다.

또 다른 한계는 민주당 대선 경선의 후유증이다. 이른바 수박 논쟁이다. 다름을 인정하지 않은 반민주성이 문제이다. 경선 과정에서 다른 입장을 가질 수 있다. 대결을 위해, 국면을 유리하게 만들기 위해 싸울 수 있다. 경선은 치열했더라도 끝나면 통합의 모습을 보였어야 하는 데 하나되는 혼연일체의 모습이 없었다. 앞으로도 분열된 모습을 계속 보인다면 내년 총선은 희망이 없을 것이다.

또 다른 문제는 현 집권 세력이 전방위적으로 진행하고 있는 민주당 흔들기 전술을 이겨내지 못한 채 휘말려 들고 있다는 것이다. 즉 외부로부터 도전받는 분열책이다. 야당이 갖추어야 할 대오는 단일대오 하나다. 23년 사회적으로 심각한 것은 모든 문제가 불공정하고 편파적이어서이다. 국민의 힘에서 흘러나온 선거 이야기는 사법적으로 거론되지도 않는다. 예컨대 이준석의 성 상납도 대표 실각용 도구로 쓰이고 더 이상은 없다. 그런데 최근 민주당 당 대표를 흔들어도 뾰족한 수가 나오지 않으니 경선을 문제 삼고, 별건의 별건으로 조리돌림을 하고 있다. 현 집권 세력 쪽은 어떤 방법으로든 자신들이 유리하도록 국면을 전환하기 위해 국가 조직을 사사롭게 동원하고 있다. 민주당은 무기 없이 전쟁터에 서 있는 꼴이다. 앞으로도 계속 도덕성 흔들기를 위해 묻지마 사법권이 계속될 전망이다.

올초 1년을 앞둔 여론조사 결과는 총체적인 국정 위기 앞에 호남 정치가 제 길을 못가고 있음을 보여준다. 국민들을 대신해 싸워주지 못하고 있음을 인정하고 그 현실을 겸허하게 받아들여야 한다. 그 의미를 담고 있는 여론 결과다.

동의할 수 없는 탄핵 앞에 국회는 당당하라

국회는 이태원 참사를 두고 행정안전부 장관을 탄핵했다. 절차적으로 진행된 탄핵은 헌법재판소(헌재)의 심리를 거친 뒤에 재판관 전원 일치로 무효 선언에 이르렀다. 이상민 행안부 장관은 다시 직에 복귀했다. 유가족 입장에서는 기가 막힌 일이다. 위패도 영정도 없이 검은 리본을 걸고 추모하던 것보다 더 납득할 수 없는 광경을 지켜봤으니 망자들을 두 번 죽인 셈이다.

인륜의 정서로도 도저히 이해할 수 없다. 한두 명도 아닌 수백 명의 사람이 죽었는데, 국가는 책임질 일이 아니고 개인의 탓이라는 결론이다. 말 그대로 놀러 가지 말아야 할 곳에 놀러 간 사람들 탓이라고 헌재가 정리한 것이다. 우리가 눈길을 줘야 할 일은 국회와 헌재가 보여준 국가적 대응 태도와 과정이다. 과연 국가는 왜 존재하는가!

민주공화국은 국민이 주인인 나라다. 개인의 권리를 최대한 보장하면서 모두가 평등하게 공존하는 민주공화정의 사회다. 그런데 일련의 탄핵 과정을 보면서 합리적 결론을 찾을 수 없다. 민주공화국이라는 대한민국은 헌법 글귀만 있고 실체는 붕괴된 것이 아닌가 의심된다.

처음이 아니다. 재작년인 2021년에는 사상 최초로 국회에서 판사를 탄핵했다. 그런데 헌법재판소에서 다시 각하하여 무효로 돌렸다. 법치를 근본적으로 흔든 사법 농단에 연루된 임성근 판사다. 그런데 헌재에서 면죄부를 받고 풀려나왔다. 왕조시대 절대권력의 권한을 위임받은 것도 아닌데 명백한 사법농단의 사실을 두고 죄가 없단다. 이런 상황을 어떻게 정리해야 할까?

대한민국이 법치국가인지 의심하게 만든 사건이다. 법은 옳은 정치를 위해 쓰여야 하는데 그렇지 않다. 구중궁궐의 권력이 된 것처럼 법률 내용을 모른 사람은 절차에 따라 진행된 결과를 의

심할 수조차 없다. 오히려 의구심을 던지면 그 자체가 불온한 사람으로 찍혀 법치 체제를 뒤흔든 불순세력으로 의심받아 공격받을 수 있다.

무엇이 문제일까?

탄핵절차가 맞을까? 다른 나라에서도 이런 상황이 있을까? 탄핵은 정말 신중해야 하고 공정한 방식인가? 여기서 우리나라의 탄핵이 무엇 때문에 실행되지 못하고 어려운지 분석하고 그 원인을 찾아서 고칠 것은 고쳐야 한다. 문제의 출발은 탄핵절차나 방식이 타당하다고만 받아들이고 문제없다고 거들떠보지도 않는 데서 시작한다. 심각한 문제다. 탄핵되어야 할 사안이라면 탄핵하는 게 맞다. 그렇게 되도록 제도를 고쳐야 한다.

수도 한복판에서 벌겋게 눈을 뜨고 생매장당하듯 159명의 사람이 죽고 수백 명이 부상당해도, 거짓말이 선명하게 보이는데도 갑작스레 고속도로 노선이 변경되고, 기우제식으로 수도 없이 많은 사람들을 수사하고, 조리돌리듯 사법권을 남용하는데도 야당인 민주당은 상식 이하로 점잖다. 겨우 사과 수준에서 책임을 묻고 사과를 안 한다고 비난만 한다. 국가 행정을 책임진 사람들의 책임을 두고 사과 타령으로 끝날 일이 아니고 책임자 본인의 재량에만 맡겨둘 일도 아니다. 국가의 행정을 책임진 사람들은 본인의 심정과 무관하게 법의 기준에 상응하는 조치와 처벌이 있어야 한다.

정상적인 삼권분립의 나라라면 행정부가 잘못하면 그에 대한 견제는 국회의 몫이다. 무기력하게 사과만 요구하는 국회는 직무유기 아닌가! 국회가 자기 회피와 책임을 방기하는 것이야말로 자기 잇속만 챙기는 쉬운 길을 택하기 때문에 일어난 결과다. 점잔 빼는 사과는 곤혹스러운 질곡에 자신을 빠뜨리지 않고 선량한 겉치레로 포장해 상대만 비난하게 함으로써 어부지리로 책임을 회피하겠다는 비겁한 수법이다.

국회의 잘못뿐만 아니라 헌법재판소가 탄핵하면서 내놓은 논리는 더 기가 막힌다. 엉뚱한 곳에 초점을 맞춰 이들이 저지른 잘못을 피해가면서 파면할 사안이 아니라는 결론을 내렸다. 먼저 대법관의 탄핵은 사법 권력을 농단한 죄가 있으나, 이미 사표를 냈기 때문에 실익이 없다는 식이 그것이다. 이번 행자부 장관도 잘못이 없는 것은 아니나 파면할 정도로 중대한 사안이 아니라는 식이니 눈가리고 아웅하는 것도 논리라고 갖다대는 저들의 논법에 분노가 치민다.

이런 방식은 법의 역할 중의 하나인 사법의 예방적 기능을 일거에 무력화시켜 버린 것이다. 어이가 없지 않는가! 앞으로 판사들은 대놓고 사법 권력을 농단해도 된다는 안내문이다. 문제가 되면 사표만 내면 된다는 논리다. 실익이 없다고 판단하고 사표를 내면 무죄로 풀려난다는 것을 헌재에서 알려준 셈이다.

직급이 낮은 공무원은 징계가 진행되면 사표를 쓸 수 없다. 그런데 대법관이나 국무위원, 대통령까지 탄핵이 되어도 헌재는 면죄부를 줄 구조가 비단길처럼 깔린 셈이다. 헌재는 이런 역할을 하는 게 맞는가? 헌재가 이렇게 해도 되는가? 탄핵의 잘잘못의 기준은 어디서 정해질 수 있는가? 헌재는 국민의 기본권을 행정기관이 얼마나 지키고 있는지만 따져야 하는 것이 아닌가? 과문한 의견이지만 기본권 수호를 본분으로 하는 헌재가 관여할 영역이 아니라고 본다.

여기에는 헌재가 수개월 동안 고심해서 절묘하게 내놓은 '이미 사표를 내서 실익이 없다'든가, '탄핵받을 만큼 중대한 사안이 아니다'라는 내용을 만들어 낸 것은 언어도단을 만든 것이고, 법치가 만든 일탈 중의 일탈이다. 9명의 임명직 헌법재판관 관료가 앉아서, 국민이 뽑은 300명의 선출직 국회의원이 내린 결정을 손바닥 뒤집듯 뒤집는 현실을 동의하란 말인가. 이토록 심각한 민주주의의 훼손보다 더 큰 문제는 없을 것이다. 무기력한 국회가 더 당당해져야 할 분명한 이유다.

시민을 위로하는 희망의 지역정치는 없을까?

올해로 김대중 대통령이 떠나신지 14년, 내년 2024년 1월은 김대중 대통령탄생 100주년을 맞는 해이다.

호남이 아니어도 김대중을 좋아하는 사람은 많다. 군사독재에 맞선 사람이거나 민주주의를 갈망한 사람이면 김대중 선생님을 좋아하는 마음은 서로 통할 것이다.

위키백과에서는 다음과 같이 소개하고 있다.

김대중(金大中, 1924년 1월 6일~2009년 8월 18일)은 대한민국의 제15대 대통령이다. 군부 정권의 위협으로 여러 번 죽을 고비를 넘기면서 김영삼과 함께 오랫동안 민주진영의 지도자로 활동하며 군사정권에 항거하였다. 이후 대통령에 당선되어 직선제 및 민간 정부 출범 이후 최초의 평화적인 정권교체를 이루었다.

전라남도 신안군 하의도에서 태어났다. 제5대 민의원을 거쳐 제6·7·8·13·14대 국회의원(6선 의원)을 지냈으며 15대 대통령으로 선출되었고, 대통령 재임 중 노벨 평화상을 받았다. 김대중은 군부 정권으로부터 납치와 가택연금, 투옥 등의 여러 탄압을 받았다.

1987년 6월 민주 항쟁 이후에는 통일민주당의 상임고문으로 활동하며 민주화추진협의회를 구성해 이른바 민주진영을 구축하였다. 인권 향상과 남북관계의 진전에 기여한 공로로 2000년 임기 중에 한국인 역사상 최초로 노벨 평화상을 수상하였다.

2000년 노르웨이 라프토(Rafto) 인권상, 1998년 무궁화 대훈장, 1998년 국제인권연맹 인권상, 1999년 미국 필라델피아 자유의 메달, 북미주 한국인권연합 인권상, 미국 조지 미니(George Meany) 인권상, 브루노 크라이스키(Bruno Kreisky) 인권상을 수상하였다. 연설에 능하였으며, 국회에서 가장 오래 연설한 기록으로 기네스북 증서를 받았다. 아무리 추운 겨울에도 온갖 풍상(風霜)을 참고 이겨내는 인동초(忍冬草)로 비유되어 불리기도 하였다.

김대중 대통령은 48세의 나이에 1971년 4월 27일 제7대 대통령선거에서 신민당 후보로 출마했다. 이 출마로 시작된 탄압과 고초는 15대 대통령이 되기 전까지 이어졌다. 그가 태어난 하의도는 소작쟁의로 유명한 곳이고 성장 과정에서 생생하게 지켜봤을 것이다. 그래서 "내가 태어난 이러한 토양이 민족과 같이 불의에 항거하는 힘을 주었다"라고 회상하곤 하였다.

이제 김대중 대통령은 떠나셨다. 김대중 대통령을 그리는 이유는 정치적인 식견이 탁월했기 때문만은 아니다. 우리 마음처럼 정치를 실천했기 때문이다. 시민을 위로하는 희망의 지역 정치인을 만나는 일이 어려운 첫 번째가 표상의 모델이 너무 크기 때문이다. 게다가 세상이 변해서 혼족 시대다. 사람들이 모여서 무엇을 도모하는 시대가 아닌 점도 작용하고 있다. 선도적인 메시아 정치가 필요하기보다 위로와 감동이 필요한 시대다. 선명하게 구분되지 않은 정치적 구호로는 호소력을 만들지 못하고 있다.

지금은 김대중 대통령처럼 시민의 위대함을 끌어내는 참 일꾼이 필요한 시대이다. 탄생 100주년이 갖는 의미는 광주전남의 정치가 어떻게 가야 할 것인지 되묻게 만드는 계기를 주신 것이다. 당신을 닮고 따라가는 것도 필요하지만 우리 한 사람 한 사람이 김대중으로 태어나는 것이 더 의미가 있을 것이다.

나의 관심사는 환경과 복지

어릴 때부터 사회적인 관심사를 물어오면 환경과 복지라고 대답하곤 했다. 당시 사회적인 분위기와 관련되기도 했지만, 시골에서 자란 성장 정서와 나 자신의 신체적인 조건 때문이었을 것이다. 스스로 안고 있는 장애 현실과 연결된 관심사라고 보아야 더 맞다. 하지만 대학 생활 때 고학년으로 올라가면서 고뇌의 범위가 현실적인 광주의 5.18과 민주화, 분단문제로 옮겨갔다. 한국 사회의 모순 앞에 치열했던 학창시절이었다.

북구와 인연은 고등학교 재학과 맞닿아 있다. 그 이후 한 번도 떠난 적이 없는 북구. 나는 내 동네 북구가 좋다. 항상 푸른 옷처럼 입혀진 무등산이 가까이 있어서 좋다. 봄이 되면 녹음진

초록 색깔과 무등산의 서늘한 바람이 주는 평온함이 늘 내 마음을 위로해주었고 안정감을 주었다. 여름으로 이어진 신록과 초록, 달이 바뀌면서 차오르는 자연의 색감은 언제 봐도 싱그럽다. 무더위가 와도 무등산을 바라보면 더위가 식는다. 몸의 불편함과 달리 일상으로 이어진 거주 공간으로부터 환경 사랑은 자연스럽게 다가왔다.

환경 문제는 자연과 교감하는 느낌이 없으면 감지되기 어렵다. 어디든 인공적인 개발과 경제 논리가 연결되어 있다. 대부분 생활환경은 먹고사는 문제와 밀접하게 연결되어 있다. 생활의 편리함이 늘어갈수록 우리를 둘러싼 자연환경은 무너진다. 내가 입고 먹고 쓰는 것들을 두고 혜택받는 것이 뭘까를 생각해야 하는데 쉽지 않다. 자연 현상에서 환경이 무너진 상태를 들여다보는 것을 떠나 거꾸로 나로부터 생각해보자는 것이다. 내가 쓰고 쉽게 버리는 습관을 가졌다면 쓸 수 있도록 만든 소모품은 누가 만들어주냐는 것이다. 이런 생각을 하면 나를 둘러싼 환경에 대해 자연스럽게 관심이 커질 것이다. "쌀 한 톨에 우주가 들어있다"는 무위당 장일순 선생님 말씀처럼 말이다.

나무 한 그루 안에 대한민국이 안고 있는 사회문제가 맞닿아 있다. 나무가 건강하려면 맑은 공기, 충분한 수분, 넉넉한 햇살, 건강한 토양이 있어야 한다. 그 공기, 물, 햇빛이 좋은 조건을 만들기 위해서는 공기를 만드는 식물들, 건강한 순환구조를 가진 물, 숨 쉬는 대기의 질이 탁하지 않아야 한다는 말이다. 그렇게 한 그루 나무를 위해 뒷받침되어야 할 조건들이 건강해야 한다. 한 사람이 건강하려면 먹는 문제, 쉬는 문제, 스트레스가 없는 사회 환경이어야 하는 것과 같은 맥락이다. 그 환경을 건강하게 만드는 것이 제도이고 정책이다.

한 사람의 건강지수를 높이는 일은 복지와 연결된다. 복지지수가 건강한 생존환경이어야 한다. 우리가 지향하는 행복지수는 곧 편리성과 사람 존중을 얼마나 받고 있느냐에 달려 있다. 나무가 사람에게 행복한 환경을 만드는 것처럼 사회가 사람들의 생활을 얼마만큼 편리하게 만드느냐의 문제와 같다.

환경과 복지에 대해 나는 북구가 대한민국이고 대한민국이 안고 있는 것이 북구가 안고 있는 일이라고 바라본다. 작은 것이 아름다워야 큰 대한민국도 아름다워지는 것이고 더 크게 세계도 아름다워지는 것이다.

첫 의정활동에서 환경복지위원장을 맡았다. 대학 때의 인연과 개인적인 면에서 환경과 복지 분야는 큰 흥미를 불러일으켰다. 이 환경과 복지, 나중에 열정을 쏟은 통일문제는 시간이 지나면서 대한민국을 보는 성숙한 문제의식으로 자랐다. 생각의 어른이 된 셈이다.

환경은 우리의 생명이다. 모든 만물이 공생하는 터전이다. 인간에게 환경은 생존을 위한 모든 자원을 묵묵히 제공하고도 싫다는 말이 없다. 기후 생태계의 위기가 커지면서 환경의 고마움이 비로소 커지고 있다. 생명의 위계관계가 없다는 관점에서 요즘은 자연보호나 환경보존이라고 말하지 않는다. 환경이라는 표현은 인간을 중심에 두고 인간을 둘러싼 경계의 것들로 자연을 취급한다는 점에서 적절치 않다는 지적이다.

복지란 인간다움이다. 모든 인간은 인간답게 살 권리가 있다. 사회적으로 다양한 환경에 노출되어 있지만 어떤 이유로도 차별적인 취급을 받아서는 안 된다. 능력은 태생적으로 부여된 것이 아니라 사회적으로 훈련된 것이라면 사회적 책임이 더 커질 수밖에 없다.

일반적으로 복지에 대한 논쟁은 시혜적 접근으로 해결할 것인지 보편적인 존엄의 관점으로 해결할 것인지로 입장이 갈린다. 이 논쟁의 바닥에는 인권을 바라보는 시선의 차이가 깔려있다. 능력 발휘를 개인의 몫으로 보느냐, 사회적 책임으로 묻느냐에 따라 갈리는 것이다.

아직 환경 파괴에 대한 현실 상황의 절실한 공감이 낮다. 복지에 대한 공감도 평등한 관점이라기보다 수직적인 상하관계로 보는 경향이 있다. 환경 문제 앞에서 시민들은 생활 속에서 꼼꼼하게 분리수거하고, 환경을 살리려는 노력이 제도적 차원에서도 그 기준이 강화되었지만 여전히 산업 전선에서 환경 문제는 중요 취급 대상이 아니다.

환경은 자연 문제고 복지는 사람 문제라고 구분하면 안 된다. 복지는 인간을 포함한 자연의 모든 생명에도 적용되어야 한다.

이미 인간은 자연의 일부이고 일체의 만물과 공생의 관계를 가지고 있다. 자연을 도구적인 대상으로 보고 취급하던 인간 중심적인 시선은 사라진 지 오래다. 우리는 자연과 함께 살아야 한다.

무등산이 우리에게 주는 위안과 무등산이 우리에게 주는 산들바람처럼 자연은 그저 고마운 존재이다. 더욱 조심스럽게 모셔야 한다. 낙엽 한 장도 허투르게 취급하면 안 된다. 그 생명력을 잃은 듯 보이는 낙엽 안에 다양한 무기물이 담겨있다. 낙엽을 존중한다는 것은 눈에 보이지 않은 세계를 존중하는 것이다. 세상은 눈에 보이는 것만이 전부가 아니다. 보이지 않은 것과 보이는 것이 함께 어울릴 때 생명은 유지되는 것이다.

그래서 환경에 대해 새로운 질문을 던져야 한다는 것을 깨닫게 된 것이다. 살아있는 모든 생명의 복지를 위해, 일체의 생명이 공생할 수 있는 길을 열기 위해 환경이 거듭나야 하는 것이다. 즉 인간중심적인 환경적 사고가 아니라 생태 전체를 포괄하는 기후위기를 고려하는 쪽으로 말이다.

행정사무 감사의 빛과 어둠

행정부가 집행하고 있는 국정에 대해 감사활동을 하는 것이 국회의 국정감사다. 이와 같은 역할을 지방의회에서도 하는 일이 행정사무 감사다. 국가 조직이든 지방자치 정부의 조직이든 권력은 견제되고 감시되어야 한다. 행정권, 입법권, 사법권으로 삼권분립이 된 것도 다 그 이유다. 아무리 좋은 민주주의 사회라도 한쪽에서 힘을 많이 가지면 남용되기 쉽다. 권한을 부여했는데 권력을 쥔 것으로 착각해 과용하는 사례가 권한이 많이 위임된 경우일수록 그렇다. 그래서 역으로 권한을 많이 가진 조직일수록 균형을 유지하기 위해 견제하고 감시하는 제도적 장치가 필요하다.

인류는 원래 한쪽에서 수직적인 권력 집중 구조의 방식으로 다스려진 왕권사회로부터 개인에게 나눠지는 민주주의 사회로 변해왔다. 그래서 견제하지 않으면 옛날 방식으로 복귀하려고 한다. 인류의 DNA 안에 독재 속성이 담겨 있는지도 모른다. 삼권분립으로 나뉘었지만 자꾸 제 역할을 못하거나 한계를 드러낸다. 힘이 한 곳으로 집중되면 더 크게 지배하려고 한다. 현대 사회가 민주주의 사회라지만 아직도 왕정이 존재하는 국가도 많다. 공산주의든 자본주의 사회든 힘을 분산하고 견제하는 일을 매번 고민하는 이유다. 삼권분립을 보완하기 위해 또 다른 독립 기관을 설치한다. 그 가운데 각종 위원회 구성, 감독원, 감사원, 인권위원회 등을 설치하고 있지만 임명권자를 감시하고 견제하는 일은 쉽지 않다.

행정감사는 입법기관이 수행하는 행정부에 대한 견제 활동이다. 즉 시민들이 시정지기가 되어 상시적으로 움직일 수 없으니 의원을 선출해 전문 인력으로 대신 역할을 준 것이다. 복잡한 사회적 관계 속에서 감시와 견제는 쉽지 않다. 원래 취지는 국정이나 시정을 감시하지만, 이해관계 세력들이 호소하고 진정해 견제를 무력화시킬 때가 많다. 그래서 의회 무용론까지 듣게 된다. 물론 국회에서 국정감사로 인기스타가 된 사례가 더러 있기도 하다. 국민의 알권리를 넘어 부당하다고 느껴왔던 사안들을 명쾌하게 따질 때였다. 사실, 국민들에게 스타가 된다는 말은 가려운 곳을 국민 정서에 맞게 잘 긁어줬다는 뜻이다.

국정감사는 입법부가 행정부를 견제하는 일이다. 입법부의 고유기능은 말 그대로 법을 만드는 입법 활동이다. 법이란 사회적 약속을 정하거나 고치고 그 질서를 통해 사회를 유지하는 것이다. 그래서 국회는 법으로 말한다고 표현한다. 사회질서를 유지하기 위하여 사람마다 다른 이해관계를 유지하기 위해 법을 만들지만, 법을 만드는 과정은 많은 이해관계가 작동한다.

지방자치단체에서도 행정력의 위상과 역할을 높이기 위해서는 입법기관의 견제가 중요하다. 행정기관은 집행권을 가졌기 때문에 견제 없이 방치되면 인기몰이나 담합 등의 문제들이 나타날 수 있다. 자체 감사시스템이 있지만 임명권자가 단체장이기 때문에 가재는 게 편이 되기 쉽다. 그래서 독립된 입법기관이 견제를 하는 것이다.

사실 1년에 한 번 하는 행정사무 감사로는 충분하지 않다. 그래서 상설 감사 체제를 만들자는 주장도 있다. 매년 행정사무 감사를 준비하면서 느꼈지만, 너무 방대한 분야를 대상으로 짧은 기간 동안 진행해야 한다는 부담은 이루 말할 수 없이 컸다. 준비는 의원 한 사람이 할 수 없다. 그런데 지방의회는 의원 한 명으로 감사를 준비해야 하는 점이 가장 곤혹스러웠다.

감사는 호령하는 자리가 되거나 공격지점을 찾아 주장하는 활동이 아니어야 하는데 그게 잘 안 된다. 효율적인 행정 작동이 안 되는 지점을 찾고 그 맥을 따라 짚어나가는 것이 필요할텐데 그게 쉽지 않다. 즉 날은 섰으나 베지 않고 견제의 역할을 살릴 수 있을 때 견제를 통해 행정력을 살리고, 시민을 위해 복무하는 행정력이 만들어지는 것이다.

행정사무 감사를 진행하면서 던지는 문제 제기를 어떤 범위에서 어떤 방향으로 가져갈 것인지가 감사자로서 늘 고심하는 지점이다. 어떨 땐 민원으로부터 감사의 필요성이 시작될 때도 있다. 시민들의 생활 속에서 불편하다고 사안을 꺼낼 때 왜 그런 민원이 등장하는지 따져보면서 중요한 접근 원칙을 세우게 된다. 이렇듯 행정의 관행과 절차를 예리하게 지적할 수 있는 무기가 감사권이다.

사람은 끼리끼리 담합을 하는 문화를 가졌다. 관심 없는 사람들을 이용해 자기 잇속을 채우는 일은 비일비재하다. 담합으로 부조리를 만들어내고 있는 근거를 찾아내는 일은 어려운 일이다. 감사가 진행되는 동안 가장 고통스런 상황에 빠지는 사람은 업무 담당자다. 일은 업무 담당자가 하지만 책임은 고위 간부가

진다. 그러니 고위직을 잘 만나야 한다. 이럴 때 엇박자가 나면서 호흡이 맞지 않을 때 업무 담당자는 이중고를 겪는다. 행정사무감사는 빛과 어둠의 두 모습을 보여주는 현장이다.

김 여사 초대가 광주의 희망과 미래인가?

용산 대통령실로부터 들려오는 소식은 취임 초부터 암울했다. 그 절망은 대선이 끝나고 지방선거로 시작됐다. 우리 지역은 전국 최저의 투표율이었다. 그리고 대통령실 이전은 어떤 도력을 가진 사람의 개입을 시작으로 국민을 위한 생산성보다 소모적인 소문들이 더 많았다. 따지고 보면 대통령의 부인 김 여사를 둘러싼 활동의 진위논쟁은 당선 이전부터 온 국민을 불편하게 했다.

그 분위기를 확장시킨 것은 뭐라 뭐라 해도 이재명 더불어민주당 대표를 흔들기 위해 수백 번씩 반복된 검찰의 압수수색이다. 대장동은 진실게임의 대상이 아니다. 방향이 잘못됐다. 밝힐 것은 덮고 없는 것은 만들어내고 있다. 입증이 안 되는 데도 줄기차게 문제를 꺼내 들고 검객들이 칼춤을 추고 있다.
그러는 사이 김건희의 학력 위조와 주가조작, 한동훈의 채널A 사건, 윤석열 장모의 건설 투기와 대장동 50억 클럽, 부산저축은행과 엘시티 … 의혹에 의혹의 꼬리가 뒤를 잇는데도 그들은 검찰의 압수수색을 앞세워 이재명 대표를 겨누는 칼춤 뒤로 숨을 수 있었다. 저들의 형식 논리는 만들면 없는 논리가 정당성을 얻는다. 진짜 문제는 문제를 삼지 않으면 문제가 안 된다.

그래서 광주는 여전히 슬픈 땅이다. 피를 흘려 민주주의를 지키고 정의를 외치며 역사를 지킨 사이 섬처럼 고립되어 갔다. 여전히 진실과 믿음이 명명백백 밝혀지지 못한 세월로 당사자들의 가슴은 한이 되어가고 있을 뿐, 역사적 귀감이 되고 숭고한 희생으로 쌓아 올린 민주주의의 금자탑이 되지 못하고 있다.

오히려 대통령은 민주주의를 훼손하고 민족정기를 허무는 일만 앞장서고 있다. 스스로 일본을 찾아가 침략의 과거를 청산하자고 물컵 반 잔의 논리로 간청(?)하였다. 과거를 잊어야 미래로 나갈 수 있다고 말하는 것이 국익을 위하는 것이고 국민을 위한 것이라고 말했다. 5월 광주를 잊자는 이야기를 꺼내지 않았을 뿐 대통령선거 후보 시절 가짜 속내를 꺼내든 것처럼 과거를 잊자는 이야기는 5월까지 포함된 것이나 다름없다.

저 사람들은 기회만 되면 민주주의와 민족의 아픔을 건든다. 원래 그런 사람들인데 저들을 돕는 사람들이 있는 게 더 문제다. 지역의 소통문화를 무너뜨리고, 미래로 가자며 과거와 현실을 내팽개치는 논리가 그 연장선에서 그들을 돕고 있는 셈이다.

최근 순천정원박람회에 참석한 대통령을 만난 광주광역시장의 발언이 세상에서 조롱거리로 회자되고 있다. 신문기사만 봐도 그렇다.

"한동훈, 장제원, 전광훈도 모시지 그러느냐?"

"어디 약점 잡힌 게 틀림없다."

"정권에 줄 서기하고 있나?"

"5·18단체장들은 특전사랑 화해하더니 시장은 김 여사를 모시자고 한다. 지금 광주에 시민들 의견 듣는 '단체장'들은 없다."

문제는 광주의 시정발전과 시민의 행복을 키우기 위해 거시적 발언으로 받아들여야 한다는 칭찬 어린 변명 앞에 천박성을 확인하지 않을 수 없다는 것이다. 행복을 지나치게 자의적으로 해석하고 있다. 최근 벌어지고 있는 굴욕적인 친일 발언, 양금덕 할머니가 살고 계신 광주, 그 광주의 민심을 읽지 않는 태도다. 아니 비엔날레가 예술이라는 이름으로 온 국민이 분노한 서류조작에 면죄부를 줄 수 있냐는 분노를 자극하고 있다.

비엔날레 행사에 여권의 어떤 인사든 초청할 수 있다. 여권의 인사에 예외를 두지 않고 초청하는 게 불문율이더라도 가뭄 갈증으로 목타하는 시민들의 갈증을 해소하는 첫 번째 시정을 담는 발언이냐는 것이다. 대통령에게 건의해야 할 문제로서 김 여사 초청이 광주에서 가장 시급한 우선순위의 문제는 아니라는 것이다.

친일을 청산하지 못한 역사가 윤석열의 치욕적 한일 회담으로 역사 왜곡의 길을 터준 것처럼 김 여사에 대한 온갖 루머와 의혹들이 해결되지 못하고 있는 상황에 광주광역시장의 김건희 초청은 광주가 나서서 면죄부를 주는 결과를 가져올 수 있다는 점을 모르는 것인가. 생각하지 못했고 기우일 뿐이라고 하더라도 과연 광주광역시장이 지역 발전을 위하고 해결해야 할 일들이 많을 텐데, 대통령 부인을 초청하는 것이 최선일까? 광주시민들은 이해할 수 없을 것 같다.

광주시장은 자신이 당선된 8대 지방선거에서 37.7%의 투표율과 334,699표로 당선된 것을 의식해야 한다. 145만여 명의 시민 중 1/5의 지지기반이다. 대선에 지친 시민들은 극도의 위축된 모습을 보였다고 하더라도 전국 최저의 투표율과 낮은 지지율을 고려해야 한다. 그리고 더 꼼꼼한 시정을 챙기지 못하고 있다는 자기 고백이 됐다는 점을 깨달아야 한다. 더 큰 선을 긋는 행보가 겨우 김 여사 초청 발언인지 되새겨야 할 대목이기 때문이다. 이것이 시민들의 미래고 행복인지 정말 심각하게 따져야 한다.

광주, 물 부족 문자가 최선일까?

타는 목마름이다. 물 부족으로 광주는 겨우내 문자에 시달렸다. 최근 광주시 주수원인 동복댐 저수율이 20%대를 넘나들면서 제한급수를 위협하고 있다. 그나마 다행일까? 지난 2022년 12월 30%에서 3개월여 동안 최악의 상황인 제한 급수나 급수차가 동원되어 양동이 급수까지는 가지 않았기 때문이다.

5일 전에 받은 문자다. 시시각각 급수상황을 알려줘 친절한 행정이다.

[광주] (20.11%) 수도계량기는 주기적으로 확인하여 물 사용량과 누수 여부를 점검하기, 물 이용시간 줄이기 습관으로 물 절약을 실천해 주세요.

인근 전남지역은 제한 급수로 광주보다 훨씬 나쁜 곳이 많다. 목포지역은 심각하다. 그에 비교하면 광주는 아직 다행이다. 그런데도 물을 둘러싸고 시민들은 불만이 많다. 무슨 맥락일까?

시민들은 문자를 받을 때마다 80~90년대 물자 절약을 강조하던 시대가 떠오른다고 한다. 다른 대책이 약한 것이다. 경각심을 불러일으키는 문자가 나쁘다는 뜻은 아니다. 위기에 서로 협력적 공동체 정신을 발휘해야 하는데도 시민들은 왜 불만일까? 그 바탕에는 불안이 크게 자리하고 있다는 뜻이다.

첫째는 시민들 탓이라고 느낀다는 것이다. 물 부족 대책을 책임지는 축에 시민들의 절약 말고는 없는 듯 반복되는 문자로 압박감을 느끼는 점이다. 일부 언론의 취재로 다른 대책을 모색하고 있다고 할 뿐 시청의 친절한 대책은 문자 이외를 통해 듣는 이야기가 없다고 느끼기 때문이다.

둘째는 장기적인 물 대책이 발표되지 않고 있다. 우리는 세계적으로 물 부족 국가 중의 하나다. 중장기적인 계획이 발표되어야 하는데 단기적인 방편 말고는 없다. 언론에 노출되는 것은 영산강에서 끌어오거나 해양수를 담수화하는 논의 정도다.

셋째는 이웃 전남지역과 협력적 모색이 없다. 인근 지자체와 MOU 체결을 통해 근본적인 정책적 모색이 없다. 광주지역 하늘에서만 비를 받아 급수량을 확보할 수 없는데도 말이다.

넷째는 확보된 급수원이 가정까지 도달하는 데 누수율이 너무 높다. 평소 공사를 위해 지하를 파면 손상되는 급수관의 문제가 누수 원인이 아니라 관로 자체가 노후화되어 누수율이 높다고 한다. 이에 대한 현대화가 시급하다.

옛날에는 통치란 치산치수라고 말했다. 땔감을 확보하면서 산사태가 일어나지 않도록 산림을 보존하고, 홍수와 농업용수를 확보하면서 가뭄에 대비하는 것이 통치의 핵심이었다. 지금도 시정이 책임져야 할 내용은 마찬가지다.

상하수도 문제, 도로와 교통문제, 주거환경 문제는 국가 행정과 지자체 행정이 책임져야 할 기본 요체다. 물 부족 문제는 단지 한 가지 물 문제가 아니다. 수도공급이 도시민들의 건강과 행복의 바로미터다. 물 문제와 연결되는 도로, 토목, 에너지, 환경 등 종합적인 사안이다. 이렇게 먹는 물을 해결하기 위한 해법은 간단하지 않다.

먹는 물은 그냥 H_2O가 아니다. 가장 큰 문제는 물을 어떻게 바라볼 것인가 관점의 문제다. 물을 단순히 시민들이 먹을 양으로만 바라보는 것일 때 답답하기 짝이 없다. 오늘의 시대는 인공강우까지 AI로 조절하는 시대다.

천수답처럼 하늘이 무심해 비를 뿌리지 않는다고 탓만 하면 날마다 기우제를 올리면 될 것이다. 기후환경 문제가 심각한 시대를 의식하지 않은 게으름이다. 어쩌면 먹고 사는 식량문제보다 더 실리적이고 핵심적인 것이 상수도 문제다. 물은 사상이나 입장, 고집이 필요한 문제와는 아무 관련이 없다. 21세기 도시가 안고 있는 최대의 고민거리다. 단순한 물 문제가 아니다. 묘하게도 이 대목에서 가수 이적의 '물물물'이 떠오른다.

5장
더 잘 살 수 있는 길,
분단을 넘는 통일

대통령이 한국 사람이오, 일본 사람이오?
김대중 대통령의 통일방안
광주정신과 함께 통일의 노둣돌을 놓자
경제부흥의 종착역으로 거듭나야 할 통일 조국

통일은 이념의 문제가 아니다. 통일은 민족문제다.
통일은 생존의 길이요, 미래의 희망이다.
현실은 이념으로 갈라서 있지만,
민족의 가슴으로 맞닿으면 녹일 수 있다.
통일은 절망이 아니라 희망이어야 한다.
광주정신이 보여준 민족 대동의 길과 통하는 길이
민족 통일의 길이다.
광주정신은 연대와 포용, 나눔과 공생의 가치를 담고 있다.
5월 광주정신이 곧 통일정신인 이유다.

대통령이 한국 사람이오, 일본 사람이오?

"윤석열 대통령이 한국 사람이오, 일본 사람이오?"
"잘못한 일본에게 돈을 받아야지, 동냥해서 준 돈은 절대 안 받습니다."

정부의 강제징용동원 해법이 발표되던 날, 14살에 끌려간 피해자 양금덕 할머니께서 하신 말씀이다.
대통령은 국무회의에서 "피해자의 입장을 존중하면서, 한일 양국의 공동 이익과 미래 발전에 부합하는 방안을 모색해 온 결과입니다"라고 했다.
정부의 발표 이후 전개된 전 국민의 반발이 거세지자 내놓은 말이다. 대통령의 발언은 기름을 더 부은 격이다.
"억울해서 못 죽겠다"
"끌려갔을 때보다 더 치욕적인 수모다"
피해자들은 이구동성으로 항의했다. 현행 민법에서도 피해 당사자가 받아들이지 않는 변제는 무효다. 정부에서 이렇게까지 할 이유는 뭘까? 가해자 일본에게 납작 엎드리는 현 정부의 태도가 궁금하다. 미래 발전에 부합하는 방안이라는 말로는 전혀 설득력이 없다.

　모든 국민에게 국민적 생채기를 만들고 있다. 집권 9개월째, 윤석열 정부의 정책 행태를 보면 볼수록 이제는 어디로 어떻게 움직일지 예측할 수 없으니 무섭기까지 하다. 막장 드라마도 이런 드라마는 없다. 단재 신채호 선생은 "역사를 잊은 민족에게 미래는 없다"고 했다. 용서와 화해는 가해자가 먼저 하는 것이 아니라 피해자가 하는 것이 순리다. 가해자가 안 한다고 중재자가 나설 문제도 아니다.

　최근 학교폭력으로 조명받은 국가수사본부장 정순신 자녀 학교폭력 사건이 겹쳐진다. 어린 10대 피해자는 치유되지 않았는데, 어른들끼리 힘겨루기로 짓눌러 덮은 것이 이 사건의 핵심이다. 10대 때 일본에 강제징용을 당한 피해 할머니들이 90세가 넘도록 차가운 거리로 나와 싸우시는데, 그 피해 부모가 따뜻한 방에서 가해자(일본)와 함께 화해선언을 한 꼴이다.

　일상사의 사건 처리도 그렇게 하지 않는다. 외교적으로는 더더욱 해서는 안 될 금단의 영역까지 건들고 있다. 외교는 주도권을 쥐기 위한 기 싸움이다. 자발적 기여를 기대한다고 발표해주어 일본은 손 안 대고 코를 풀게 되었으니 즐거워해야 할지 화를 내야 할지 표정 관리에 신경 쓰는 형국이 코미디다.

　1965년 한일청구권협정으로 국가 간의 책임 문제를 더는 건들지 못하게 했더라도 개인의 소송은 막지 못한다. 개개인의 불법 피해는 국가가 나서서 소멸시킬 수 없는 게 국제법이다. 국가가 나서서 노동미수금을 소멸시키고 감금 납치한 인권침해청구권을 소멸시킬 수 없다.

이것은 자국의 정부가 만든 명백한 2차 가해다. 그것도 자기 부모가 나서서 자식이 맞은 것이 부끄럽다고 감추자는 것이 아닌가. 자식은 가해자에게 맞은 것도 억울한데 부모가 나서서 자기 자식이 두들겨 맞고 온 것을 소문나지 않도록 단속할 테니 가해자에게 걱정하지 말라고 선언한 모습이다. 바보 천치가 아니고서 가능한 일인가? 보통 사람도 할 수 없는 일인데도 이 정부는 거짓말을 밥 먹듯 뻔뻔하게 해대니 창피하고 당황스럽다.

현 정부가 보여준 외교적인 행보 앞에 국가의 이익은 없다. '바이든'을 '날리면'으로 만들어 온 국민의 귀가 이상하다며 생억지를 쓰더니 날이면 날마다 국가의 위신을 날리고 있다. 세련미를 따지자는 것이 아니다. 그저 상식적으로 말할 수 있기를 희망할 뿐이다. 법으로도 양심으로도 사상적 입장을 떠나서도 납득할 수 없는 통치행위, 외교적 처신은 국격도 품격도 자격도 의심스러운 광경 앞에 실소조차 흘릴 수 없다.

살아있는 모든 민족혼은 2023년 3월 6일을 21세기 신국치일로 쓰고 있다. 일본 전범 기업 미쓰비시와 일본제철이 갚아야 할 배상금을 한국 기업이 대신 내는 것으로 결정, 그 3자 변제를 발표했던 이 날은 일본 정부의 발표가 아니라 대한민국 정부의 발표였다는 점에서 충격적이다.

정부의 '강제징용 해결책'을 두고 반발하는 이유는 간단하다. 일본의 직접 사과와 전범 기업의 책임있는 사죄는 여전히 빠졌기 때문이다. 더 놀라운 일은 피해자들의 동의를 구하지도 않았다. 충격의 정점에는 2018년 우리 대법원의 "일본의 한반도 지배가 불법이며, 일본 기업이 불법 행위를 했다"는 점을 명시한 판결을 내렸음에도 존중하지 않고 무시한 것이다.

세간의 불만에 찬 여론은 장작불의 가마솥처럼 들끓고 있다. 우리 대법원의 역사적 판결을 무시하고, 가해자 일본 정부가 해야 할 일을 피해자 정부가 대신했을 뿐만 아니라 일본과 협상 과정의 결과로 내놓은 것도 아니었다. 우리 정부가 알아서 선언하고 일본 정부가 자발적으로 참여하도록 하였으니 협상은 고사하고 고백식 결론을 선언한 것이라 더욱 기가 막힌다.

오늘, 3월 6일 신국치일, 독립운동으로 희생하신 선열들 앞에 얼굴을 들 수 없는 날이다. 양식있는 사람들이 이구동성으로 "매국적인 굴욕 외교 결정을 즉각 철회하라"는 비판의 목소리를 낸 이유다. 현 정부가 보여주고 있는 외교는 누구를 위해 무엇을 하겠다는 것인가? 과거, 일본이 식민지배를 통해 저지른 인륜적 과오를 두둔하는 대통령의 태도는 외교인가 굴욕인가?

남북문제를 푸는 열쇠, 지방정부의 역할

정권이 보수세력으로 바뀌면 남북교류 사업은 얼어붙는다. 교류의 희망과 염원이 실종되면서 통일의 꿈이 사라지고 있다. 노무현 정부 시절 10년 안에 남북문제가 해빙되고 완전 통일은 아니지만 화해와 교류가 확대되어 남북 간의 긴장은 완화될 거라 기대했었다.

언제부턴가 정권이 바뀌면 양념처럼 등장했다가 돌풍처럼 사라지면서 통일문제는 정치적 입맛에 따라 요동쳤다. 이산가족과 남북경협 사업에 관계하던 사람들이 언론에 등장하면 마음 아픈 일로 다가왔다. 이제 개성공단 재추진은 완전히 사라진 이야기가 되었다. 분단으로 가장 가슴 아픈 이산가족은 고령화로 갈수록 숫자가 줄어들고 민족과 겨레의 미래를 염려하는 사람들마저 소수가 되어가고 있다.

북한의 ICBM 대륙간 탄도 미사일은 발사 자체가 당연한 사건으로 바뀌고 남북과 북미 관계가 긴장될 때마다 발사되고 있다. 긴장의 고조 규모와 양상은 과거와 비교할 수 없을 만큼 커지고 있다. 북한은 심각한 경제난으로 고통받고 있는데도 군사적 긴장을 늦추지 않고 있다. 코로나19와 국제적인 압박이 그 강도를 더 높이고 있다.

2019년 7월 24일자 한겨레신문에 의하면 "지방자치단체(지자체)를 남북 교류협력의 법적 주체로 명시해 '중앙-지방 간 분권형 대북정책'을 추진하려는 협약을 통일부와 시도지사협의회가 24일 맺었다고 전했다. 지자체별로 지역 특색에 맞는 교류협력 사업을 독자적으로 추진할 수 있게 되는 등 '지방분권'의 가치가 대북정책에도 본격 적용되는 셈이다.

놀라운 일은 정권이 바뀌자 지금은 "김정은 정권은 파괴되어야 한다"고 발언하는 사람을 통일부 장관에 앉히거나 "통일부가 대북지원부 역할, 그래선 안 돼"라고 대통령이 발언하는 현실이다. 민족의 화해와 협력은 보수 정권의 등장으로 완전히 실종된 셈이다. 이렇게 한술 더 뜬 환경으로 변화된 것은 통일을 바라보는 관점이 달라졌기 때문이다. 흡수통일이라고 공개하고 있지는 않았지만, 교류협력을 파괴한다는 것은 그런 뜻과 통한다. 교류협력의 기본은 신뢰인데도 상대방을 인정하지 않는다면 남북의 화해는 회복되기 어렵다. 북한의 김여정 부부장은 "남조선(남한) 당국의 대북정책을 평하기에 앞서 우리(북한)는 윤석열 그 인간 자체가 싫다"고 밝혔다. 우리 역시 김여정을 상대하는 책임자는 차관급 정도라고 맞서고 있다.

통일문제는 단순히 남북의 민족적 화해가 아니다. 통일은 우리 민족이 가야 할 갱생의 길이요, 평화로 나아가야 할 전략적 디딤돌이다. 한반도는 지리적 여건 때문에 강대국의 대리 충돌장이 되어왔다. 자칫 대리충돌의 소용돌이에 휩쓸리다 민족의 생존 자체가 결판나는 경우를 또 경험할까 두렵다. 따라서 눈을 똑바로 뜨고 긴장하지 않으면 국운이 위태로운 길로 치닫게 될 수 있다. 거기에 계속된 분단으로 민족끼리 응전력을 소진하는 일을 만든다면 국익을 잃는 일은 불을 보듯 뻔하다.

우리의 외교는 자주적인 독립을 쟁취하는 방향에서 찾아야 하는데 의존 외교로 미국과 일본 중심의 외교로 간다면 다른 응전 세력인 중국과 러시아에 대한 견제의 힘을 잃게 된다. 남북끼리 긴장되는 일은 외부의 대응력을 포기한 것이다. 남북 경제협력은 단순히 퍼주기가 아니다. 장기적인 투자이고 통일 이후의 갈등을 줄이는 준비과정이다. 개성공단 추진을 통해 협력이 안 되니 우리가 얼마나 많은 손해를 보는지 생생하게 두 눈으로 확인했지 않는가?

이미 지방정부가 주도할 수 있는 법적 환경을 갖고 있음에도 중앙정부의 시행령 통치로 개입하면서 국운이 깜깜해졌다. 과거에는 정부가 할 수 없는 교류사업을 민간이 주도하고 통일을 앞당길 수 있는 성과를 만들어냈었다. 코로나19가 여지없이 얼어붙게 했지만, 더 큰 장해 환경으로 등장한 것은 보수 정권의 통일 관련 정책이다. 이 난국을 푸는 것은 지방정부 말고는 없다.

김대중 대통령의 통일방안

최근 들어 빛이 바래버린 통일 이야기다. 현 정부는 민족의 화해와는 정반대인 분열적 태도로 남북관계의 각을 세우고 있다. 용산 대통령실은 민주화 세력마저 존중하지 않는 태도다. 급기야 8.15 경축사에서 "공산 전체주의 세력은 늘 민주주의 운동가, 인권 운동가, 진보주의 행동가로 위장하고 허위 선동과 야비하고 패륜적인 공작을 일삼아 왔습니다"고 의심했다. 확실히 자기 지지세력만 의식하겠다는 태도다.

모름지기 대통령은 반대 세력도 껴안고 가야 한다. 그것이 민주주의 통치다. 그런데 내편 네편을 나누고 날마다 갈라치기 한다. 민족이나 자국민은 안중에 없고 일본과 미국의 이익을 대변하는 태도다. 기가 막힌 일이다. 8.15 경축사를 현장에서 듣던 용혜인 국회의원은 귀를 씻고 싶다고까지 했다.

일본의 도쿄대 명예교수인 와다 하루키는 "같은 민족인 북한과 대결할 목적으로 일본과 협력하는 것은 잘못"이라고 지적했다. '협력'은 '평화'와 '관계개선'을 위한 것이다. 민족 앞에는 보수도 진보도 필요하지 않다. 부자지간도 생각이 다를 수 있는데 남북의 생각은 당연히 다를 것이다. 이 전제로부터 시작해야 해결된다. 북한이 왜 반민족 패륜을 서슴없이 저지르고 있는지 깊이 살펴야 하지 않을까?

분단의 설움을 의식하지 않는 사람들은 그 분단 덕에 호의호식한 사람들이 아닐까? 하고 의심하는 사람도 있다. 분단으로 고통받고 피해를 입은 사람들이 많다. 분단은 아픔이다. 일찍이 김대중 선생님은 분단에 대해 가슴 아파하면서 통일에 대한 선진적 안목으로 의견을 제시했다. 이를 두고 공산주의자로 내몰아 정치적 탄압을 가했다.

그런데도 김대중 선생님은 대통령이 된 뒤 김정일을 만난 자리에서 다음과 같은 합의를 했다.

'6·15남북공동선언'의 2항의 내용이다. 이 물음의 답을 찾을 실마리로 적절하다.

"남과 북은 나라의 통일을 위한 남측의 연합제 안과 북측의 낮은 단계의 연방제 안이 서로 공통성이 있다고 인정하고 앞으로 이 방향에서 통일을 지향시켜 나가기로 하였다."

김 대통령의 3단계 통일방안은 '남북연합'을 구성한 뒤, 남북은 '연방자치'를 실시한 다음 '통일국가'로 나아가는 것이다.

단계별로 좀 더 살펴보면 남북연합은 '공화국연합'(국가연합) 방식의 통일안으로 현존하고 있는 남북의 공화국은 독립된 상태로서 권한을 유지한다. 즉 외교, 국방, 내정의 권한을 그대로 유지하면서 양국에서 동수 대표의 파견으로 공화국연합기구를 창설한다. 양국은 남북 경제공동체 건설과 함께 군사적 신뢰와 군비축소, 경제협력을 이루게 된다.

다음 2단계는 '연방제' 방식의 통일방안이다. 연방제 아래 외교와 국방은 연방이 전부 장악하고 연방제 운영과 관련된 중요한 내정도 연방이 관리한다. 이렇게 되면 분리되었던 국가형태의 공화국은 지역별 자치 정부로 새 출발을 하게 된다. 연방정부에서 대통령을 선출하고 연방 국회를 구성한다. 따라서 UN에서도 단일 회원국으로 변하고 다른 나라와 국교도 단일화한다.

마지막 3단계는 '완전 통일'로 남북이 단일정부 체제로 전환하여 1민족, 1국가, 1정부의 통일국가를 이룩한다.

3단계 통일방안은 차이를 인정하고 그 인정을 통해 민족이 지켜온 단일한 정체성을 회복할 수 있다. 따라서 2000년 6월 15일 김정일 국방위원장이 김대중 대통령과 회담 때 "대통령께서는 완전 통일은 10년 내지 20년은 걸릴 것이라고 하신 것으로 알고 있습니다. 그런데 나는 완전 통일까지는 앞으로 40년~50년이 걸릴 것으로 생각합니다"고 말했던 것이다.

최근 윤석열 정부가 통일부 장관을 임명하는 과정이나 북한을 상대하는 관점을 과거 김대중 대통령의 통일방안과 비교하게 된다. 정말 민족은 있는가? 엄중하게 다시 묻는다.

분단은 이념으로 만들어졌지만, 통일은 이념을 허물어야 가능하다. 통일을 평화적인 방법이 아닌 무력으로 하겠다는 생각을 하면 대화도 필요 없고 통일방안도 소용없어진다. 그 인식으로부터 출발하면 통일부도 필요 없어진다. 위태로운 분단 현실에서 국민들만 불안해질 수밖에 없다.

국격이 추락하고 있는 외교전선

대한장애인사격연맹 회장을 맡으면서 외국어가 절실했다. 영어공부를 좋아했던 경험도 있었지만, 우리나라 영어공부는 회화 중심이 아니다. 요즘 세대는 영어 듣기수업도 외국인 강사들이 투입되어 수업이 진행되고 있지만, 우리 때는 그러지 못했다.

대통령이 UN에서 연설을 영어로 한다고 호들갑을 떨었다. 영어공부를 좋아하는 나로선 창피해졌다. 사실 우리나라 대통령이 우리나라 말로 외국에 나가서 의사 표현을 해야 맞다. 영어 실력을 자랑하는 자리도 아닌데 아무리 영어를 잘한다고 해도 대통령은 우리 것을 지키는 일의 선봉에서 상징적으로 해줘야 한다. 외국어가 절실할 때는 실무자가 놓칠 수 있는 문제를 챙기기 위해서 필요할 뿐이다. 나는 국제대회에서 대회사를 할 때나 축사를 할 때 자긍심을 갖고 우리말로 한다.

국격은 우리 스스로가 만드는 것이지 다른 나라나 다른 나라 사람들이 만들어주는 것이 아니다. 우리 것을 우리가 지키고 이해시키도록 노력해야 한다. 전임 문재인 대통령은 해외에 나가면 우리의 위상이 얼마나 높아졌는지 실감한다고 자랑한 적이 있었다. 우리는 과거의 개발도상국이 아니다. 이미 원조를 받는 국가가 아니라 2022년 초에 원조 공여국 선언을 했다. 우리는 우리식의 국가경영 원칙을 가져야 한다.

대통령이 바뀌면서 평판도 대우도 달라진 모습 때문에 충격이다. 어쩌다 대통령이 외국에 나가면 조롱거리 기사들이 쏟아진다. 박근혜 국정농단 때 '이게 나라냐'며 퇴진시킨 것을 넘어, '국가가 없다' '대통령 놀이' 등의 최악의 표현으로 못 살겠다고 항변하는 시민들이 날로 규모가 늘고 있다. 무슨 사건 사고가 벌어져도 사과하거나 책임지겠다고 표현하지 않는다. 이제는 급기야 법적으로 국무위원 탄핵을 해도 잘못이 없는 세상이 되었다. 권력과 사법권이 자웅동체가 된 듯하다. 서울 도심에서는 매주 집회가 열리고, 나라를 걱정하는 사람들의 움직임이 예사롭지 않다.

국격 추락의 첫 단추는 대미 대일외교에서 미국 대통령과 48초 회담을 시작으로 벌어졌다. 선거운동 중에 한일관계 정상화를 공약으로 내걸었다지만 일본과 무역분쟁 종료, 한일통화 스와프 재개로 시작한 뒤 삼일절과 광복절 기념사에 명료한 태도를 드러냈다. "일본은 세계시민의 자유를 위협하는 도전에 맞서 함께 힘을 합쳐 나아가야 하는 이웃이다. 한-일 관계가 보편적 가치를 기반으로 양국의 미래와 시대적 사명을 향해 나아갈 때 과거사 문제도 제대로 해결될 수 있다"며, 위안부를 비롯한 한일 간 역사분쟁 현안들을 거론하지 않았다.

게다가 한번에 그친 것이 아니다. 2023년 3월 1일의 윤석열 대통령 발언은 충격 그 자체였다. 그것도 서울 중구 유관순 기념관에서 열린 제104주년 3.1절 기념식이었기 때문이다. "일본은 과거 군국주의 침략자에서 우리와 보편적 가치를 공유하고 안보와 경제, 그리고 글로벌 어젠다에서 협력하는 파트너로 변했다"라고 말했다. 차라리 일본대사관에 가서 경축사를 해야 할 내용들이다. 강제징용이나 일본군 위안부 문제 등 과거사 문제에 대한 언급 없이 '미래 협력을 강조'하는 기념사를 발표했기 때문이다.

다음 2024년 삼일절과 광복절에는 그 이상 어떤 메시지를 담을 수 있을지 의심스럽다. 더 이상 표현할 수 없을 정도의 내용으로 읽을수록 분노가 치민다. 지금까지 경축사에서는 양극화 해소나 정치적 갈등 완화를 위한 노력을 쏟는 표현이었다. 윤 대통령은 '통합'이나 '협치'라는 단어는 취임사에 이어 한 번도 언급되지 않고 오히려 갈등만을 부추기고 있다.

결국 윤석열 대통령의 경축사에서 5월에 광주시민에게 총을 겨눈 것처럼 국민들에게 총부리를 겨누는 발언을 했다. "일본은 우리의 파트너"는 자연스러운 표현이고, "공산주의 및 전체주의 세력이 민주, 진보운동가 세력으로 위장하고 허위 선동과 패륜적 공작을 해 왔다" 등의 발언을 서슴없이 했다. 또 한미일 협력을 강조하면서 "공산주의, 전체주의를 맹종하는 반국가세력들이 조작 선동으로 여론을 왜곡하고 사회를 교란한다"고도 주장했다. 발언할 기회가 있을 때마다 자유민주주의라는 말을 수십 차례 반복하면서 다른 의견을 보이면 공산주의 세력의 준동이고 위장이라고 발언하고 있다.

그래서 한겨레는 이 경축사를 두고 '반국가세력'이 구체적으로 누구인지는 언급하지 않았으나, 정부에 비판적인 야당, 시민사회, 노동단체, 언론 등을 망라한 것으로 보인다고 분석했던 것인지도 모른다. 대통령의 경축사는 "정부에 비판적인 세력을 '자유민주주의'에 반하는 것으로 보고 '척결 대상'으로 삼겠다"라는 것으로 볼 수밖에 없다.

일본은 침략 역사의 과오를 두고 독일처럼 제대로 된 사과를 한 적이 없었다. 최근에 벌어지고 있는 사회적 참사 앞에 국정을 책임지고 있는 사람으로서 일본이 뻔뻔하게 버티는 것처럼 현 정부 역시 일본식 모르쇠 태도는 어쩌면 이렇게 똑같을까? 싶다. 일제 치하로 빚어진 사회적 병폐로 보지 않고 집안 문제로 보는 태도다. 한없이 추락하는 국격이다. 미국과 관계에서 대등한 국가 격식을 갖추지 못하는 현실 앞에 차기 정부가 들어서더라도 희망이 없어 보일 정도다. 걱정이 태산이다.

우리가 긴장해야 할 일본의 속셈

우리는 눈에 보이는 윤 대통령의 신 친일 행보를 두고 손가락질한다. 그런데 진짜로 우리가 주목해야 할 상대는 일본이다. 일본은 오래전부터 친일세력을 키워왔고, 그 결실로 등장한 정권이라는 사실을 우리만 놓친다. 일본의 단수 높은 통치술까지 읽는 사람들은 많지 않다.

일본은 싸움질하기를 좋아하는 생태적 역사를 가진 민족이다. 세계 2차대전에서 패전한 일본은 자신들의 침략적 생리를 포기한 듯 포장했지만, 본심은 변하지 않았다. 사무라이 정신으로 일본은 새로운 전략을 세웠다. 침략적 지배를 무기로 앞세우지 않고 문화와 원조를 통해 방법을 바꿨다. 그 침략의 발톱이 밖으로 삐져나온 것은 일본 헌법 9조 개정 노력이다.

세계대전 때와는 다르게 해외로 봉사를 떠나고 무상을 곁들인 원조 지원을 통해 친화적인 방식으로 세계 제패를 다시 꿈꾸고 있다. 지원을 받는 국가 입장에서는 자신의 공부 갈증을 해결해준다는 원조가 얼마나 절실했겠는가. 군대를 동원한 무력행사가 아니라 경제적 지원과 물질적 협력을 통해 정신적 동맹은 나쁘지 않은 것으로 이해된다.

일본의 유학생을 통한 세력화는 유명하다. 지금은 일본국제교류센터를 통해 국제적인 네트워크로 관리한다. 대통령 부친 윤기중은 1960년대 한일수교 직후 일본 문부성 국비 장학생 1호로 선발되어 히토쓰바시대학 대학원 경제학과에서 1966년부터 1968년까지 유학을 했다. 그 같은 지원을 받은 유학생들은 한국으로 들어와 대학교수와 공무원, 국영기업, 대기업 임직원 그리고 정치인으로 자리를 잡았다.

일본은 우리에게만 그렇게 투자한 게 아니다. 국제교류기금 JAPAN FOUND을 조성하여 각국의 인재들에게 지원했다. 이런 맥락에서 보면 일본의 입장은 자신들의 과거 역사에 대해 제대로 된 사과를 할 필요가 없다는 태도다. 왜 일본인들이 그런 태도로 노력하지 않는지 묻는 것은 이런 일본 고도의 작전을 이해하지 못했기 때문이다.

일본은 적대적 관계를 청산할 생각이 없다. 예컨대 1963년 프랑스와 독일이 적대 관계를 청산하기 위해 '엘리제 조약'을 맺었다. 프랑스와 독일의 사례는 일본과 다르다. 독일은 철저하게 반성적 자세로 사과했다. 그런데 엘리제 조약만 가져와 외교를 복원할 수 없다. 사과와 용서가 근본적으로 만들어지지 않았는데 양국 정상과 외교·안보 장관 회동을 정례화하고 청년 등 민간교류 활성화한다고 적대적 관계가 덮어질 수 있을까?

일본 정부는 60년 전부터 최소 50년, 100년의 미래를 내다보고 패배를 극복하려고 했다. 제팬 펀드로 다시 한반도를 지배하고 세계를 침략하려고 한 것이다. 그것이 바로 한국 지식인 청년들을 일본 대학으로 불러들여 공짜로 공부시켜 박사를 만들어 준 것이다. 한국으로 돌아와 한국 사회의 기득권이 되면 그들은 일본의 숨겨진 욕구대로 충실히 이행하면서 한국 국민의 반일 감정을 희석시키는 지식인 노릇을 했다. 본인들도 모르는 사이에 신친일파가 되어간 것이다.

국제교류기금JANPAN FOUND의 힘 말고는 윤석열의 대통령 당선을 설명할 길이 없다. 한국 내 친일세력들이 총단결해서 윤석열을 만들었지 않았는가! 미국이 김구 선생보다 통제가 용이한 이승만을 선택한 것처럼 일본의 입장에서 가장 완벽한 후보는 윤석열이었다. 그들이 믿을 수 있는 일본 문부성 1호 장학생의 아들이었기 때문이다. 진정한 일본의 적자인 셈이다. 정말 과장된 해석일까? 세간의 이야기가 흥미롭다.

윤석열이 친일적 행보로 가는 것은 이미 정해진 인과응보인 것이다. 일본은 19세기 침략 방식이 아니라 21세기 침략 방식으로 한국을 조정하고 한국의 경제침탈과 정치예속화를 이끌어 실질적인 신식민지화 기반을 마련한 셈이다.

일본 정부가 윤 대통령을 만났을 때 '한일청년미래기금'을 만들자고 떠들썩한 것은 지난날 실패의 쓴맛을 재현시키지 않고 친일청년들을 양성하겠다는 의도를 담은 것이다. 우리는 분명히 알아야 한다. 청산되지 않은 역사는 다시 반복된다는 사실을. 식민지 잔재 청산을 미룬 시간 동안 자신들의 살 궁리를 찾아 민족의 뒤통수를 친 것이다.

겉으로는 윤석열이 문제지만 여러 방향에서 일본의 본심이 확인되었다. 대한민국의 역사는 명료해졌다. 민족주의 세력과 친일 부역 세력 간의 갈등이 역사를 지배하고 있다. 그 세력의 연대가 정치세력이고 집권당의 입장이다. 윤석열이 일장기 앞에 고개를 숙이고 경건한 자세를 취한 것은 얼떨결의 실수가 아니다. 친일 의식 안에 채워진 생존적 충정을 표한 것이다.

이제 대한민국 땅에서 우리들이 해야 할 일은 분명해졌다. 일본과의 새로운 전쟁을 시작하는 것이다. 일제 청산의 전쟁을 범국민적으로 추진할 때 청년의 미래가 있다.

* 친일세력의 특징 12가지*

1. 친일세력은 자기들만의 생존을 위해 민족분단을 지속시키고 고착화한다. 분단 세력, 반평화 세력이다.
2. 친일세력은 외세에 빌붙기 좋아해 뼛속까지 친미일 주의자가 된다. 대를 이은 사대주의자다.
3. 친일세력은 친일 부패 무능 정권을 비판하면 무조건 친북, 좌파 빨갱이로 몬다. 해방 후 지금까지 쉬지 않고 이런 짓을 한다. 부패와 친일 행각을 감추려는 짓이다.
4. 친일세력은 민족의 미래에 대한 공동선, 철학과 비전이 없다. 친일세력이 정권 장악에 혈안이 되는 이유는 민주 정권이 들어

---

* 이 글은 SNS에서 소통된 자료로 출처를 확인할 수 없다. 내가 주관적으로 타당하다고 공감하여 실은 글이다.

서면 친일 부패 행각이 드러나 생존하기 어렵기 때문이다.
5. 친일세력은 도덕성 없는 물욕, 권력욕이 강해서 권력만 잡으면 부정부패를 일삼는다. 부패를 감추려고 상습적인 좌파 몰이를 하며 희생양 잡기를 한다.
6. 친일세력은 조상부터 정의에 대한 신념이나 인간적 신의나 도덕성이 없다. 근본이 불의하다.
7. 친일세력은 민주 세력을 적으로 여기며 쉴 틈 없이 공산당이라는 허구를 만들어 음해 공작을 하며 갈라치기를 한다.
8. 친일세력은 과거 친일 행각으로 거머쥔 재산과 기득권을 자식들에게 물려주며 사회적 특권을 가르친다. 부와 권력을 자신들만 누리려는 집단 이기주의자다.
9. 친일세력은 소수가 특권을 누리며 동족을 팔아먹거나 차별해 왔기 때문에 보편적 인권 사상이나 민주 사상을 몹시 싫어한다. 철저하게 반민주주의자의 행태를 보인다.
10. 친일세력은 기독교에 뉴라이트 운동으로 위장하고 침투해 신자들을 복음에서 이탈하게 만들어 친일세력으로 양육하고 빨갱이 몰이에 앞장세운다.
11. 1919 기미년에는 기독교인을 비롯한 종교인들이 민족 세력의 주축이 되어 일왕과 일제에 저항하며 자주, 독립을 외치며 친일세력을 몰아내자고 외쳤다. 요즈음엔 돈과 권력에 환장한 세력이 종교를 장악하고 태극기를 들고 다니며 민주, 자주, 독립 세력을 좌파로 낙인을 찍고 증오와 혐오를 교사하고 있

다.
12. 돈과 권력을 사랑하는 친일세력이 가진 기득권, 돈과 권력의 부스러기라도 얻어먹으려는 자들이 도처에서 친일세력의 앞잡이를 자처하고 있다. 이런 부류는 정부, 정당, 검찰, 법원, 종교계, 학계, 권력기관, 없는 곳이 없다. 이들은 깨끗한 양심과 합리적 이성을 버린 자들이다.

광주정신과 함께 통일의 노둣돌을 놓자

5월 광주민주화운동을 두고 한동안 북한 공작설을 퍼트렸다. 지금도 일부에서는 북한 개입설을 퍼트리고 그것을 사실로 받아들이는 사람들도 있다. 그 공작설에 기반하여 항쟁이나 민주화운동이라고 하지 않고 폭동이라고 했다. 북한 침투설로 시작한 공작설이 나중에 광수 이야기로 번졌다. 광수 이야기는 사진의 주인공이 등장하지 않았다는 이유로 광주 밖에서는 꽤 오랫동안 설득력을 가졌다. 나중에 밝혀졌지만 광수 이야기야말로 조작됐음이 입증되었다. 사진의 주인공들이 기자회견을 통해 입장을 밝혔다.

광주가 아프면서도 아름다운 이유가 있다. 광주는 고통받으면서도 함께 나누고 죽는 순간까지도 함께 운명을 짊어졌다. 그런데 광주를 모함하고 광주를 더럽히는 사람들이 그 진심을 심하게 흔들고 훼손시켰다. 광주의 5.18은 역사 속의 박물관에 들어갈 사건이 아니다. 광주는 대한민국의 정의와 평화, 자유와 민주주의를 지키는 산파였고 화신이었다.

광주는 5월과 함께 통일사업을 주장할 수 없었다. 참으로 고약했다. 앞에서 이야기한 것처럼 조모씨 지모씨 같은 사람들이 억지 내용을 만들어 집요하게 혼란을 조성해서다. 근거도 없는 북한 침투설, 북한군 광수 이야기를 끌어다 5월을 흔들어대고, 광주의 헌신적인 희생을 끝없이 모욕했다. 광주는 한 번도 아프다고 말하지 않았는데 광주를 욕되게 하는 사람들은 아프도록 괴롭혔다.

21세기는 이념의 시대가 아니다. 이념의 정치 시대는 끝났다. 소련의 붕괴로부터 이념은 종식되었다. 그런데 한반도는 예외다. 이념의 종식과는 달리 이념의 먹구름으로 가득 차 있다. 가장 강력한 이념으로 유지되는 북녘땅, 민족 통일의 미래 앞에 답답함이 돌덩이처럼 크다. 이 한반도의 하늘을 덮고 있는 이념의 구름이 걷혀야 통일의 햇살이 보인다.

대한민국 경제 역량은 세계 10위권이다. 분단은 남북 간의 이념적 고착화로 빚어진 민족의 비극이지만 결코 비극적인 것만 아니다. 분단은 강대국 간의 국제정세가 만든 이해관계로 빚어진 산물이다. 아직도 시퍼렇게 살아있는 주체사상을 앞세운 북한식 공산주의는 미국을 가장 큰 적으로 삼는 남한식 자본주의와 충돌할 수밖에 없는 정치적 상황이다. 주변국은 자국의 생존을 위해 외교적 수사를 펼치고 있다. 분위기를 이용해 각자도생인 셈이다.

5월은 민족정기를 훼손하는 독재 세력에 항거한 의로운 시민들의 외침이다. 독재란 다양성을 억누르고 획일화로 내모는 통치행위다. 크게 보면 이념이 종식된 시대에 민족이 앞서야 할 연대를 끌어내는 것이 광주정신이다. 이념과 특정 세력을 앞세운 통치는 독재다. 통일은 하나로 일사분란하게 움직이는 획일화를 말하는 것이 아니다. 자칫 통일을 독재로 둔갑시켜서는 안 된다. 통일은 다양성을 실현하기 위해 흩어진 민족을 모아 더 큰 민족을 만들자는 요청이다. 다양성을 분열로 내몰아서는 안 된다.

광주정신은 독재에 대한 저항정신이요, 민족의 생존을 위한 연대정신이요, 번영과 통일로 이어지는 민족 공동체의 핵심이다.

남북 교류협력은 민족의 이익을 만든다

분단을 이용하는 세력이 있는 것은 분명하다. 평범한 사람들의 생각으로는 닿지 않는 문제다. 분단 이산가족의 문제를 넘어 민족의 역사를 불행하게 만드는 원인일텐데 분단은 늘 정략적으로 취급되어왔다. 상식적으로 보면 미움을 갖고 있으면 상대와 어울릴 수 없다. 미움은 상대를 인정하지 않게 되고 욕을 다반사로 하면서 감정을 키워 죽이겠다고 길길이 날뛸 수 있다. 한반도는 그런 형국이다.

21세기 한반도의 긴장은 여전히 누그러지지 않고 있다. 2018년 화해무드에서 2020년 이후 북미 관계와 남북관계가 경색국면에 접어들었다. 같은 해 6월 16일 남북공동연락사무소가 폭파되는 광경이 공개되면서 그동안 쌓았던 노력이 허물어지는 것처럼 충격이었다. 2019년 2월 하노이 2차 북미 정상회담 결렬 이후 1년 넘게 북미 협상의 접점 찾지 못한 채 실패한 것이 원인이었다고 하지만 남북관계는 항상 예측할 수 없는 이유로 복잡하게 얽히는 게 사실이다. 북미가 협상의 물꼬를 만들어내지 못하면서 남북관계마저 흐트러뜨려 놓았다. 그 불만의 불티가 엉뚱한 곳으로 옮겨붙은 셈일까.

엎친 데 덮친 격으로 코로나19가 전 세계를 점령하면서 지구상의 모든 움직임을 얼어붙게 했다. 각국은 앞다퉈서 국경을 봉쇄하고 허가된 사전 의료 확인서가 없으면 왕래조차 할 수 없었다. 그렇지 않아도 지극히 제한된 남북교류는 철저하게 봉쇄된 것이다. 남북 교류협력 사업은 불투명한 상황이 되고 말았다. 또한 2022년에 들어서는 북한의 군사적 행동으로 인한 안보위협이 이전보다 훨씬 강하게 한반도를 지배하였다.

이런 상황에서 북한을 대화상대로 인정하지 않은 정권으로 바뀌면서 완전히 얼어붙었다. 국제적으로는 북한의 위협을 이용해 이득을 얻으려는 흐름이 커지고 있다. 앞으로 남북관계는 어떻게 유지될 수 있을까? 경색국면에 빠진 남북관계를 돌파하기 위해 어떤 노력이 가능할까? 나아가 우리의 이익은 무엇에 초점을 맞춰야 하는가? 그동안 남북교류 협상의 역사를 통해 그 가능성과 과제를 파악하는 일은 변화된 현실에 맞춰 발전할 수 있는 실현 방안을 모색하는 것과 통할 수 있다. 특히, 남북교류 중 경제 차원에서 평화를 보장하는 건 중요한 일이다.

한반도에 평화가 정착되어야 하는데, 최근 2022년~2023년 분위기는 긴장과 전쟁위협이 고조되고 있다. 현 정부는 미국과 일본을 등에 업고 민족이니 국제정세와는 아랑곳하지 않고 강공 정책을 펴고 있다. 그동안 역대 정부가 쌓아 올린 협상력과 평화적인 남북의 성과를 물거품으로 만들겠다는 듯이 말이다. 북한은 이에 질세라 강한 발언으로 응대하니 더욱 위태롭다.

2022년 8월 18일, 김여정은 한국 정부의 각종 정책에 대해 원색적인 비난을 쏟아내었다. 그녀는 윤 대통령의 정책은 자신들이 싫어하는 이명박 대통령의 '비핵, 개방, 3000'의 복사품이어서 싫다고 했다. 그리고 이어서 북한이 일관되게 한국전쟁의 승리를 주장하던 7월 27일(휴전협정일) 김정은은 연설에서 "때 없이 우리를 걸고 들지 말고 더 좋기는 아예 우리와 상대하지 않는 것이 상책일 것"이라고 주장했다. 또한 김여정은 '우리(북한)'는 남한과는(한국 정부와) '상대하기 싫다'면서 자신이 북한 당국의 입장을 대변하는 발언을 했다.

이렇게 강하게 대결하는 남북관계의 긴장은 경제적인 분야에 강하게 영향을 준다. 한반도 내 경제활동의 장애요소 중 하나로 '불확실성 및 투자 위험'이라는 표현을 쓴다. 위험이 획기적으로 낮아져야 투자 활성화로 이어질 수 있을 텐데 현 정부는 관심이 없다. 물론 평화적 분위기가 조성된다고 경제적 번영이 그대로 만들어지는 것은 아니다. 실제로 2018년 남북관계가 개선되면서, 남북 경제협력의 활성화를 기대했지만 실현되지 못했다.

사실, 남북협력의 성장 속에서도 정권의 차이가 만든 대북 정책을 둘러싼 논란이 있다. 그것은 정책적 일관성을 만들지 못한 탓이다. 정권에 따라 다양한 방식으로 북한을 인식할 수는 있지만, 북한에 대한 우리의 외교 방식은 정책적 일관성이 최소한의 수준으로라도 필요하다. 또 북한의 핵과 미사일 문제가 계속해서 일어나면서 경제협력을 둘러싼 외부효과의 역할이 한반도 긴장 완화로 마련되었는지도 검토해야 한다. 이에 대한 회의적, 비판적 견해로 볼 때 경제적 성과는 미약했다.

한반도의 평화적 분위기가 경제적 번영으로 곧바로 이어지지 못하는 이유라고 본다. 무엇보다도 멈춰있는 남북 교류협력을 재개하기 위해서는 우선 신뢰의 재구축이 필요하다. 2018년 남북 정상 간의 노력인 철도, 도로, 산림, 보건의료 등 다양한 분야에서 추진하려던 협력에 대한 후속 조치를 잇지 못하고 있다. 이런 노력을 퍼주기식 대응이라는 인식으로 신뢰를 무너뜨리면서 신뢰 자체를 걷어차고 있다. 민족이라는 전체적 시각을 놓치고 있는 태도다.

남쪽과 북쪽의 문제를 극복할 수 있는 상생의 요소들이 많다. 남북의 청년실업 문제, 주체적인 생산 의지와 기술 수준의 협력, 희귀자원과 기술력 결합, 관광과 문화예술의 수준 높은 결합 등이 많은데도 고립과 분단으로 우리 민족의 에너지를 죽이고 있다. 통일이야말로 민족이 살길이다. 죽이는 방식이 아니라 살리는 방식으로 남북을 바라볼 때 미움과 무시를 걷어낼 수 있을 것이다.

경제부흥의 종착역으로 거듭나야 할 통일 조국

과거 권위주의 정부에서는 통일을 이용해 안보 논리를 만들어 반통일적 사회 분위기를 조성하였다. 1980년 후반과 김대중 대통령의 국민의 정부가 들어서면서 통일은 적대적 문제가 아니라 민족의 동반자적 교류와 협력의 대상으로 전환되었다. 최근 벌어지고 있는 민족문제 앞에서 우려스러운 상황들이 계속되고 있다.

최근 통일부 장관 임명, 통일부 축소, 국제적 압박 등과 관련된 뉴스와 통일부 내부의 축소, 대통령실의 공직기강비서관 쪽에서 1년 가까이 강도 높은 감사를 진행한다는 보도들을 들으면서, 그동안 진행된 통일을 위한 성과와 노력이 물거품이 되지 않을까 깊은 걱정이 밀려든다.

북한의 움직임을 보면서 통일은 현실적으로 불가능하다고 포기하는 사람들도 있다. 하지만 대부분의 전문가들은 민족의 부흥과 민족의 생존을 위해 마땅히 추진되어야 한다고 지적하고 있다. 통일문제는 간단한 주제가 아니다. 북한의 관점을 놔두고라도 남한 내에서 통일을 바라보는 관점의 차이는 무력통일에서 평화통일까지 다양하다. 평화통일 역시 세세하게 다른 의견들이 많다.

입장의 차이는 있지만 역대 대통령들의 대부분은 평화와 선린 외교를 통해 남북의 갈등을 줄이려는 노력을 해왔다. 독재정치로 비판받은 박정희 대통령조차 중앙정보부장 이후락을 평양에 보내 '7.4 남북공동선언'을 발표했다. 보수 정권인 노태우 대통령도 '한민족공동체 통일방안'을 발표하여 남북교류에 대한 명확한 입장을 표명했다. 유일하게 무력통일을 주장한 대통령은 이승만이었다. 당시 6.25 한국전쟁이 끝난 뒤라 무력통일은 분위기를 살릴 수 있었을지 모르지만 최근 윤석열 정부에서 보여준 핵 대응에 대한 전략과 북한에 대한 인식에서 읽을 수 있는 통일 인식은 이승만 이상으로 암울하다.

남북의 다양한 문제들 가운데 위기의 핵심은 통일부가 축소된다는 점이다. 그동안 통일부는 대북정책, 회담, 교류협력, 탈북, 정보, 지원, 교육과 출입관리가 주요업무였다. 이 가운데 미래 지향적인 분야는 통일 교육이다. 그래서 산하 기관의 대부분은 교육 프로그램을 운영해 왔다.

대표적인 교육기관으로 '국립통일교육원'이 있다. 1972년 「통일연수소」로 출발하여, 2022년 개원 50주년을 맞이한 이곳에서는 자유롭게 통일 담론을 나눌 수 있는 통일교육 플랫폼 역할을 했다. 교육원은 국민과 늘 함께하겠다는 다짐으로 통일과 관련된 교육활동을 활발하게 담당하였다.

또 비핵·평화·번영 통일 미래의 꿈이 시작된다는 '한반도통일 미래센터'가 있다. 이곳에서는 통일체험 연수 프로그램, 남북 인적교류 및 행사, 청소년교류 지원 활동을 해왔다.

그밖에도 어른들을 위해 통일교육위원 중앙협의회가 있다. 통일교육위원은 전국 17개 시·도와 워싱턴, LA, 뉴욕, 중국, 일본, 독일 등 해외지역을 포함하여 724명이 활동하고 있다. 이들은 통일 전도사 같은 역할을 하는 사람들이다. 헌법에 근거하여 자유민주주의에 대한 신념과 민족공동체 의식 및 건전한 안보관을 바탕으로 통일을 이룩하기 위해 필요한 가치관과 태도를 기르는 통일 교육활동을 하고 있다.

최근 통일부는 정원을 현재 617명에서 536명으로 13%에 해당하는 81명을 감축한다고 발표했다. 남북 교류협력 업무를 담당하는 교류협력국·남북협력지구발전기획단·남북회담본부·남북출입사무소 등 4개 조직은 남북관계관리단(국장급)으로 통폐합하고 지원을 통한 교류는 중단한다는 내용을 발표하였다.

이른바 교류 지원을 '투자'로 보지 않고, 통일부는 '통일 지원부'가 아니라 북한을 '관리'의 대상으로 보겠다는 인식전환을 확인할 수 있다. 긴장의 원인이 어디서 만들어진 것이고 어디서 민족의 갈등을 완화할 수 있는지 확인해야 한다. 그런데도 이보다 북한의 핵·미사일 도발 위협을 억제하겠다는 강경 대응만 막겠다는 식이다.

자유민주주의 국가에서 국민의 지지를 받은 집권 세력의 생각을 기반으로 정책을 수립하고 집행하는 것은 그들이 누릴 수 있는 자유다. 하지만 두 가지 문제를 고려했어야 한다. 과연 민족의 관점에서 손익을 따지는 실용적인 정책인가, 또 하나는 청소년들에게 통일 의지를 심어주고 미래를 열어갈 수 있는 방향에서 통일 현안을 고려했는가는 반드시 따졌어야 한다.

놀라운 사실이 있다. 2021년 초중고를 대상으로 진행한 설문조사결과를 보면 학생들보다 못한 정책이 흥미롭게 보인다. 분단 70년이 지난 세대들의 생각이다. 북한에 대해서 협력해야 하는 대상이라고 생각한다는 응답이 52.6%로 가장 높게 나타났고, 경계해야 하는 대상은 27.1%, 도와줘야 하는 대상은 8.0%, 적대적인 대상은 7.7%의 순으로 나타났다. 이런 수치가 어떻게 통일문제를 풀어야 할지 말하고 있는데도 통일정책에 대한 교류와 확대보다 관리로 접근하고 있다는 사실은 유감스럽다.

미래는 청소년들의 몫이다. 청소년들이 누릴 평화, 번영을 위해 왜 통일을 고민해야 하는지 되짚어야 한다. 대륙을 통해 자유롭게 여행하고 도약을 위해 상상의 날개를 펼 수 있도록 환경을 조성하는 게 어른들의 몫이다. 남북의 장점을 모아 더 큰 대한민국으로 전환되어야 미래세대가 넉넉하게 살 수 있다.

이산가족의 아픔을 넘어 분단의 장애를 넘어

대한민국은 현재 섬나라다. 38선으로 끊긴 남북은 대륙으로 이동할 수 없다. 비행기와 배가 아니면 다른 나라로 이동할 수 없다. 대륙으로 이어진 황금 땅에서 값어치 없는 돌멩이로 취급당하고 있다.

민족은 심각한 장애를 겪고 있다. 분단됐다는 이유로 형제자매들끼리 왕래할 수도 없고 서신 교환도 전화 연락도 안 된다. 철옹성같이 견고하게 닫힌 북한의 이념 앞에서 남한과 통일을 위한 해빙을 만드는 일은 제한적일 수밖에 없다. 민족의 대결 구도가 아니라 북미를 포함한 국제적인 대결 구도를 조율한다는 것은 간단한 문제가 아니다.

고등학교 1학년 때인 1983년 KBS 이산가족 찾기 방송이 있었는데 기억이 생생하다. 이 방송은 32년이 지난 2015년 10월 유네스코 세계 기록유산에 'KBS 특별 생방송 이산가족을 찾습니다' 기록물이 등재되었다. 이 특별 생방송은 그 당시 온 나라를 눈물바다로 만들었다. 1983년 6월 30일 밤부터 11월 14일 새벽까지 방송 기간 138일 동안, 방송 시간은 무려 453시간 45분에 걸쳐 진행되었다. 당시 10만 952건의 사연이 접수되었으며, 5만 3,536건이 방송에 소개되어 1만 189건의 이산가족 상봉이 이루어졌다.

이후 몇 번의 이산가족 상봉이 이뤄졌지만 천만 이산가족은 분단 78년이 지나면서 점점 규모가 작아지고 있다. 세월 앞에 장사 없다. 이제 38년이 지난 KBS 2021년 12월 방송에 의하면 "분단의 아픔을 오롯이 감내해야 했던 이산가족들. 한 달에 300여 명, 1년이면 3천 명이 넘는 이산가족들이 헤어진 가족들을 만나지 못한 채 숨을 거두고 있다"고 한다.

'남북 이산가족 생사확인 및 교류촉진에 관한 법률 6조'에 따라 5년마다 조사가 진행된다. 통일부가 대한적십자사와 함께 조사한 '제3차 남북 이산가족 실태조사' 결과를 발표했다. 이 자료를 보면 천만 이산가족의 규모가 갈수록 줄어들고 있다는 사실을 확인할 수 있다.

2년 전에 이산가족들이 가장 원하는 교류는 '생사확인'과 '고향 방문'이고 상봉과 편지교환은 그다음이다. 상봉 등 이산가족 당사자를 직접 접촉하는 교류형태에 대한 의지가 상당히 꺾였다는 것을 알 수 있다. 5년 전인 2016년에 진행됐던 실태조사에서보다 대면·화상 상봉은 약 11%p 감소했다.

통일부의 발표를 보면 "이산 1세대의 급속한 고령화로 북측 가족의 생존 가능성에 대한 기대감이 저하된 것으로 보인다"며 "고연령층으로 갈수록 이런 경향이 더 강하게 나타났다"고 밝혔다. 또 이에 따라 북측의 가족이 사망하더라도 가능한 교류형태인 '고향 방문'이 크게 증가한 것이다. 당사자들의 염원이 바뀌고 주변 환경의 영향은 시시각각 우리를 어렵게 만들고 있다. 5

년 전 조사에서도, 올해 조사에서도 가장 많은 이산가족들이 참여 의향을 밝힌 교류형태는 '생사확인'이었다. 이번 심층 조사에서도 65.8%가 가장 시급한 정책으로 '전면적인 생사확인과 사망 시 통보제도'를 꼽았다.

이런 흐름을 볼 때 이제는 통일의 염원을 바랄 수 없는가? 이산가족을 끈으로 통일을 열어가는 일은 할 수 없다는 분위기가 된다면 이념적인 대립 문제를 풀지 않고서는 희망이 없어질 것이다. 이산가족이 민족분단을 해결해야 할 1순위였는데, 갈수록 설득력을 잃어가고 있다.

그래서 통일부를 없애야 한다는 일각의 생각도 문제다. 어떤 형태가 됐던 대한민국이 살길을 위해 통일은 지상과제다. 그뿐만 아니라 남북의 차이는 갈수록 커지고 있고, 통일이 된다고 해도 당장 남북이 개방된 체제로 유지될 수 없다. 김대중 대통령이 제시한 통일방안처럼 1국 2체제와 1국가 1체제로 옮겨가는 단계가 필요하다. 그때까지 통일부가 해야 할 일은 너무너무 많다. 더 이상 섬나라처럼 살 수 없다. 그리고 주변국들의 이해관계에 휩쓸려서는 안 된다. 우리의 생존력을 높이기 위해 민족끼리 하나 되는 그날을 만들어야 한다. 더 이상 미움과 증오로 적대적 태도를 가질 일이 아니다.

6장
탁류를 거스른 세상 읽기

새로움과 낡음의 차이를 생각하며
3.1절이 주는 교훈
광복 78주년, 815를 518로 읽는다
전통의 붕괴, 나라가 망할까 두렵다

세상은 혼탁하다.
조선시대 지성은 현실을 피해 낙향하는 게
탁류를 벗어나는 길이었다.
지금 낙향은 선택할 수 있는 방법이 아니다.
오히려 목소리를 내고 현실 참여를 적극적으로 해야 한다.
그런 선택이 내 존재감을 살리는 일이기도 하지만
우리가 점으로 취급되면서 무시되고 있기 때문이다.
개인이 존중되어야 하지만
우리가 아니면 개인은 힘을 쓰지 못한다는 사실을
너무 절실하게 느끼고 살고 있지 않은가?

새로움과 낡음의 차이를 생각하며

낡은 것은 뭘까? 새해가 되면 왜 새로움을 꿈꿀까?

이 고민 앞에서 나는 법고창신(法古創新)이라는 말이 떠오른다. 이 사자성어를 무척 좋아한다. 옛것을 본받아 새로운 것을 창조한다는 말이다. 과거 없이 현재가 없고 현재가 없이 미래가 없다는 말로 이해한다. 이 말은 토고납신(吐故納新)과 같이 쓰면 좋다. 낡고 좋지 않은 것을 버리고 새롭고 좋은 것을 받아들인다는 뜻이기 때문이다.

코로나19와 윤 정권의 등장은 모두에게 충격적인 현실을 만들었다. '법고창신' 사자성어가 더 크게 다가왔다. 코로나19는 AI의 역할을 키워주고, 삶의 방식도 상상 이상의 규모로 변화시켰다. 문명이 향상되고 생활환경이 윤택해졌는데도 집권 세력들은 옛것도 버리고 창조력도 후퇴시키고 있다. 국민들은 저만치 깨어있는데 거꾸로 낡고 비겁한 논리를 끌어다 과거로 과거로 회귀하고 있다.

사실, 코로나로 인해 네트워크 소통문화는 다양하게 진화됐다. 그런데 이를 지배하는 정치 논리는 식민지와 독재 시대 방식을 벗어나지 못한 채 국민을 더 정교하게 무시하고 속이고 있다. 이 무시를 일삼는 권위주의는 겁박과 나쁜 놈 만들기로 내몰아 '너는 더 나빠'로 내모는 검찰식 반법치 폭력, 진실로 접근하지 않고 '날리면' 같은 기괴한 논리로 국민의 귀와 눈을 어지럽히는 언론, 자기 보신주의를 숨긴 채 각자도생의 분열적 생존전략에 빠져있는 정치세력, 대의적 민주주의와 공정한 상식은 사라지고 직업적 담합꾼들이 날로 혼란을 부추기는 현실에 우리는 서 있다.

제법 규모가 있는 커피숍은 무인배달 로봇이 움직이는 광경을 쉽게 볼 수 있다. 종업원이 손님에게 직접 서빙하는 광경은 갈수록 더 많이 사라질 것이다. 터치패드로 손님이 좌석에서 직접 주문한다. 그러는 사이 우리가 하는 네트워크 신뢰의 이면에 인간적인 분별력이 뭉개지고 있다. 기계 속에서 사람들이 고립된다는 것은 "당신들 공금을 어떻게 썼나요" 묻자, 60%가 넘게 희미하게 육안으로 판독할 수 없는 영수증 자료를 제출하고도 우긴다. 그 우길 수 있다고 생각하는 꼼수가 판을 치고 있다.

낡은 방식과 새로운 방식을 절묘하게 섞어 모순을 덮는 것이다. 영상 촬영에서 드론으로 입체적 작업을 하는 것은 기본이다. 과거에는 평면적 접근이 전부였다면 지금은 증명방법이 입체적이다. 그런데도 검찰과 사법부가 벌이고 있는 압수 수색문화는 평면적인 수준에 멈춰 있다. 국민들은 입체적으로 다 알고 있는 민주적인 절차와 달리 독재 시대의 유린된 협박만 효력을 발휘한다. 한 놈만 패면 다른 잘못에 눈돌릴 틈이 없다는 식의 죽이기 문화가 만연해 있다. 그야말로 또 다른 독재방식이다.

가장 나쁜 태도는 가당치도 않은 오류를 끌어다 정당화시킬 때다. 대표적으로 성급한 일반화 오류, 피장파장 오류, 논점이탈 오류, 복합질문 오류, 은밀한 재정의 오류 등의 오류다. "내가 나쁘다고? 너는 더 나빠!" "자기들 문제는 언급하지 않고 상대방의 문제만 집중적으로 끌어내 주야장천 두들겨 팬다"는 식의 표현법이다. 지금까지는 통한듯 보이지만 진실이 드러나면 들키고 만다.

이재명 대표를 죽이기 위해 대장동이 안 되니, 백현동 호로 옮겨탔다. 조국을 죽이려다 한계에 부딪히자 부인과 자식까지 온 가족을 끌어내 사법적으로 도륙하듯 참살시켰다. 참신한 로봇문화와 인간의 낡은 권위주의가 절묘하게 만나고 있다. 곧 무너질 조합이다. 쟁반을 들고 힘들게 운반하는 기존의 서빙은 낡고 좋지 않은 것일까, 서빙 로봇은 인간적인 오류가 뒷받침할 수 없는 점을 어떻게 보완할 수 있을까? 낡은 것을 바꾸는 일은 항상 좋은 것이라고 말할 수 있을까?

세상에서 제일 어려운 게 정치다. 어쩌면 영원히 기계가 할 수 없는 분야일지 모른다. 정치란 낡아 빠지기 쉽다. 정치란 갈등이 다반사로 일어나는 역동적인 현장이다. 기계적인 알고리즘으로 조정하기 어렵다. 같은 내용도 항상 다른 이유를 만들어내고, 자기 변론의 논리를 만드는 현장이 정치 현실이다. 때문에 정치만큼은 낡은 것이라고 단언하기 어렵다. 낡았다고 규정하는 순간 반발의 이유가 우후죽순으로 고개를 들 것이다.

정치는 로봇으로 바꿀 수 없는 세계라면 윤 정권이 하는 잡아 패는 검찰 방식의 정치는 오래가기 힘들 것이다. 로봇처럼 처리하는 정치가 사람들의 인간적인 공명을 불러올 수 없기 때문이다. 결국 낡은 것은 저항으로 몸부림칠 것이고 새로운 것은 냉정한 논리에 못 견딜 것이다. 법고창생의 현실이다. 하지만 그러고 싶을 때가 많다. 법고창신이라는 말이 살아있는 한 새로운 것을 찾는 일은 과거에 대한 반성과 성찰을 통하지 않고는 만들어질 수 없다.

변화를 제대로 이끌지 못하면 상상할 수 없는 패착에 빠질 수가 있다. 해가 바뀌면 새롭게 살고 싶고 새로운 희망으로 마음을 채우고 싶다. 새해는 늘 희망을 걸어야 제맛이 나기 때문이다. 새해맞이를 통해 누구나 희망대로 이뤄지길 소망한다. "새해 복 많이 받으세요"라는 덕담도 당신에게 낡음과 새로움의 조화를 만들 때 가능하다. 당신에게 만복으로 채워지길 희망하는 이유다.

사라져가는 민족 대이동

명절 풍경이 달라진지 오래다.

고향으로 모이던 가족들은 여행지로 떠나고, 고향에 모이더라도 여자들이 부엌일을 벗어나고 남자들이 대신하거나 함께 하는 광경들이 늘고 있다.

　오랫동안 설날은 민족 대명절로 흩어졌던 가족들이 한자리에 모이는 날이다. 설날과 추석은 귀향본능을 자극하는 날이다. 명절이 되면 수구초심이라는 말처럼 고향에 대한 그리움을 태운다. 고향에 가지 못하면 무척 쓸쓸하다. 지금은 대여섯 시간이면 이동이 가능하지만 20여 년 전만 해도 서울에서 고향을 찾기 위해 일가친척들이 14시간 이상씩 걸려 이동했던 적이 있다. 평소 3시간 반이면 이동할 수 있는 곳을 하루의 절반 이상을 도로에 허비하면서 고향을 찾았다.

　그만큼 고향을 찾는 우리 마음은 어떤 고통을 겪어도 양보할 수 없게 만든다. 우리 민족은 그런 혈연 중심의 문화를 가졌다. 추석과 설은 민족 대이동이라는 말이 맞다. 전 국민의 절반 이상이 움직이기 때문만은 아니다. 우리의 연고주의는 나쁜 것으로 작용하기도 하지만 같은 뿌리 문화의 확인을 통해 일차적으로 사회적 위안을 받기도 한다. 단순하게 고향을 찾는 것이 아니라 같음을 확인하고, 설날 일가친척들을 만나 연대를 확인한다. 가족들과 한 해를 설계하고 덕담을 나누는 시간이 그래서 소중하다.

　대명절은 우리에겐 화려한 기억보다 소소한 기억들이 많다. 요즘 아이들은 우리들의 어릴 때 흐뭇한 기억과는 달리 가슴 설레고 흥분된 기분을 전혀 느끼지 못하는 것 같다. 어린 시절 명절을 앞둔 설렘은 새로 입는 옷과 신발로 시작된다. 설을 쇠기 전장에 나가 내 덩치에 맞는 새 옷을 사두고, 명절날 입는 그 기다림의 맛을 알까? 아무 때고 필요하면 살 수 있는 요즘 세대는 전혀 모를 것이다. 발이 불편한 나는 신발과 관련된 에피소드가 많다. 표준 크기가 아니기에 내 발에 맞는 신발은 쉽게 구할 수 없었다.

우리 형제들의 설날 전 또 다른 큰 행사 중 하나가 목욕이었다. 어느 집이나 집에서 목욕을 하던 시절이다. 큰 가마솥을 깨끗이 씻어 물을 한 솥 데워서 목욕한다. 천막으로 찬바람을 가려보지만 막지 못한 추위 때문에 목욕 자체가 싫어질 때도 있었다. 이제는 오그라든 몸을 펴라고 등짝을 때리시던 어머니의 손길이 그립기만 하다. 엄마의 굵고 큰 손으로 등을 몇 번 쓱쓱 밀고 손, 발, 팔, 다리를 뽀득뽀득 때를 밀고 나면 목욕물은 금새 시꺼멓게 변한다. 그리고 깨끗해진 몸과 새로 빤 이불을 덮고 누운 그믐날 밤이면 흥분으로 뒤척이다 스르르 잠이 들었던 기억이 아련하다.

설날 아침은 바쁘다. 새벽같이 일어나 새 옷으로 갈아 입고 세뱃돈을 받는다는 기대감은 어린 시절 최고의 기분이었다. 유일하게 큰돈을 손에 쥔다는 상상은 큰 부자가 된 심정이다. 드디어 한복을 곱게 차려입은 아버지, 어머니께 세배를 드리면 "올해도 공부 열심히 하고, 건강해라"라고 덕담을 들으면서도 세뱃돈에 눈길이 더 간다. 이 모든 일은 해가 뜨기 전에 이뤄졌다. 그리고 찬 새벽공기 헤치고 큰 집으로 향한다. 큰집은 금방 잔칫집으로 변한다. 제사가 끝나면 다시 일가친척 댁에 가서 세배하고 산소를 돈다.

요즘은 이런 광경을 보기 힘들다. 세상 살림살이가 절대적으로 향상된 탓이다. 굶는 사람도 없고, 평소 고깃국을 못 먹는 사람도 없다. 필요하면 옷을 사 입고, 보고 싶으면 영상통화로 안부를 물을 수 있는 시대다. 그래서 영상 추모제로 집안 제례를 지내는 경우도 있다고 한다. 세상이 변했지만, 오늘의 내가 있는 이유는 조상님으로부터 이어져 내려온 문화 속에 존재한다는 사실을 지울 수 있을까?

3년간의 코로나19로 인해 사회적 거리두기로 격리되면서 설과 추석은 더 위축되었다. 그러다 22년 추석부터 23년 설날은 사회적 거리두기 없이 맞이한 명절이었다. 여전히 코로나 재유행이 지속되는 상황인데도 우리를 움직이게 만든 '민족 대이동'은 어김없이 이뤄졌다. 과거와는 달라도 형제자매를 찾고 조상을 찾는 그 힘은 대명절이 아니고는 할 수 없는 일이다.

아직은 명절을 맞이하면서 전통과 현대가 공존보다 대결 양상을 보이기도 한다. 어떤 집의 설 명절은 집안에 고통을 불러오고, 어떤 집은 행복이 밀려온다. 남녀갈등을 불러오거나 설빔 부담으로 형제자매간에 적지 않은 갈등을 겪는다. 전통을 지키려는 형제와 편리한 현대 방식을 취하려고 하는 순간, 경제적인 비용까지 섞여 눈살을 찌푸리게 된다.

명절을 둘러싸고 국가의 역할이 달라져야 할지도 모른다. 코로나 여파로 서민 경제가 참으로 어렵다. 이럴 땐 국가가 책임지고 고통 분담을 해줘야 한다. 기본소득을 보장하거나 명절이 돼도 조상을 모실 수 있는 전통문화지원금 같은 정책을 실시할 수도 있다. 명절을 통해 자신의 생존이 불안하다고 느끼지 않도록 국가가 역할을 해야 한다. 세상이 더 흉흉한 것은 따로 있다. '3고(고물가·고금리·고환율)' 위기 속 민생은 뒷전인 채 정치적 편싸움을 만들고 사익과 공익을 왜곡시켜 국정 상황을 날로 혼란스럽게 만들고 있다. 민심이 무섭다면 가정의 고통을 해결하는 국정 운영이어야 하는데 안중에 없다.

역사의 한 페이지를 장식한 코로나19

이동은 극도로 제한되었다. 해외에서 입국하면 관련 가족은 2주 동안 귀국자와 함께 집에서 감금상태로 외부 활동을 할 수 없었다. 더 초기에는 해외 귀국자의 경우 처음에는 아예 집에 갈 수 없는 상태에서 2주간 특별 지정 공간에 머물며 감염여부가 음성 판정되어야 집으로 귀가할 수 있었다.

코로나19는 논란이 있었지만 2019년 11월부터 중국 우한지역에서 최초 보고되어 우한 폐렴(Wuhan pneumonia)이라 불렸다가 지역에 대한 무한책임론으로 입을 피해를 고려해 코로나19로 명칭을 변경하였다. 현재까지 전 세계에서 지속되고 있는 범유행 전염병이자 사람과 동물 모두에게 감염되는 인수공통 전염병이다.

세계보건기구(WHO)는 2020년 1월 31일, 국제적 공중보건 비상사태를 선포하였다. 2월 28일부로 코로나19의 전 세계 위험도를 '매우 높음'으로 격상시켰다. 3월 11일 코로나19가 범유행 전염병임을 선언하고 같은 해 10월 6일, WHO는 무증상 확진자 같은 곳곳에 숨은 전파자를 고려하여 실제 통계치보다 20배 이상 많은 전 세계 인구의 약 10%(약 7억 6,000만 명)가 코로나19에 걸린 것으로 추정했다. 물론 추정치기는 하나 감염자 수가 5억 명이던 스페인 독감보다 많고, 신종플루 추정치와 비슷한 수치인 것만으로 엄청난 규모였다.

결국 2020년 12월 23일부로 전 세계 누적 확진자가 전 세계 인구 78억 3,000만 명 중 1%, 2021년 1월 26일에는 1억 명을 돌파한 이래 시시각각 증가하여 2022년 8월 20일부로 전 세계 누적 확진자가 6억 명을 돌파했다. 이는 전 세계 인구의 7.7%에 달하는 어마어마한 수치를 기록했다. 변이와 변이를 거치면서 약화된 상태이긴 하지만 코로나19는 여전히 우리를 긴장시키고 있다.

2020년 4월부터 코로나19가 장기화되자 온라인 사회로 대면 접촉을 줄이는 등으로 일상이 많이 변화되었다. 코로나 종식 이후는 2020년 1월부터 2월 중순까지의 이전 삶과 달라졌다는 표현도 나왔다. 그로 인해서 포스트 코로나라는 말이 생겨났다.

코로나19의 잠정 치사율이 높아 국가 원수급 지도자들을 포함해 수많은 유명인이 감염되거나 사망하기도 했다. 모든 영역 정치, 경제, 교육, 종교, 문화, 스포츠, 군사, 외교 등 영향을 받지 않은 곳이 없었다. 우리나라의 유명한 김기덕 영화감독이 라트비아에서 코로나바이러스에 감염되어 병원에 입원한 지 이틀 만인 2020년 12월 11일 향년 59세로 사망하기도 했다.

2022년 가을이 되면서부터 사실상 엔데믹 국면으로 접어들었다. 2년간 전 세계 인구의 30% 이상이 감염되었다. 추정치지만 파악되지 않은 숨은 감염자까지 합하면 50%~70% 이상이 감염되었을 것이다. 그리고 마침내 2023년 5월 5일, 코로나19의 국제적 공중보건 비상사태(PHEIC)가 해제되었다. PHEIC가 선언된 3년 4개월 동안 공식적으로 6억 8700만 명 이상의 확진자와 약 690만 명의 사망자가 발생하였고, 약 133억 회의 백신이 접종되었다고 한다.

결국 전 세계 인구의 대부분이 백신 접종 후 한 번씩은 코로나19에 감염되고 나서 혼합면역을 획득한 후에 어느 정도 진정세에 접어들었다.

이번 코로나19 사태는 사스, 신종플루, 메르스와는 달리 장기간 이어졌다. 인류가 차마 손을 쓸 수 없을 정도로 상황이 악화되자 전문가들이 제2의 흑사병, 스페인 독감보다 위험하다는 표현과 함께 백신만이 해결할 수 있는 길임을 인식하게 되었다. 짧은 시간 안에 만들어진 백신의 등장은 상황을 크게 진정시켰다.

21세기 이후 전 지구촌을 집어삼킨 최악의 전염병 중 하나로 기록된 것은 어쩔 수 없지만, 사망자 행렬을 줄이는 데 결정적인 역할을 했다.

코로나가 가져다준 교훈은 많다. 일찍이 역사학자 유발 하라리는 인류에게 질병은 극복되었다고 주장했다. 가장 짧은 시간에 가장 효과적으로 방어하는 능력을 발휘한 것을 두고 질병 극복이라고 말한 것이다. 흑사병, 스페인독감, 천연두, 에이즈... 수도 없이 많은 질병들이 등장했지만 극복하는 기간이 짧아지고 있다. 코로나19 역시 거시적인 관점에서 보면 그렇다.

특히 국가가 국민을 보호하기 위해 위기대응을 어떻게 하느냐를 중심으로 매우 중요한 교훈을 새기게 했다. 최근 들어 사건 사고가 터지면 전 정부 탓으로 돌리는 기이한 현상이 목격되지만 문재인 정부와 윤석열 정부의 차이는 지나친 책임이냐 지나친 방임이냐로 구분할 수 있지 않을까 싶다. 책임은 통제적 형태로 간섭이 지나칠 수 있고 방임은 결국 나 몰라라 방치될 수 있다. 위기는 긴장을 불러와야 한다면 통제적일 때 안전은 더 보장된다는 장점이 있다. 하지만 방임은 무질서를 불러오고 혼란으로 피해를 더 키워 불안을 조장한다. 이태원 참사, 지하쪽방 참사, 지하차도 참사, 잼버리 사태까지 일련의 사고 앞에 코로나19 때 국정을 맡았다면 어떠했을까 상상하면 끔찍하다.

3.1절이 주는 교훈

올해 3월 1일은 3.1절 104돌이다. 윤석열 정부가 맞는 첫 3.1절이다. 한일 간 최대 현안인 강제동원 노동 문제의 해결이 임박한 가운데 유관순기념관에서 3.1절 기념식이 열렸다.

최근 일본을 대하는 윤 대통령의 태도로 인해 유관순 누나의 희생이 더 크게 다가온다. 한 마디로 한일 간 최대 현안인 '강제동원 노동'에 대한 언급은 전혀 하지 않은 채 '침략자'에겐 면죄부를 주고 한술 더 떠 '동반파트너'로 격상시켜주었다.

지난해 8월 15일 광복절 경축사에서 받은 충격이 가시지 않았다. 경축사는 술에 물 탄 듯한 대일 메시지였다. '일본은 이제 세계시민의 자유를 위협하는 도전에 맞서 함께 힘을 합쳐 나가야 하는 이웃'이라거나 '김대중-오부치 공동선언'을 계승해 한일관계를 빠르게 회복하고 발전시키겠다고 했다.

강제병합과 강제징용, 위안부 문제 등에 대한 인정과 사과는 언급하지 않았다. 그리고 오히려 '양국의 미래와 시대적 사명을 향해 나아갈 때 과거사 문제도 제대로 해결된다'는 일본의 주장과 요구를 여과 없이 광복절 경축사에 담았다.

정말 놀라운 일이다. 일본의 기시다 총리가 1월 일본 정기국회에서 했던 총리 시정 연설과 운이 기가 막히게 맞아떨어졌기 때문이다.

일본의 기시다 총리의 발언 일부다. "국제사회의 다양한 과제에 대한 대응에 협력해 나가야 할 중요한 이웃인 한국과는 국교 정상화 이후의 우호 협력 관계를 바탕으로 한일관계를 건전한 관계로 되돌리고 더욱 발전시켜 나가기 위해 긴밀히 의사소통해 나갈 것"이라고 말했다. 그전 해에는 단지 '중요한 이웃'이라고 했던 것을 "국제사회의 다양한 과제에 대한 대응에 협력해 나가야 할" 것이란 말까지 덧붙였다.

한 나라의 대통령은 그 나라의 국가수반이다. 따라서 대통령의 모습은 곧 국격이고 국민의 품위이다. 대통령의 말과 행동은 국민을 대신하는 국가수반이고 국민의 품격을 담는다. 한 마디 한 마디 신경 써야 국민들이 만족할 수 있다. 대통령의 한 마디 한 마디가 집무가 되고 국정이 되는 것이기 때문에 국가기록물이 되는 것이다. 그런 마땅한 책무 위에서 경축사가 나와야 한다. 윤 대통령의 3.1절 기념사를 보고, 국민들이 경악할 수밖에 없었던 이유다.

기념사는 광복절과 3.1절에서 서로 다른 의미를 갖는다. 광복절이 일제 식민통치로부터 해방을 축하하는 경축일이라면, 3.1절은 일제의 무단 통치에 항의해 자주독립을 외친 선열의 행동과 뜻을 기리는 저항의 날이다. 당연히 3.1절 기념사가 일본의 만행에 대해 강도 높게 비판되어야 한다. 정권의 색깔을 가리지 않고 지금까지 모두 그랬다.

우리는 22년 문 대통령의 3.1절 기념사를 살펴볼 필요가 있다. "우리 선조들은 3.1 독립운동 선언에서 '묵은 원한'과 '일시적 감정'을 극복하고 동양의 평화를 위해 함께 하자고 일본에 제안했습니다. 지금 우리의 마음도 같습니다"라고 했다. 반면 윤 대통령의 기념사는 "그로부터 104년이 지난 오늘 우리는 세계사의 변화에 제대로 준비하지 못해 국권을 상실하고 고통받았던 우리의 과거를 되돌아봐야 합니다"고 말한다.

우리가 잘못해서 국권을 상실했더라도 일본에 항거해 전 국민이 들고일어난 3.1 독립운동을 기리는 날에 피해국의 대통령이 외면할 내용인가. 일본이 조선의 반발과 저항을 무력으로 제압하며 병탄한 침략주의에 눈길을 애써 피하고 있는 것이다. 납득할 수 없는 내용이다.

끝판왕의 발언이 마음을 아리게 한다. "104년 전 3.1만세운동은 기미독립선언서와 임시정부 헌장에서 보는 바와 같이 국민이 주인인 나라, 자유로운 민주국가를 세우기 위한 독립운동이었습니다"라고 표현했다. '3.1만세운동'이 담고 있는 표현의 앞뒤 맥락이 두고두고 아프다. 민주정부는 '독립운동'이라 쓰고, 보수정부는 3.1만세운동이라고 격하한다.

일본이 취하는 태도는 '일본군위안부'의 존재 사실조차 부인하고 '강제동원 노동자' 문제는 1965년 한일청구권협정으로 모두 끝났다. 한국의 대법원 판결이 '국제법 위반'이라고 한 것에는 눈을 감은 채, 일본을 '침략자'에서 '협력 파트너'로 세탁해주고 있다.

그래서 어이가 없다. 할 말이 없어져서 기념사 분량이 역대 대통령의 1/4에서 1/5 정도에 불과했을까. 양이 적다고 무조건 나쁜 것은 아닐테지만 상식적으로 이해되지 않는다. 문제는 양은 양이더라도 질까지 함량 미달이라는 것이다. 빈약한 내용이 된 결정판은 3.1운동에 관한 역사적 평가 없이 가해자 입장에서 정리하는 데 있다.

대통령은 개인이 아니다. 대통령의 언어는 민족의 언어고 민주주의 대표자의 언어다. 일본의 과거사에 대한 반성 촉구가 전혀 없는 대통령, 민족과 민주주의 국민을 자의적으로 배제해버릴 수 있는 대통령이 과연 민족과 국민의 대표일 수 있는가.

4.19민주의거, 민주주의는 피를 먹는다

"광주에서 4.19 희생자는 몇 분인 줄 아세요?"

우연히 질문을 받고 당황했다. 4.19는 잘 알지만, 우리 지역의 희생과 피해 실태가 어느 정도인지 전혀 몰랐기 때문이다. 헌법 전문에도 언급되는 4.19의거는 민주시민으로서 꼭 알아야 할 현대사다. 한없이 부끄러웠다.

광주공원은 현대사의 유서가 깊이 서린 곳이다. 일제 강점기 때 신사가 세워져 참배를 강제했던 곳이다. 해방이 되고 1962년 '4.19희생영령 추모비'가 세워졌다가 최근 2021년 60주년을 맞이하여 시·도민의 성금을 모아 원형을 유지하면서 추모비를 다시 세우고 자유, 민주, 정의를 담은 4.19혁명 기념탑이 세워졌다. 17개* 고등학생들이 주축이 되어 연대시위도 가졌었다.

실제 4.19는 서울 중심의 이해가 대부분이다. 대부분 경무대 앞에서 군중들이 운집해 항의하던 광경을 떠올린다. 하지만 지역에서 희생된 분들이 많다. 1960년 4월 19일을 기점으로 이승만 정권의 독재에 항거해 시민들이 여기저기서 들고 일어난다. 2.28 대구에서 고등학생들이 "학원의 자유 보장하라"를 구호로 시작하여 부산, 광주, 대전에서도 시위가 일어났다.

이로 인해 전국적으로 희생자의 규모는 서울에서만 1백여 명, 부산에서 19명, 광주에서 8명(경찰 1명 포함), 186명의 사망자와 6,026명의 부상자가 발생하였다. 4.19를 촉발시킨 결정적인 사태는 3.15부정선거였다는 것은 만천하가 다 아는 사실이다. 3.15부정선거를 항의하다 행방불명된 김주열 열사의 시체가 약한 달 뒤인 4월 11일 마산 앞바다에서 발견되었다. 김 열사의 시

---

* 광주고, 광주공고, 광주농고, 광주사범학교, 광주상고, 광주수피아여고, 광주제일고, 광주숭일고, 광주여고, 광주여상, 살레시오고, 숭의실고, 전남공고, 전남여고, 조선대부속고, 조선대부속여고, 광주춘태여자공민학교

신 인양사건이 전국적으로 알려지면서 국민의 분노는 극에 달했고, 4.19혁명의 도화선이 되었다.

역사는 아이러니하다. 4.19 때의 발포나 5.18 때의 발포는 같은 목적에서 이뤄진 참극이다. 권력을 쥔 사람들이 국민을 섬기는 태도가 아닌 가운데 벌어진 말도 안 된 결과다. 국민을 속이고 자신들의 안위를 위해 국민을 모함하는 태도였다. 공포 분위기로 공포탄을 쏘는 것에서 그치지 않고 총구를 국민의 가슴에 겨누고 학살을 저지른 것이다. 국민을 부릴 수 있는 하찮은 존재로 취급하는 통치 철학은 얼마나 잔인한 결과를 만드는지 확인해준 사건이다.

민주주의는 피를 먹고 자란다는 말이 그래서 성립하는 것일까? 그만큼 많은 희생 위에 만들어진다는 의미일 것이다. 짧은 현대사 안에서 대한민국의 민주주의는 세계를 놀라게 만든 사건이 많다. 그 첫 단추인 4.19의 교훈이 살아나지 못하고 5.18의 더 큰 희생으로 재현됐다는 것이 슬플 뿐이다. 4.19의 역사적 의미는 대한민국 제1공화국을 끝낸 민주주의 시민 혁명이라는 것이다.

국민 한 사람 한 사람 누구라도 존엄하게 모셔져야 한다. 그 노력은 가만히 앉아 있다고 얻어지는 권리가 아니다. 부당하면 말해야 한다. 부적절하면 따져야 한다. 권리 위에 잠자면 안 된다. 권리는 아는 만큼 누린다. 권리는 주장하는 만큼 커진다. 민주주의 역사가 그렇게 이어져 왔다.

호남 지역에서 4.19의거가 크게 벌어진 곳 중 한 곳이 광주다. 광주광역시에는 4.19 정신을 기리기 위해서 2012년 4월 14일 금남 56번 버스를 419번 버스로 바꾸었다. 금남 56번이 광주에서 4.19혁명 당시 활발하게 활동하던 광주고등학교 앞을 지나기 때문이다.

많이 알려져 있지 않지만, 광주공원에 모셔진 7분의 흉상과 함께 추모 재단을 만나면서 다시금 민주시민이 가져야 할 자세를 다듬어 본다. 16, 18, 21살 꽃다운 나이들이다. 그들의 가슴에 누가 총을 겨누었는가? 겨눌 자격도 없는 사람들이 뻔뻔하게 겨누었다. 아픈 만큼 성장한다면 민주주의가 그만큼 성숙해야 하는데 작금의 현실은 아픈 현대사를 다시 반복하게 만들고 있다.

끝으로 시위에 참가한 한성여자중학교 2학년 진영숙의 편지를 인용한다. 진영숙은 시위 중 경찰의 총에 맞아 사망했다.

"시간이 없는 관계로 어머님, 뵙지 못하고 떠납니다. 끝까지 부정선거 데모로 싸우겠습니다. 지금 저와 저의 모든 친구들 그리고 대한민국 모든 학생들은 우리나라 민주주의를 위하여 피를 흘립니다. 어머니 데모에 나간 저를 책하지 마십시오. 우리들이 아니면 누가 데모를 하겠습니까? 저는 아직 철없는 줄 압니다. 그러나 조국과 민족을 위하는 길이 어떻다는 것을 알고 있습니다. 저의 모든 학우들은 죽음을 각오하고 나선 것입니다. 저는 생명을 바쳐 싸우려고 합니다. 데모하다 죽어도 원이 없습니다. 어머니 저를 사랑하시는 마음으로 무척 비통하게 생각하시겠지만, 온 겨레의 앞날과 민족의 해방을 위하여 기뻐해 주세요. 이미 저의 마음은 거리로 나가 있습니다. 너무도 조급하여 손이 잘 놀려지지 않는군요. 부디 몸 건강히 계세요. 거듭 말씀드리지만, 저의 목숨은 이미 바치려고 결심했습니다. 시간이 없는 관계상 이만 그치겠습니다."

현충일, 국가를 향한 충성심의 현주소

제68회 현충일. 올해 현충일은 러시아와 우크라이나 전쟁을 떠올리게 한다.

우크라이나를 겨냥한 무기 공급을 둘러싼 논란이 거세게 일었다. 미국의 차용이라고 했지만 국제적인 역학관계는 간단하게 정리할 수 있는 문제가 아니다. 문제는 미국과 러시아, 그리고 EU국과의 외교를 둘러싼 관계가 복잡하게 얽혀있고 이로 인해 우리 국익도 직간접적으로 크게 영향받기 때문이다.

우크라이나와 러시아의 전쟁은 여전히 2년째나 계속되고 있다. 우리가 겪고 있는 일은 아니지만 안타깝고 걱정스럽다. 국제적으로 일으킨 충격 중에서 인간의 존엄한 가치가 갈수록 높아지고 있는 것과 반대로 전쟁은 가장 위협적인 파괴를 저지르고 있다. 경제적인 면에서도 곡물 파동을 일으키고, 유가를 자극해 세계 경제를 춤추게 하고 있다. 전쟁은 결코 동의할 수 없는 폭력이다. 가장 잔인한 폭력이 전쟁이다.

우리는 70년 전 겪은 일이다. 1950년 6월 25일부터 1953년 7월 27일까지 3년 넘게 겪은 고통이었다. 우리 민족이 겪은 전쟁은 두 세대가 지난 과거의 일이다. 지금은 그 참상으로부터 벗어났지만 중단된 전쟁은 한반도를 여전히 불안한 일촉즉발의 상태로 두고 있다. 국제적인 이해관계가 첨예한 한반도에서 전쟁은 언제든지 가능하다. 언제 다시 일어날지 모른 전쟁, 새 정부가 들어서면서 전쟁 가능성이 높아지고 있다고 염려하는 사람들이 많아졌다.

다시는 없어야 할 전쟁으로 이를 기리는 현충일은 법정 공휴일이다. 민족과 국가의 수호 및 발전에 기여하고, 나라를 사랑하고 민족을 사랑하며, 국토방위에 목숨을 바치고 애국심을 다하다 희생된 모든 이들을 기리기 위한 기념일이다. 국가 추념일일 뿐 국경일이 아니다. 이중 우리 조상들의 희생이 가장 큰 것도 한국전쟁 때문이다. 수백만 명이 희생당한 전쟁은 지금도 발굴되지 못한 유해로 잠든 분들이 수없이 많다.

여러분은 나라에 충성심을 가졌는가? 나라에 대한 충성심은 무엇인가? 이에 대한 두 이야기를 떠올린다.

하나는 한나 아렌트 이야기다. 그는 "예루살렘의 아이히만"이라는 책에서 충성심이 있는 사람이 국가의 죄인이 되는 이유를 설명했다. "난 그저 충성을 다해 말 잘 듣고 성실했는데 내가 악마라니, 내가 죄인이라니" 국가가 하라는 대로, 지시하는 대로, 나만 다른 생각을 가지면 다른 사람들 눈치가 보이니까, 외롭지 않으려면 불이익을 당하지 않으려고 했더니 세상을 망가뜨리는 죄를 저지르게 된 것을 뒤늦게 알았다.

내가 무슨 영향력이 있다고 내가 소란을 피워서 찍히지 말자고 생각한 다음 조직에 대한 충성도를 높이는 게 중요하다고 생각했다고 하자. 이런 유형의 생각을 하는 사람은 반드시 한나 아렌트 이야기를 들어야 한다. 무조건적인 충성심을 지적한 아렌트는 나치 친위대들이 악마 같고 잔인한 사람들이 아니라 지극히 평범하고 성실한 사람들이었다. 그 악의 평범성이 만든 함정이야말로 세상에서 가장 위험한 것이라고 말한 것이다.

다른 하나는 현충일 날 순국선열에 대한 묵념을 하면서도 현충일과 달리 순국선열기념일이 따로 있다는 사실을 잘 모른다. 순국선열의 날은 11월 17일이다. 국가보훈처 주관으로 국권 회복을 위해 헌신하신 순국선열의 독립정신과 희생정신을 후세에 길이 전하고 선열의 공훈이나 업적을 기리는 행사를 개최하는 기념일이다.

대한제국의 국권이 실질적으로 침탈당한 을사늑약이 강제로 체결된 날이 1905년의 11월 17일이다. 대한민국 임시정부가 이날을 순국선열 공동기념일로 1939년 11월 21일 대한민국 임시정부 임시의정원 제31회 임시총회에서 제정하였다. 광복 후 광복회 등 민간단체와 국가보훈처가 주관하여 추모행사를 거행해 오다가, 1997년 5월 9일 정부기념일로 제정되었다.

　순국선열기념일보다 현충일은 추모의 범위가 더 크다. 그런데 언제부턴가 순국선열을 추모하는 현충일을 일부에서 '육육데이(6월 6일)'라고 부르고 있다. 10월 24일을 사과데이라고 하거나 2월 11일을 빼빼로 데이라고 하는 것처럼 상업적 목적으로 현충일을 고기 먹는 날로 분위기를 띄우자는 것과 같은 맥락이다. 제 삿날 고기를 먹지 말라는 법은 없다. 오히려 우리 조상들은 조상님 모신 뒤 고깃국을 유일하게 얻어먹을 수 있는 날이었다. 하지만 눈살을 찌푸리게 하는 이유는 상업적으로 내모는 데 있다.

　현충일은 죽음으로 나라와 겨레를 위해 희생을 다한 경건하고 헌신한 분들을 위한 추념일이다. 그런데 굳이 동물일지라도 많이 죽이자는 논리적 이미지를 불러와야 하냐는 것이다. 일부 주류업체에서는 술을 팔지 않고 있는 곳도 있다. 축하와 추모를 구분하는 정성을 쏟자는 것이다. 국가적인 차원의 추념을 해야 한다.

　세상에는 무조건적인 충성심은 없다. 리더는 리더로서 바른 판단에 따라 구성원들에게 신뢰와 확신을 주는 역할을 해야 한다. 조직원들 역시 비판적인 사유를 통해 어떤 것이 옳고 어떤 것이 옳지 못한 것인지 판단하는 습관이 필요하다는 지적이다. 즉 독자적인 사유능력을 가질 수 있어야 성실한 충직함을 넘어 문제점을 판단할 수 있다는 말이다.

요즘 젊은 사람들은 충성심이라는 말을 쓰지 않는다. 과거 시대와 대비되는 현상이다. 국가나 민족을 위해 충성심을 갖는다는 것은 왕조시대의 충성심을 끌어와 민주주의 사회에 적용하는 것이다. 젊은 사람들은 사람에게 충성하지 않고 조직에 충성하는 모습을 보일 때가 더 많다. 국가의 실체는 작아지고 국민 개개인의 실체는 커지고 강해지고 있다. 따라서 추상적인 것으로 전달되는 국가와 민족은 충성의 대상이 되지 못하고 있다.

특히 국민들은 국가로부터 보호받고 있거나 존중받고 있다고 생각하지 않는다. 사회적 참사가 발생했을 때 보호되지 않은 사례가 늘고 있기 때문이다. 과거는 한 명의 국민이 위험에 처해도 국가가 보호하기 위해 애를 썼다고 알고 있다. 지금은 선택적 보호 대상자가 되고 있다고 받아들인다. 이런 분위기에서 충성심을 발휘할 수 있을까. 현충일이 빛나지 않은 이유는 이런 분위기의 영향이 더 크다.

광복 78주년, 815를 518로 읽는다

서로 거꾸로 읽으니 그렇다. 두 날은 전혀 다른 성격의 역사인데 왜 이렇게 선명하게 거꾸로 눈에 들어오는가 아이러니다.

그런데 815가 518로 읽혀지는 내 눈이 이상한 것일까?

밟히는 문제들이 많아서 그럴 것이다. 민족은 광복을 맞았으나 선열들이 바친 고난의 희생들이 여전히 빛을 보지 못하고 있고, 시민은 죽음을 불사하도록 용감했으나 처절한 희생이 보람으로 성장하지 않았다. 그래서 불편한 현실의 조합들이 나를 이상하게 뒤흔든 것이다.

사실, 일제에 부역했던 반민족행위자가 역사적으로 청산되지 않았다. 청산되지 않은 이유는 많겠지만 더 힘든 것은 역사는 그 뒤로도 계속 유사 부역 문화로 반복되었다는 것이다. 오류를 범하게 만든 바탕일 것이다. 불온한 독재로 무너진 역사, 천박한 금권과 유착한 경제적 담합, 사익을 공익으로 포장한 불의한 언론, 유착 패밀리로 대를 잇는 교육 이권, 법조 카르텔까지 진화를 거듭해온 부역은 모순의 딜레마로 성장했다.

5.18은 민주주의를 지키기 위해 총칼을 든 군인들에 맞서 싸운 의로운 시민들의 봉기다. 시민들은 자발적으로 총을 들고 자

위권을 행사했는데도 폭도로 내몰렸다. 815는 36년간 일제의 강제 점령으로부터 민족의 광복을 맞은 날이다. 긴 시간 국민은 갈라지고 주권은 유린되었다. 그 광복은 그냥 시간이 지나 얻어진 것이 아니다. 만주 청산리에서, 천안 아우내장터에서, 상해임시정부에서 처절하게 맞서서 얻어진 해방의 그날이다.

두 날의 공통점은 국가를 구성하는 3요소인 국민, 영토, 주권이 바로 세워지기 위해 깨어있는 시민들이 보여준 영광의 날이었다는 점이다. 5.18은 독재 세력에 맞서 국민이 주인이겠다는 선언의 날이었다면, 8.15는 오롯이 주권을 찾아 대한민국의 정체성을 회복한 날이다. 이 3요소 중 주권회복은 가장 중요한 것이다.

주권은 그냥 주어진 권리가 아니다. 대한민국 헌법 1조에 명시된 그대로다. "대한민국의 주권은 국민에게 있다." 주권은 국가의 구성원인 국민이 누려야 할 기본권이다. 우리는 주권을 유린당한 역사를 아프게 경험했다. 일본 식민지 침탈로 빼앗긴 권리는 엄청난 비극의 역사를 쓰게 했다. 손기정 선수가 금메달의 영광을 얻었으면서도 태극기를 달 수 없었고, 다른 나라와 정상적인 교류를 할 수 없었다.

오늘 광복절은 1949년 10월 1일 제정된 「국경일에 관한 법률」에 의거, 국경일로 제정되었다. 중앙에서 경축행사를 거행하고 지역에서도 경축행사를 각 시·도 지자체별로 거행한다. 가정에서도 이날의 의의를 고양하고자 전국의 모든 가정은 국기를 달아 경축한다.

일전 3.1절에 일장기를 내건 가정이 있어 언론을 시끄럽게 했다. 대한민국 안에서 자유롭고 정의로운 문화를 누리는 것은 개인의 권리이다. 하지만 명백하게 국가 구성의 3요소가 말하고 있듯이 주권을 위협하는 일은 꼴불견의 문제를 넘어 국익을 해치는 반민족적 행위이다. 이런 행태를 보면서 반민족행위자에 대한 어떤 법적 조치도 가할 수 없다는 현실이 통탄스럽다. 이를 더 강화해야 한다는 가르침이 절실하게 다가온다.

이미 알려진 바와 같이 민족의 역사를 지키기 위해 희생하신 민족 열사들의 후손들은 빈민 수준에서 고통을 받고 있다. 5월 광주를 지킨 사람들도 정신적 경제적 고통 속에서 벗어나지 못하고 있다. 광복회원이나 민주화 피해자를 우대 조치하기 위해 전국의 철도·시내버스 및 수도권 전철의 무임승차와 고궁 및 공원에 무료입장 하는 것보다 더 소중한 예우가 필요하다. 그분들이 욕되지 않도록 한일관계를 유지하는 일이다. 국민의 주권을 소중히 존중하는 일이기 때문이다.

제헌절 날 목격된 위태로운 법치

대한민국은 법대로 살 수 있는 나라인가?

얼마 전 쓴 글에서 국회가 제 기능을 못해서 장관 탄핵무용론을 나는 주장하였다. 탄핵 재판뿐만 아니라 각종 소송에서도 유사한 사법 농단, 검법 농단이 심각하다. 사회적 우월감을 이용해 희롱하는 꼴이다. 공부 잘해서 판검사된 사람들이 하는 일인데 우리가 뭐라고 토를 달 수 있겠는가? 한다면 열등감 자체다.

사회적 갈등이 법 이전에 해결된다면 가장 평화롭고 이상적인 삶이다. 싸움이란 자기 영역에 대해 한 치도 양보하지 않고 상대방과 부딪힐 때 생긴다. 한쪽이 손해를 감수하고 포기하거나 양보하면 싸움 없이 끝난다.

싸움 없이 도덕과 관습으로 살려면 존중과 배려가 넘쳐야 가능하다.

문제는 정상적인 관계를 흐트러뜨리는 얌체족이 문제다. 검찰은 자신들의 과오는 견제받지 않는다거나 판사들은 자신들의 판결권을 보장받은 것이 그런 사례다. 사실, 행정은 갑질을 쉽게 한다. 행정소송은 개별 국민이 승소하기 힘들다. 개인과 기관이 다투면 개인이 이기기 힘들다는 말이다. 실제로 그렇다.

제헌절은 1948년 7월 17일, 대한민국 헌법 공포일을 기념한 5대 국경일 중의 하나다.

조선왕조 건국일이 7월 17일인데 이날과 맞추어 공포했다고 한다. 헌법은 국민적 합의에 의해 제정된 국민 생활의 최고 규범이며, 정치 생활의 가치 규범으로서 정치와 사회질서의 지침을 제공하고 있다. 헌법은 국가공동체를 유지하고 국민 인권을 지키는 결정적인 역할을 한다.

따라서 제헌절 날, 법의 공정성을 생각해 봐야 한다. 어릴 때 부모님에게 약속한 법관의 길을 걷지 못했지만 입법기관인 의회에서 일했다. 더 큰 입법 활동을 꿈꾸는 사람으로서 법치에 의해 약자들이 피해 보지 않은 세상이 되길 희망한다. 어릴 때 밀주를 만들던 사람들이 발각되어 고초를 겪는 광경을 볼 때, 법을 이해하지 못한 시골 사람들이 어찌할 줄 모르고 전전긍긍하던 기억이 뚜렷하다. 법이 칼이 되어 국민들의 잘 잘못을 자르는 시대였다고만 이해했다. 무서운 세상이었다. 잘못하면 법으로 목을 베일 수도 있었기 때문이다.

최근 검찰권의 오용으로 법이 위태로운 시대가 되고 있다. 유전무죄 무전유죄의 시대가 유검무죄 무검유죄의 시대가 되었다. 우리의 검찰은 수사권과 기소권을 모두 장악하고 있어서 문제이다. 자신들이 수사하고 자신들이 기소하니 견제되지 않은 권력으로 비대해진 것이다. 정권과 권력에 따른 수사 중립성 위반과 뇌물, 청렴성의 문제를 볼 때 "국민 모두가 범인과 배후를 아는데 검찰만 모르는 사건도 한두 건이 아니었다"고 말할 정도로 불신받고 있다.

수도 없이 벌어진 검찰부패 사건은 열거하기 어려울 정도다. 재벌들과 뇌물수수 의혹은 이상호 기자의 삼성X파일 사건, 김용철의 삼성 비자금 폭로사건으로 그치지 않고, 스폰서와 성접대를 비롯 승용차 뇌물사건, 부장검사 뇌물수수 의혹, 집무실에서

피의자와 유사 성행위 및 성관계, 최근 박영수 특검의 대장동 50억 클럽 사건까지 세상에 알려진 것만도 굵직굵직하다.

검찰 권력으로 대통령까지 만들어졌다. 대한민국의 위세를 누가 쥐고 있는지 보여준 현상이다. 검찰은 차관급이 50여 명이 넘는다고 한다. 그만큼 힘을 쥐고 있다는 뜻이다. 검찰을 상징하는 심볼은 대나무의 올곧음을 바탕으로 중립성과 독립성을 담았다고 한다. 상단의 곡선은 천칭 저울의 받침 부분을, 중앙의 직선으로 칼을 형상화하여 균형있고 공평한 사고와 냉철한 판단을 표현하였다. 다섯 개의 직선은 정의, 진실, 인권, 공정, 청렴을 뜻한다고 한다.

검찰의 심볼만큼 제 역할을 하는가? 국민들은 그렇게 이해하지 못하고 있다. 검찰의 정치개입이 왜 위험한지를 반대로 설명하고 있다. 대개 고위직이 만들어낸 부패는 견제되지 않은 법치의 한계다. 이를 개선하기 위해 고위공직자범죄수사처를 만들었지만 제대로 기능하지 못하고 있다.

제헌절은 헌법의 소중함을 강조하기 위해 기념한 날이다. 최근 법정 공휴일에서 제외되었지만, 법의 소중함이 곧 사회적 질서의 엄정함으로 역할을 하고 있다. 민주주의 정치체제를 가지고 있는 대부분의 나라에서 채용하고 있는 국민이 약속한 사회계약이다. 이를 지키기 위해 검찰이 제 역할을 하길 희망한다.

전통의 붕괴, 나라가 망할까 두렵다

징후가 뚜렷하다. 공공(公)이 사라졌다. 그 자리에 사사로움(私)과 사기(詐)가 당당하게 채워지고 있다. 우리 사회 구석구석에 널리 퍼져 있는 징후가 날마다 새로운 형태로 확인되고 있다. 절망적이다. 어디를 가도 서로 보듬어 위로하는 공동체의 따뜻함을 발견할 수 없다.

여기저기서 나만 힘들다고 아우성이다. 다른 사람은 죽든 말든, 지구가 망하든 말든, 당장 나의 편리함과 이득이 눈에 보이면 된다. 해괴한 심보가 요동친다. 놀부 심보라고 말하는 것보다 더 고약하다. 공동선과 보편적 가치, 인간의 도리나 합리적 사고는 아무도 읽지 않는 책 속에서나 만날 법한 세상 모습이다.

그 정도가 날로 새로운 형태로 더 심해진 채로 목격된다. 미래는 고사하고 현재의 절망 앞에 공포스럽다. 수도 없이 쏟아지는 공공의 이슈들, 기후재앙, 저출산, 전쟁의 공포, 경제적 불안 등이 만든 외적인 조건에서 오는 절망감은 기본이다. 거기에 인간이 고유하게 안고 있는 내적인 가치와 질서의 붕괴, 심리적 불안과 절망적 낙심에서 오는 우울감은 감당할 수조차 없다.

이런 근원적 우울감이 치유될 수 없는 수렁으로 내몰리고 있다. 이에 비하면 말하기조차 민망할 정도의 하찮은 것들이다. 분별력이 있다는 사람조차 구분해 내지 못한 조리돌림 앞에 우리 사회 전체가 거짓과 위선, 조작과 협잡으로 정상을 파괴하고 있다. 현실적으로는 정말 기분 나쁘다 못해 쌍욕을 퍼붓게 만드는 일들이 설상가상 격으로 매일 벌어지고 있다. 이 현실을 피할 수 없어 우울감을 더 깊게 키운다.

그 중의 대표적인 하나가 조국 전 법무부 장관 일가의 융단 공격이다. 급기야 딸 아들마저 검찰이 기소했다. 딸은 4년 전의 일을 공소시효 만료일 며칠 앞두고 기소를 했다. 외적 명분은 입시 비리로 단지 수혜를 입은 게 아니라 '본인이 적극적으로 그 일을 꾸민 혐의'가 있다는 게 이유다. 이 소식 앞에 나도 모르게 쌍욕이 터져 나왔다. "이런 개***, 법 가지고 장난치나!" 정권을 잡고 한 일은 조작적 기소 말고는 없는 것 같다. 고등학생이, 국가 제도가 요구한 대로 입시를 준비한 것을 조작해 꾸민 것으로 내몰다니, 나뭇잎에 꿀을 발라 역적모의로 내몰아 죽인 현대판 조광조 사건이다. 수없이 확인하는 바이지만, 정말로 검찰권 남용의 뿌리가 되는 기소독점주의 때문이다. 우리 사회가 더 이상 감내할 수 없는 패악 중의 패악이다.

어쩌란 말인가? 자기편이 아니면 이 기소독점주의를 이용해 죄가 없어도 유사 범죄행위처럼 포장해 기소하고, 명백하게 죄가 있음에도 불구하고 이리저리 기가 막히게 핑계를 만들거나 아예 딴청 피우다가 기소를 하지 않는다.

상식이 붕괴된 현실을 뭐라고 해야 할까? 오죽하면 취재기자도 최순실 사건의 '최유라는 기소하지 않고 조민은 기소했다'는 사실을 제목으로 뽑았을까. 이게 한두 가지, 한두 사람에 그치는 것이 아니어서 문제다. 가장 공적(公的)으로 유지되어야 할 법률을 한낱 주머니 속의 장난감처럼 갖고 놀고 있다. 이런 검찰의 행위가 국가를 위태롭게 만들고 있다. 사법권이 검치로 농락당하고 있고, 국기를 근본부터 흔들고 있다.

그동안 조국 장관 일가의 그 가족들에게 해온 짓들을 보면 더 이상 이해할 수 없다. 그뿐인가 적이라고 판단되면 비가 올 때까지 기우제를 올리듯 압수수색과 별의 별건으로 압박하고 있다. 죄가 될 때까지, 정말 해도 해도 너무하지 않는가. 가슴이 턱턱 막힌다. 이들에게는 내일이 없어도 된다는 것일까? 권력은 영원하지 않다는 것을 역사 속에서 수없이 배웠을텐데 말이다. 이것은 그저 유전무죄 무전유죄의 정경유착 정도가 아니다. 공적 질서의 붕괴는 국가 기강의 철저한 사유화다. 독재보다 더 위험한 광경을 보고 있자니 참담할 뿐이다.

망하는 길로 가는 결정판은 사고방식과 행동 유형이 우리 사회 전체에 만연되고 있는 점이다. 이 정점에 선 세력의 대표격인 검찰 수장 출신이 대통령 자리에 앉았다는 사실이다. 그 결과는 수도 없이 증명되고 있다. 뱉은 욕을 '날리면'으로, 쇼핑을 '호객' 당했다로, 대통령 놀이를 하고 있다. 하는 짓마다 나라를 거덜

내는 것 외에 무엇을 기대 하겠는가? 대통령은 그야말로 사생활까지 공적이어야 한다. 그런데도, 지난 1년여 재임 기간 확인한 바와 같이 공적인 것은커녕 국민에 대한 최소한의 예의나 책임감도 없다. 천박한 사적 감정에 치우친 언행이 되레 심할 뿐이다. 그런 자들일수록 권력을 탐하는 게 당연한 일일 것이다. 아무 말이나 내뱉어도 그대로 말이 된다는 저급함으로 부끄러운 줄 모르고 마냥 즐기고 있다. 그 결과 정부나 여당, 나아가 기업이나 언론 상황까지도 봉숭아학당에서 봄 직한 코메디로 역대급 촌극을 빚고 있다.

그런데, 이처럼 국민이 부여한 공적 권한의 사유화가 검찰 집단에서만 만성화된 것이 아니다. 초등학교 교사의 극단적 죽음을 불러오더니, 급기야 자기 아이 담임교사에게 보냈다는 편지에서 "내 아이는 왕의 DNA 가진 아이니 왕자로 모시라"고 해 기가 막혔다. 더구나 교육부 직원이라는 점에 기대어 교육청은 아무 잘못도 없는 교사의 직위해제를 강요했다. 특수 사례라고 생각하면 마음이라도 편해지겠지만, 그게 아니라는 데서 우울감이 깊어진다.

인간의 존엄성이란 무엇인가. 과연 인간은 존엄한 존재인가. 나는 존엄한 인간으로 살아가고 있는가. 태풍으로 한여름의 무더위가 날아갔는데 잠까지 태풍에 실려 어디론가 가버린 모양이다. 나만 살겠다는 세태 앞에 희망이 더 이상 보이지 않는다. 폭망할 징후들을 어찌해야 할까. 존엄은 고사하고 사람 사는 세상을 잃고 있으니 괴롭기 짝이 없다.

한글이 위대한 이유

　10월은 독서하기 좋은 달이다.
　그래서 소슬바람이 불기 시작하는 가을이 되면 맘껏 독서를 할 수 있는 여건이 된다. 독서는 안으로 마음의 양식을 살찔 수 있는 보약 같은 힘이 되고 외부로 자신의 능력을 발휘할 수 있는 힘을 키워준다. 독서는 자신이 어떻게 살 것인가 돌아볼 수 있는 성찰의 기회를 제공한다. 우리가 쉽게 책을 읽을 수 있는 문자를 가졌다는 것은 우수한 문화 수준을 누렸다는 뜻이다.
　쉽게 읽고 쉽게 쓴다는 것은 정확한 의사표현을 한다는 말이다. 한글은 세계적으로 인정받은 언어다. 우리가 사용하는 어떤 소리라도 글자로 표현할 수 있다. 물론 국제 음성 기호를 기준으로 놓고 지구상의 음성을 보면 우리말에는 없는 소리가 70개가 넘는다고 한다. 이 음성들을 모두 한글로 적을 수는 없다. 어느 학자에 의하면 "한글은 다른 나라의 언어가 아닌, 우리나라 사람이 쓰는 말을 표기하기에 가장 적합하게 만들어진 문자입니다"라고 말한다. 우리 민족의 우수성을 입증한 중요한 이유 중의 하나다. 우리 민족은 기록이 약한 민족이었다. 조선의 세종은 이를 깊이 통찰하고 우리의 기호를 개발한 것이다.
　우리 역사는 새롭게 규명되어야 할 내용이 많다. 중국은 동북

공정을 통해 자국의 역사를 재구성하기 위해 수십 년간 작업하고 있다. 일제 식민지시대 민족 사학자들과 실증주의 사학의 영향으로 우리 역사는 5천 년 역사로 굳었다. 하지만 중국의 고전이나 우리의 유물을 통해 우리 역사는 훨씬 오래됐을 것으로 믿는 사람들이 많다.

한글은 과학적인 문자다. 초성, 중성, 종성으로 소리가 만들어진 원리를 근거로 자음과 모음이 만들어진 것이다. 외국인들이 배우기에 어렵다고 하지만 한글의 생성원리를 이해한다면 더 익히기 쉬울 것이다. "나라의 말이 중국과 달라 한문 한자와 서로 통하지 아니하므로 제 뜻을 능히 펴지 못하는 사람이 많다. 이를 위해 스물여덟 글자를 만드니 날마다 씀에 편안하고자 할 따름이다." 훈민정음에 담긴 한글 창제 이유다.

한글의 위대함은 필리핀과 캄보디아로 해외 봉사를 하면서 절실하게 느낀 적이 있다. 언어는 문화를 반영한다. 필리핀은 고유어가 있는데도 영어를 주요 공용어로 사용하고 있다. 문화란 자연환경과 기후, 생활양식이 만들어진 가운데 나타나는 삶의 모습이다. 한글이 다른 민족에게는 어떤 역할을 할 수 있을까?

한글 보급 운동을 하고 있는 움직임도 국제적으로 확산되고 있다. 기록을 위한 문자가 없는 민족에게 한글을 표기문자로서 보급하자고 주장하는 사람이나 단체가 늘어가고 있다. 가장 잘 알려진 것은 동티모르라고 알려진 곳으로 2009년에 인도네시아 술라웨시주 부톤섬 바우바우시는 토착어 찌아찌아어를 표기

할 문자로 한글을 채택한 것이다. 그 밖에도 서울대 언어학과 이현복과 성균관대 중문학과 전광진 교수가 한글로 적는 시스템을 고안하기도 했다.

한글은 어떤 점에서 우수할까?

첫째, 한글(훈민정음)은 제자원리를 담은 설명서가 있다. 1940년 경북 안동에서 발견된 훈민정음 해례본(국보 제70호) 훈민정음이 그것이다. 훈민정음 해례본에는 한글을 창제한 이유와 창제원리, 사용방법 등이 상세하게 기록되어 있다. 문자를 개인이 창제한 경우는 인류의 역사상 찾아보기 힘든 드문 일이며, 만든 시기, 만든 목적, 사용방법이 기록으로 남아있는 사례는 한글이 유일하다.

둘째, 한글은 글자가 과학적이라 배우고 익히기 쉽다. 글자의 모양이 그 글자를 발음하는 발음기관의 모양을 본떠서 만들었기에 글자 모양만 봐도 그 소리가 나는 자리와 소리의 특성을 짐작할 수 있다. 글자의 운용방식이 체계적이다. 또 글자와 소리의 대응이 하나의 글자에 하나의 소리가 대응한다. 언제 어디서나 같은 소리를 낸다. 발음이 동일하기에 배우고 익히기에 쉽다는 장점이 있다.

셋째, 정보처리에 유리하다. 한글은 자음 14개, 모음 10개로, 이를 조합하여 모든 글자를 표현할 수 있다. 반대로 각 자모의 연관성을 이용해 한 자모에서 다른 자모를 조합할 수 있다. 때문에 입력할 수 있는 경우의 수가 제한된 컴퓨터 자판이나 휴대폰 버튼에서 글자를 입력하기가 쉽다. 로마자와 달리, 한글은 음절 형태로 처리하며 자모가 초성, 중성, 종성로 나뉘어 있는 점 때문에 이론적으로는 정보 검색과 문자 처리에 유리한 점이 많다.

우리 말과 글의 우수함이 독서를 통해 짜임새 있는 합리적 사고력으로 커지면 좋겠다. 한글의 위대함을 잘 드러내게 하는 일은 우리 민족문화의 위대함을 발산하는 일로 이어지기 때문이다.

학생의 날, 최고의 인권 이벤트는?
−세계인권선언일

11월 3일은 학생의 날이다. 광주학생독립운동일을 기념해 1953년 '학생의 날'로 지정되었다. 그러다가 1973년 10월 유신시대에 학생들의 반독재·민주화 투쟁이 계속되자 폐지되었다. 그러나 다시 1984년 부활되었다가 우여곡절을 거쳐 '학생독립운동기념일'로 명칭이 변경되었다.

그러면 12월 10일은 무슨 날일까? 아는 사람이 그리 많지 않다. 세계인권선언기념일이다. 인류에게 인권은 최고의 가치를 담는 주제다. 사람이 사람으로 존중받는다는 것이 인류에게 필연적인 관심사인 것이다. 우리나라는 2001년 5월 제정된 인권법에 따라 법 공포 6개월 후인 2001년 11월 25일 출범함으로써 인간의 존엄에 대한 새로운 이정표를 세웠다.

국가인권위원회법 제1조를 보면 "이 법은 국가인권위원회를 설립하여 모든 개인이 가지는 불가침의 기본적 인권을 보호하고 그 수준을 향상시킴으로써 인간으로서의 존엄과 가치를 구현하고 민주적 기본질서 확립에 이바지함을 목적으로 한다"고 되어 있다.

이런 환경을 타고 많은 분야에서 인간으로서 존엄과 가치를 구현하고 민주적 기본질서를 확립하려고 노력하고 있다. 11월 3일 학생의 날을 둘러싼 어른들 중심의 이해는 국가인권위원회가 지향하는 방향에 어긋났다. 그런데도 일부 진보 교육 관점을 가진 민선 교육감들의 노력으로 학생 인권 환경이 상당히 좋아졌다. 이는 부작용도 만들었는데 권리를 둘러싼 학생과 교사들의 이해관계가 새로운 갈등으로 등장하였다. 그 과정에서 학생 인권이 성장하지 못하도록 절대적인 교권에 의해 짓눌렸다는 탓으로 내몰리면서 교사들만 상대적으로 시달리게 되었다.

우리는 우리가 누려야 할 인권을 충분히 이해하고 있는가? 살아가면서 인간으로서 자신이 존중되고 있는지 어떤지 점검하고 사는 일은 쉽지 않다. 인권은 약자들에게 해당되는 문제쯤으로 이해하는 사람들이 많다. 예를 들어 세계인권선언문을 읽은 사람은 몇이나 될까? 아니 존재한다고 관심을 갖는 사람들이 몇이나 될까? 선언문을 읽어봤다고 인권의식이 갖추어지는 것은 아닐테지만 권리에 대한 관심은 중요하다.

인권의식은 문장의 글자 속에 들어있는 것이 아니라 생활 속 관계를 통해 드러난다. 일상의 상황 상황에서 무시와 차별로 나타나면서 확인된다. 그 무시와 차별이 인종의 차이에서, 권력의 강약으로, 사람마다 다른 문화의 갈등으로 나타난다. 무시와 차별을 구별하는 기준의 차이가 문제다. 차이를 고려하지 않거나 조정하지 않은 상태에서 일방적으로 판단하면 갈등은 필연적으로 생긴다.

　학생의 날은 지금껏 해당 학생들이 누릴 몫을 보장받지 못한 채 지났다. 왜 이런 상황이 발생할까? 학생들은 배우고 있는 세대이니까 완성된 어른보다는 부족한 상태라고 구분하는 근본적인 차별로부터 빚어진 결과가 아닐까. 학생들이 누릴 수 없는 상태가 발생한 것은 인권에 대한 충분한 인식이 안 된 증거라고 할 수 있다.

　세계인권선언문을 꼼꼼히 보면 학생들이 얼마나 무시되고 차별받는지를 깨닫게 된다. 거시적으로 보면 인권을 둘러싼 갈등은 다양하다. 인종, 성별, 지역, 연령 등 상황과 조건에 따라 달라진다. 1973년 유신 시대에서 학생의 날 자체를 없애는 비극을 만든 것도 어른들이다. 어른들의 욕심과 비루한 삶이 빚은 반인권적 모습을 보인 것도 어른들이다.

　인권은 무시와 차별이 없을 때 존중되는 것이다. 그래서 학생들의 인권이 정상화되려면 어른들의 계산속을 지키기 위해 보호하는 꼼수를 털고 학생들 스스로 권리를 누릴 수 있도록 환경을 조성하는 일이 우선되어야 한다. 깨어있는 어른들이 권리를 챙겨 주는 일은 학생들을 무시하는 일이다. 인류의 역사는 그 권리가 누구 손에서, 어떤 방법으로 만들어 가느냐에 따라 권리의 정상화 속도가 달라져왔다.

진짜 인권은 국가인권위원회법 제1조에서 강조한 대로 "모든 개인이 갖는 불가침의 기본적 인권을 보호하고 그 수준을 향상시킴으로써 인간으로서의 존엄과 가치를 구현하고 민주적 기본질서 확립에 이바지함"을 실천할 수 있도록 돕는 것이다. 학생 독립운동은 침탈당한 조국의 현실에 대해 자발적이고 헌신적인 태도로 맞선 학생들을 보여준다. 울분을 참지 못하고 목숨까지 희생하였으니, 어른들이 무슨 변명이 필요하겠는가!

수고하셨습니다. 송구영신 합시다

12월은 묵은해를 정리하고 새해를 맞이하는 소중한 달이다. 연말이 되면 많은 사람들이 여기저기서 모임을 한다. 직장에서 가족끼리 삼삼오오, 끼리끼리 모여 한해를 결산하면서 덕담을 나눈다. 그중에 가장 눈길을 끄는 것은 대학교수들이 운영하는 교수신문의 사자성어가 눈길을 끈다. 교수신문을 열람하면서 몇 개 인용해 본다.

이 사자성어를 정하는 관계는 2001년부터 시작됐다고 한다. 수천 명의 교수들의 의견을 모아 그해 대표 사자성어로 한 해를 마무리하는 덕담은 식자층을 중심으로 많은 기대를 모은다. 한 해의 다사다난한 모습을 담는 것도 일품이지만 교훈적인 말솜씨가 지적인 암시를 넘어 유머러스하기도 하다.

지금까지 시작한 지 23년 됐으니 22개의 사자성어가 발표된 것이다. 첫해는 '오리무중(五里霧中)'이었다. 너무 잘 아는 말이다. "짙은 안개가 5리나 끼어 있는 속에 있다"는 뜻이니, 깊은 안개 속에 들어서게 되면 동서남북도 가리지 못하고 길을 찾기 힘든 것처럼 무슨 일의 방향을 못 잡고 갈피 없이 헤맨다는 뜻이다. 그 해는 밀레니엄 이후 경제위기로 한 치 앞을 예측할 수 없던 때였다.

2015년의 사자성어는 '혼용무도(昏庸無道)'로 나라 상황이 마치 암흑에 뒤덮인 것처럼 온통 어지럽다는 의미였다. 혼용은 어리석고 무능한 군주를 가리키는 혼군과 용군이 합쳐져 이뤄진 말로, 각박해진 사회 분위기의 책임을 군주, 다시 말해 지도자에게 묻는 말이다. 8년이 지난 지금도 비슷한 상황이다.

가장 최근의 것은 '과이불개(過而不改)'로 잘못을 하고도 고치지 않는다였다. 논어 위령공 편에서 유래한 글로 지도층 인사들이 잘못을 저지르고도 고치지 않는 언행을 보여준 모습을 빗대어 지적한 글이다.

지지난해에는 '아시타비(我是他非)'로 나는 옳고 남은 그르다는 구절을 썼다. 모든 잘못을 남 탓으로 돌리고 서로를 상스럽게 비난하고 헐뜯는 소모적 싸움만 무성할 뿐 협업해서 건설적으로 문제를 해결하려는 노력은 보이지 않는 행태를 지적한 말이다.

꽤 명쾌한 표현이 많다.

　2019년은 공명지조(共命之鳥)가 뽑혔다. 상대방을 죽이면 결국 함께 죽는다는 정신으로 곧 봉사정신을 의미했다. 이는 아미타경·불법행집경·잡보잡경 등의 많은 불교 경전에 등장하는 새로 두 개의 머리가 한 몸을 갖고 공유하는 '운명공동체'를 뜻한다. 우리 광주시민은 한 공동체라는 생각에서 시작한 실천이 봉사다. 내가 외친 광주공동체의 나아가야 할 바다.

　이 사자성어는 세상 돌아간 한해를 풍자하는 말말말이다.
　말은 교훈을 담을 때 값진 것 같다. 한동안 망년회라는 표현으로 한해를 정리한 때가 있었다. 다사다난했던 한 해를 잊고 희망의 새해를 맞이하자는 뜻이다. 일본식 표현을 그대로 쓴 게 망년회다. 그래서 묵은해를 잘 보내자는 뜻에서 송년회로 바꿔쓰기 시작했다. 단어 하나의 차이가 이렇게 크다.
　단순히 망년과 송년에 차이를 생각해보는 데 있지 않다. 우리 문화는 잊거나 지우는 개념이 아니라 동시에 소멸과 생성이 함께 하는 태도를 보여준다. 그래서 송구영신이 더 어울린다. 보내고 맞이하는 것을 동시에 하는 게 우리 식이다.
　섣달과 정월은 말 그대로 송구영신하는 달이다. 세밑, 섣달그믐께 이런저런 준비로 바쁜 달이며, 새해맞이로 부푼 시간이다. 송구영신은 묵은 것을 보내고 새로운 것을 맞이하자는 두 뜻을 담아 우리도 보내고 맞는 것이 필요하다.

에필로그

　나는 소년처럼 꿈속에서 날아다닐 때가 많다. 가끔 무등산 근처를 날고 있거나 어릴 적 동네 주변의 낭떠러지에서 날아가는 꿈을 꾼다. 걷는 게 불편한 나는 다른 사람보다 더 많이 날아가는 꿈을 꿨다.
　나는 언제부턴가 소년의 꿈이 아니라 시민의 꿈으로 바꾸어 꾸기 시작했다. 어떻게 하면 더 높이 더 멀리 날 수 있을까, 어떻게 하면 더 오랫동안 날 수 있을까, 튼튼한 날개를 갖고 싶은 시민들이 모이면 좋겠다는 상상으로 날고 또 날았다.
　나는 시민을 위해서 정치한다거나 지역을 위해 정치를 한다고 말하지 않겠다. 시민들과 함께 걷고, 시민들과 함께 고민하고, 시민들과 함께 방법을 찾는 정치를 할 것이다. 그것이 자치이고 분권이며 광주공동체라고 믿기 때문이다. 항상 시민은 위대했다. 그 위대함을 모시는 정치를 꿈꾼다.

　북구 토박이 나는 이곳에서 학창시절부터 붙박이처럼 살았다. 시민들의 응원과 사랑에 힘입어 시의원을 두 번 했다. 그 후 의원 신분을 벗고 어려운 뒷골목 같은 곳에서 망중한의 몇 년을 보냈다. 공식적으로 할 일이 없는 것처럼 보였을 뿐 어렵고 고통받는 사람들과 같이해야 할 일은 끊임없이 이어졌다. 그 과정은 모두 배움의 시간이었다. 내공을 쌓는 공부과정은 지금의 나를 성장시킨 금쪽같은 시간이었다. 의원 시절 환경복지위원회, 행정복지위원회, 교육문화위원회를 거치면서 의정활동을 위해 공부가 얼마나 소중한지 뼈저리게 깨달았다. 그 충전을 위한 시간은 도약을 위한 시간으로 거듭났다.

공자가 그랬다고 한다. '궁금한 것을 향해 묻고 또 물으니 묻기 위해 찾아가야 할 사람이 줄어들면서 어느 순간 자신에게 물어오는 사람으로 바뀌더라'고 했다는 일화를 들은 적이 있다. 그 이야기가 떠올랐다. 아직도 배워야 할 일이 지천에 널려 있다. 배움은 항상 뼈를 깎는 과정이다. 요즘은 영어공부 삼매경에 빠져있다. 매일 1~2시간씩 반복한다. 화상통화를 통해 외국인과 함께 하는 영어회화 공부는 삶의 활력소다. 어느 정도 의사소통할 수 있는 단계로 실력이 늘었다. 영어공부는 자신이 있었지만, 회화는 먹통이었던 내가 변신한 결과를 만든 것이다.

김대중 대통령께서도 40이 넘어 영어공부를 시작해 대통령이 되고 UN 연설까지 할 수 있었다. 존경하는 김대중 대통령을 만든 저력처럼 나도 영어공부의 재미에 깊이 빠져있다. 2023년에는 41개국의 국제장애인사격연맹 대표들과 선수들을 만나면서 스포츠외교가 얼마나 중요한지 깨닫고 난 뒤 더 혼신의 힘을 쏟고 있다. 사실, 영어에 그치지 않고 문화가 무엇인지, 예술이 무엇인지, 경제가 무엇인지, 윤리적 소양이 무엇인지, 그리고 정치가 무엇을 해야 하는지, 제대로 된 정치를 위해 더 필요한 힘을 쌓기 위해 노력한다.

 공부로 익어가는 정치적 포부를 담은 미래를 꿈꿀 땐 행복하다. 더 쌓아야 할 분야는 인간의 삶과 가치지향을 담는 인문정신의 문제의식까지 거듭 고민에 고민을 하고 있다. 골목 살림살이에서 국가 경제 운영의 맥을 들으면서 예산과 결산의 흐름을 읽고 건강한 자본의 역할까지 해결할 방도를 고민하면서 시중 경제 안으로 깊이 걸어 들어가고 있다.
 우리는 쏟아지는 유튜브의 정보 홍수 속에서 산다. 그 정보를 하나씩 하나씩 옥석을 가리고 나니 몰랐던 세상이 다시 열리기 시작했다. 유튜브 가운데 즐겨보는 채널들이 많다. 시민언론 민들레, 다양한 경제 채널 등은 의지와 열정만으로 담을 수 없는 사람 냄새가 나는 세상살이의 끝자락들이 손에 닿도록 인도한다. 시장바닥의 거래가 왜 인간적일 수밖에 없는지, 가게를 얻어 버젓이 체면을 세우려는 사람들이 도약하기 위해 왜 돈벌이에 몸부림치는지, 끝없이 변화하는 사회경제적 흐름을 주도하는 소상공인들의 삶과 다르게 촌평을 붙여 평론적 분석만 맴도는 학자들의 이야기를 구분하고, 그래서 수도 없는 간극의 차이가 생기고 그 차이로부터 세대 간 갈등을 겪을 수밖에 없는 이유를 이해하기 시작했다.

나에게 공부는 꿈을 키울 수 있는 힘찬 날갯짓이 되었다. 공부할 때마다 어쩌면 5월의 광주가 나를 더 커야 한다고 동기부여하는 주문을 던지고 있는지 모른다. 광주를 돋보기로 확대해 보니 이제 비로소 대한민국의 현실이 보이기 시작했다.

걱정되는 부분이 없는 것은 아니다. 현실은 직업 정치인을 좋게 평가하지 않는다. 여기서부터 시작해야 한다는 것도 잘 알고 있다. 대부분의 정치인들이 건강하지 못한 협잡의 방법과 불공정의 과정으로 시민과 함께 역할을 해오지 않았기 때문이라고 생각한다. 나는 시민을 위해서 정치한다거나 지역을 위해 정치를 한다고 말하지 않겠다. 시민들과 함께 걷고, 시민들과 함께 고민하고, 시민들과 함께 방법을 찾는 정치를 할 것이다. 그것이 자치이고 분권이며 광주공동체라고 믿기 때문이다. 항상 시민은 위대했다. 그 위대함을 모시는 정치를 꿈꾼다.

**여러분의 길이 제가 갈 길이요,
제가 갈 길도 여러분의 길이기 때문이다.**